中2

5科の総

この本の特色としくみ

この本は，効率よく重要事項が確認できるように，要点を簡潔にまとめてあります。各教科の特性に応じて，図解・表解・写真による説明，例題とくわしい解説で理解しやすいしくみになっています。消えるフィルターを活用し，繰り返し学習して力をつけましょう。

補足説明として，注意，参考，発展などを載せています。

☆☆☆ 重要度を3段階で示しています。

得点UP テストでよく問われる内容やアドバイスを入れています。

すいすい暗記 ゴロでポイントをまとめています。

上にのせると，??? の中の赤い文字が消えます。

コレ重要 特に覚えるべき重要項目を載せています。

テストに出る 要点チェック（数学以外） ミニテストで要点が理解できているか確認できます。

CONTENTS | もくじ

社会

理科

数学

英語

国語

国語は巻末から始まります

月　日

地域調査の手法

1 いろいろな地図 ☆

参考 国土地理院のホームページでは，地形図の使い方など，地図についてくわしく解説されている。

❶ **地形図**…地表の起伏（きふく）や地表のようす（土地利用・建物など）をくわしく表した地図。国土交通省の**国土地理院**が発行している→**2万5千分の1**が基本の地形図。ほかに5万分の1の地形図がある。
↳国土地理院は1万分の1の地形図や20万分の1の地勢図なども発行

❷ **主題図**…特定の用途（ようと）・目的でつくられた地図→地質図，人口分布図，土地利用図，道路地図やハザードマップなど。
災害予測地図。地震・津波・洪水や火山の噴火などの被害を予測したもの↩

2 地形図の読み方 ☆☆☆

注意 ●縮尺が大きい地図→せまい範囲（はんい）をくわしく表す地図。5万分の1の地形図など。縮尺が小さい地図→広い範囲を表す地図。500万分の1の日本地図や100万分の1の地方図など。
●実際の面積を求めるときは，縦と横の実際の距離を求めてから計算すること。

❶ **縮　尺**…実際の距離（きょり）を縮小した割合。
実際の距離＝地図上の長さ×縮尺の分母。
2万5千分の1の地形図で4 cmの長さの実際の距離を求める。
4 cm×25,000＝100,000 cm＝1,000 m＝1 km

❷ **方　位**…方位記号などで表す。地形図では上が**北**。
↱等高線の途中に書かれている数字はその場所の標高を示している

❸ **等高線**…海面から同じ高さの地点を結んだ線。
①**計曲線**・**主曲線**・**補助曲線**がある。②間隔（かんかく）が広いところは土地の傾斜（けいしゃ）が**ゆるやか**，せまいところは傾斜が急。

> すいすい暗記　等高線（とうこうせん）　間隔狭い（かんかくせま）と　急傾斜（きゅうけいしゃ）

❹ **地図記号**…土地利用や人工の建造物などを記号で表す。

❺ **三角点**…ある地点間の方位と距離をはかるための基準となる点。

❻ **水準点**…ある場所の高さをはかるための基準となる点。

❼ **地形図の読み方**…新・旧の地形図を比較（ひかく）したり，**地形断面図**を作成したりすると，その地域のようすがよくわかる。

3 身近な地域の調査 ☆☆

参考 その他の方法→地形図や空中写真の使用，聞き取り調査など。

● **地域調査の手順**
調査テーマの決定→**仮説**を立てる→調査方法を考え，計画を立てる→調査活動をする〔図書館などでの文献（ぶんけん）調査や**野外観察**（**フィールドワーク**）〕→調査結果を整理・分析し，発表する→レポートの作成（調査活動の記録，**地域の課題**や解決策などのまとめ）。
↳地形のようす・土地利用・集落の分布など観察したことをルートマップに記入

・コレ重要・
☞ 2万5千分の1の地形図では地図上の4 cmが1 km。地図の上が北。
☞ 地域調査は，調査テーマ・事前準備→調査活動→結果の整理・報告の順。

① 地形図の縮尺の意味，地図記号や実際の距離の求め方などが重要。
② 地形図を読み取る問題では三角州や扇状地の地形が多いので注意しよう。
③ 文献調査，野外観察や調査結果のまとめ方の具体的な方法を理解しよう。

おもな地図記号

記号	意味	記号	意味	記号	意味	記号	意味
॥	田	◎	市役所 東京都の区役所	文	小・中学校	🕮	図書館
∨	畑	○	町・村役場 (政令指定都市の区役所)	⊗	高等学校	⌂	老人ホーム
ó	果樹園	⊗	警察署	⊕	病院	卆	風車
Q	広葉樹林	〒	郵便局	⛩	神社	△	三角点
Λ	針葉樹林	☼	工場	血	博物館・美術館	⊡	水準点

等高線の種類

線の種類＼縮尺		1/25,000	1/50,000
計曲線	―	50mごと	100mごと
主曲線	―	10m	20m
補助曲線	‐‐	2.5m，5m	10m
	‐‐	—	5m

地形図の読み取り

※この地形図は，扇状地を表した **2万5千分** の1の地形図とわかる。

傾斜と谷，尾根

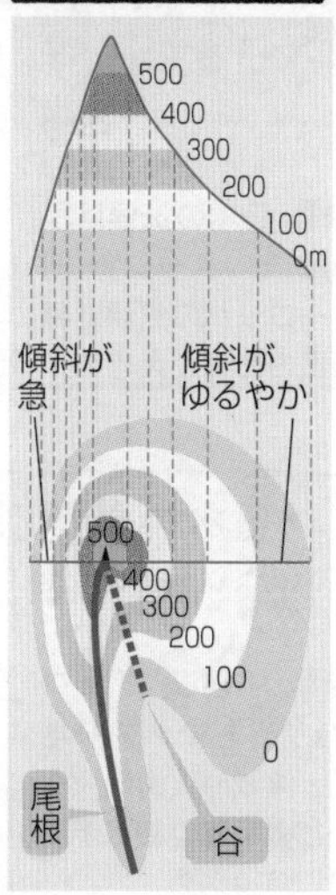

テストに出る 要点チェック

□ 1．2万5千分の1の地形図上の4cmの実際の距離は何kmですか。
□ 2．地形図ではふつう上がどの方位を表しますか。
□ 3．地形図で等高線の間隔が広いところは，せまいところに比べて傾斜はどうなっていますか。
□ 4．地表の高さを測量するための基準の点は何ですか。

解答

1．1km
2．北
3．ゆるやか
4．水準点

日本の自然

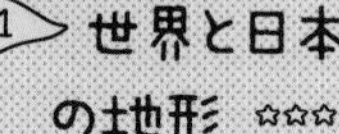

1 世界と日本の地形 ☆☆☆

注意 世界の最長河川は**ナイル川**，日本は**信濃川**。世界の流域面積最大河川は**アマゾン川**，日本は**利根川**。

発展 **日本アルプス**→**飛驒・木曽・赤石**の3山脈の総称で，「日本の屋根」とも表現。

❶ **世界の地形**…①**二大造山帯**→**環太平洋**造山帯，アルプス・ヒマラヤ造山帯＝火山と地震が多い。
（↳アルプス山脈・ヒマラヤ山脈　↳アンデス山脈・ロッキー山脈・日本列島など）

②**安定大陸**→**風化**や**侵食**によって平たんになっていく。
（↳地盤の変動が少ない）

❷ **日本の地形**…国土の約4分の3が山地→環太平洋造山帯。**フォッサマグナ**で東日本（南北の山地列）と西日本（東西の山地列）に二分。中央に3,000 m級の**日本アルプス**。
（↳「大きく陥没した場所」という意味）

平野，盆地，扇状地，三角州，台地。河川→短く，急流。
（↳日本は河川が土砂を堆積して形成。大陸は岩盤を侵食して形成した大平原）

海岸線→リアス海岸や砂浜海岸。海底地形→大陸棚や海溝。

> **すいすい暗記**　フォッサマグナ　東北・西南に　日本分断

2 日本の気候 ☆☆☆

注意 日本の気候は**季節風**（モンスーン），西ヨーロッパの気候は**偏西風**の影響が大きい。

● **日本の気候**…温帯→四季の区別。**季節風**（モンスーン）・台風・梅雨や海流の影響。気温や降水量の変化の違いで6つの気候区分。①**北海道**→冷帯（亜寒帯）で梅雨がない。②**太平洋側**→南東季節風の影響で夏に雨が多い。③**日本海側**→北西季節風の影響で冬に降雪が多い。④**中央高地（内陸）**→**気温差**が大きく，少雨。⑤**瀬戸内**→温暖，年中少雨。⑥**南西諸島**→亜熱帯で多雨。
（↳暖流→黒潮（日本海流）・対馬海流，寒流→親潮（千島海流）・リマン海流）
（↳北半球にのみ分布）

3 日本の自然災害と防災 ☆☆

参考 ●**防災マップ**（**ハザードマップ**）→地震・津波や火山噴火など各種災害の被害予測図。防災地図。
●避難三原則…想定にとらわれるな，最善をつくせ，率先して避難せよ。

❶ **さまざまな自然災害**…①**地震**→津波の発生，ゆれによる建造物の破壊，土砂くずれ，液状化現象などの被害。
②**火山**→噴火による火山灰や火砕流などの被害。
③**気象災害**→台風や集中豪雨による土石流，洪水。強風や高潮。やませによる**冷害**（東北地方）。夏の少雨による干害（瀬戸内）。

❷ **被災地への支援**…自衛隊の救援活動。公的機関と連携した支援。

❸ **災害への対策**…市区町村が**防災マップ**（**ハザードマップ**）を作成。堤防などを整備。ライフラインの復旧・被災者保護のための法整備→災害救助法。防災計画や危険区域の調査，住民の防災・**減災**への取り組み。

・コレ重要・
☞ 日本は環太平洋造山帯に属し，山地が多く地震や火山の噴火，自然災害も多い。
☞ 日本の気候は大半が温帯（温暖）湿潤気候。夏と冬の季節風の影響が大きい。

社会
理科
数学
英語
国語

① 日本の地形や気候は，環太平洋造山帯，温帯，大陸東岸に着目しよう。
② 雨温図では，気温の高低，降水量が多い時期に着目しよう。
③ 日本は複雑な地形や変化の大きい気候が原因で災害が多く発生する。

世界の地形と造山帯

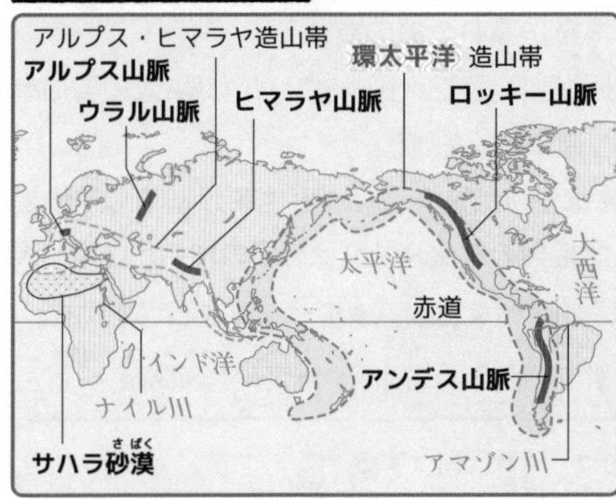

日本の気候区分

日本の地形

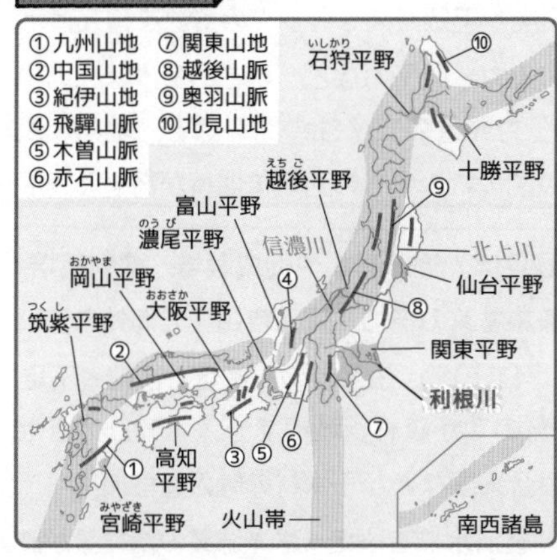

日本の自然災害

テストに出る 要点チェック

- [ ] 1．日本を東日本と西日本に分ける境目を何といいますか。
- [ ] 2．日本の河川は，大陸の河川と比べてどんな特色がありますか。
- [ ] 3．日本の気候に大きな影響を与えている風を何といいますか。
- [ ] 4．地震や洪水などの被害予測や避難場所などが載っている地図を何といいますか。

解答

1．フォッサマグナ
2．流れが急で短い
3．季節風（モンスーン）
4．防災マップ（ハザードマップ）

月　日

日本の人口，資源・エネルギー，産業

1 世界と日本の人口 ☆☆

参考 総人口のうち，65歳以上の老年人口の割合が7％をこえる社会を**高齢化社会**，14％をこえると**高齢社会**，21％をこえると**超高齢社会**という。

発展 **ベビーブーム**→出生率が急激に上昇する現象。日本は1940年代後半と1970代前半。

1 **世界の人口**…約77億人(2019年)。発展途上国(アジア・アフリカ)で急増→「人口爆発」→食料危機の問題。
↳出生率が高いまま，医療の進歩で死亡率が減少したため

2 **人口ピラミッド**…富士山型(発展途上国)→つりがね型(人口増加率が減少)→つぼ型(少産少死，先進国)。

3 **日本の人口**…少子高齢化の急速な進展→出生率が低下し平均寿命がのびたため。労働力の確保や社会保障費の増加が課題。**人口減少社会**の到来→効率的なコンパクトシティを目ざす動き。
↳日本は超高齢社会
市街地の郊外への拡大をおさえ，都市機能を中心部にまとめる↲

4 **過密・過疎**…大都市→過密，山間部や離島→過疎問題。
↱進行して限界集落へ
人口減少や経済活動の衰退で社会生活の維持が困難→村(町)おこしで活性化↲

すいすい暗記　農村は　仮装行列(過疎)　する人減り(人口減少)

2 世界と日本の資源 ☆☆☆

発展 水力発電が中心→ブラジル・カナダ，火力→中国・インド，原子力→フランス。

1 **世界の資源**…石油埋蔵量の約3割は西アジア→資源の偏在。
限りある資源を将来にわたって有効に活用する持続可能な社会の実現が課題↲

2 **日本の資源**…石油・石炭・天然ガスなど多くの資源を輸入。
日本はエネルギー自給率が著しく低い↲

3 **電　力**…発電→水力・火力・原子力など。現在の日本は火力中心。地球温暖化や原子力発電の安全性の問題など。地熱・風力・太陽光など再生可能エネルギーの利用に期待が高まる。

3 日本の産業 ☆☆☆

発展 1970年以降の**減反政策**で，野菜への転作や休耕田が増加。→主食用米の生産が需要を下回るなどの問題により，2018年に減反政策は廃止。

参考 近年は情報通信技術の発達(IT革命)により，情報サービス業が急速に拡大。

1 **農　業**…稲作中心。野菜は，**近郊農業**や**促成栽培**，**抑制栽培**，施設園芸農業など。兼業農家の増加。**貿易自由化**で海外の安い農産物の流入→低い食料自給率。生産者の高齢化と後継者不足。
↳農業を副業とする農家(農家の約7割)
↳日本は安全性と高品質で対応

2 **林　業**…国土の約3分の2が森林。秋田すぎ・木曽ひのきなど。カナダやアメリカ合衆国などから木材の輸入量増加。

3 **漁　業**…各国が排他的経済水域を設定→遠洋漁業の漁獲量が減少し，水産物の輸入が急増→「とる漁業から育てる漁業」へ。
↳養殖漁業や栽培漁業

4 **工　業**…**加工貿易**から発展。関東～九州の太平洋ベルトに工業地帯・地域が集中。高速道路沿いや空港近くにIC工場進出。安い労働力を求め海外に工場を移転する企業も増加。
↳このことで国内の製造業が衰退することを産業の空洞化という

5 **第三次産業**…商業，サービス業など。東京への一極集中。
↳小売業や卸売業

コレ重要

☞日本の人口は1.26億人(2019年)，少子高齢化，過密・過疎などの問題。

☞日本の農業の課題は，食料自給率の低下・高齢化・後継者不足の解消。

① 日本の人口問題は，出生率の低下や平均寿命ののびからおさえよう。
② 日本の漁業は，とる漁業から育てる漁業への転換の原因を把握しよう。
③ 日本の工業は，太平洋ベルトや産業の空洞化などの語句を理解しよう。

日本の人口の変化(推計)

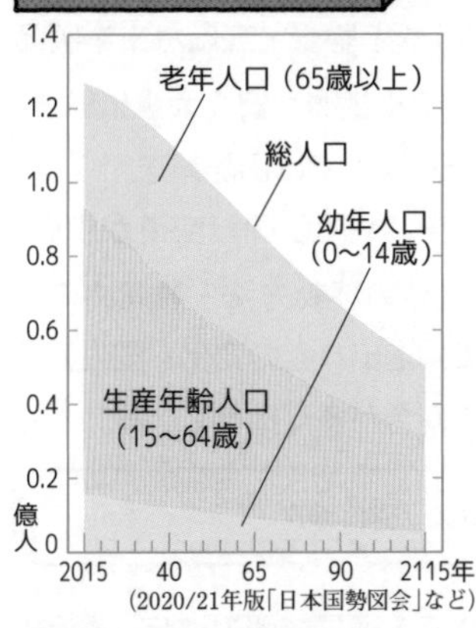

(2020/21年版「日本国勢図会」など)

世界の鉱産資源

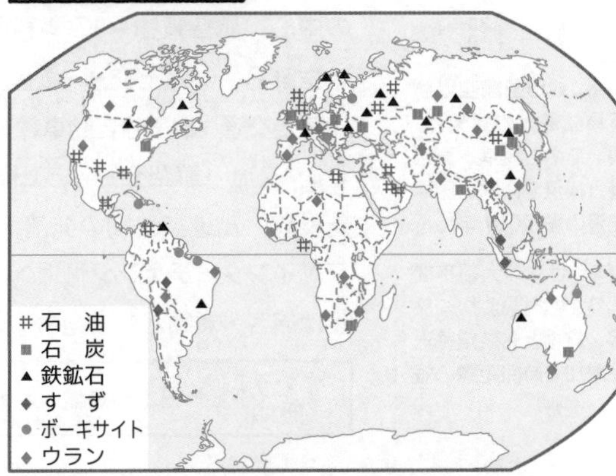

日本のおもな農業地域

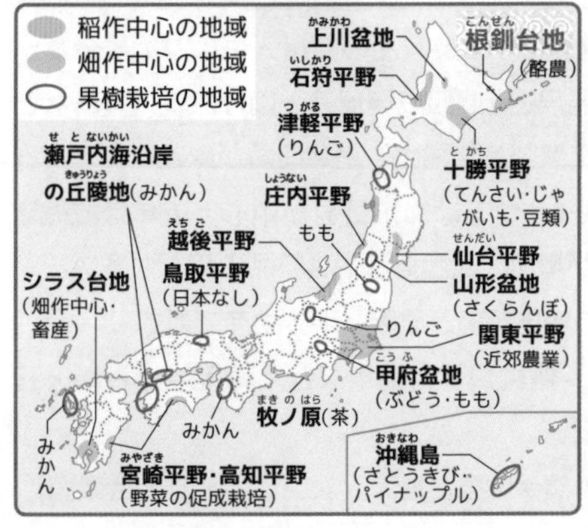

日本のおもな工業地帯・地域

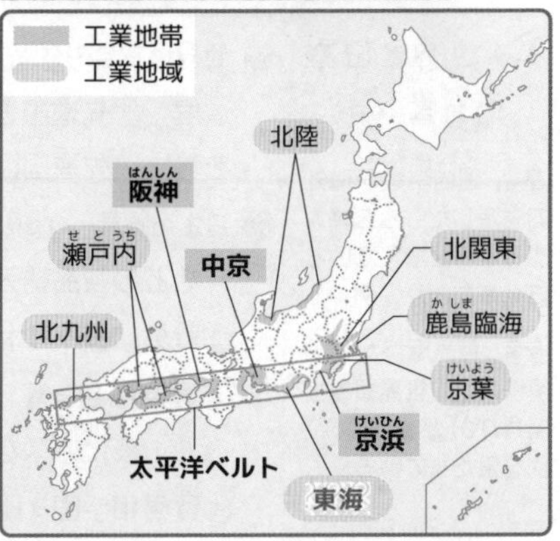

テストに出る 要点チェック

□	1．子どもの数が減り，65 歳以上の人口の割合が多くなる現象を何といいますか。
□	2．日本の最大の石油輸入相手国はどこですか。
□	3．福島県沿岸や若狭湾周辺に多くつくられたのは何という発電の発電所ですか。
□	4．海外の安い農作物の流入は何によっておこりましたか。
□	5．育てる漁業とよばれる漁業を２つ答えなさい。

解答

1．少子高齢化
2．サウジアラビア
3．原子力発電所
4．貿易自由化
5．養殖漁業・栽培漁業

月　日

日本の交通・通信・貿易，日本の地域区分

1 世界と日本の交通・通信 ☆☆

注意 **成田国際空港**が貿易額最大の貿易港，次いで名古屋港，東京港，横浜港，関西国際空港の順(2019年)。

参考 世界の大都市間は空路で結ばれ，旅客・貨物とも航空輸送が増加。**時間距離**の短縮が進む。

❶ **さまざまな輸送方法**…①**航空交通**→大型化・高速化＝旅客輸送の中心。航空貨物＝IC(集積回路)など**軽量**・**高価**な工業製品や**生鮮品**(魚介類や生花など)。②**海上交通**(原油タンカー，自動車専用船や鉱石専用船，コンテナ船などを利用)→鉱産資源や重量物＝**安く大量**に輸送。③**陸上交通**→鉄道や**自動車**(自動車など)輸送。EUなどでは国際輸送。

❷ **日本の交通**…航空交通は**成田国際空港**(日本最大の貿易港)や関西国際空港が中心。新幹線・高速道路網の発達→観光客の移動方法・農産物の出荷・**インターチェンジ**付近への工場進出などの変化。国内輸送量は旅客・貨物とも**自動車**輸送の割合が多くなっている。

> **すいすい暗記**　日本の運輸　海重輸送(鉱産資源など重いもの)　空軽輸送(軽くて高価なもの)

❸ **情報通信網の発達**…情報通信技術(英語を略してICTと表す)と通信機器(携帯電話やパソコンなど)の進歩→**通信衛星**や海底ケーブルを経由。インターネット(メールや電子商取引)の活用→**情報格差**。

2 世界と日本の貿易 ☆☆☆

参考 国内企業が海外で生産したものを輸入することが増えている。自動車などが好例。

参考 貿易摩擦などの解決には，**世界貿易機関(WTO)**が重要な役割を果たしている。

❶ **世界の貿易**…①**先進国間**→工業製品の輸出入により**国際分業**(各国が国の環境や特性を生かしたものを生産し輸出すること)が進展。②**先進国と発展途上国間**(近年では発展途上国から先進国への工業製品の輸出も増加)→発展途上国は**原料**・**食料**などを輸出。先進国は工業製品を輸出。**南北問題**(一次産品輸出の発展途上国と工業製品輸出の先進国との経済格差)が課題。

❷ **日本の貿易**…①**現状**→かつては加工貿易が中心。近年は**機械類**などの製品輸入が増加。鉱産資源や食料品の輸入も多い。

②**貿易摩擦**(アメリカ合衆国やEUとの間でおこる)→日本の輸出超過が原因。海外生産で対応(国内で産業の空洞化が進む)。

③**貿易品目**→輸出＝機械類・自動車など。輸入＝機械類・石油・液化ガスなど。

④**貿易相手国**→貿易額＝**中国**が最大。次いで**アメリカ合衆国**。

3 日本の地域区分 ☆☆

注意 中国地方はさらに山陰と山陽の2つに分けることもある。

❶ **さまざまな地域区分**…**都道府県**(中心となる都市には，都道府県庁がおかれる)を基にした7地方区分，自然環境や生活・文化による区分，気候による区分などがある。

❷ **2つに区分**…東日本と西日本(**フォッサマグナ**が境目)。(大地溝帯。東・西で山地の配列方向が異なる)

❸ **7つに区分**…北海道地方，東北地方，**関東地方**，中部地方，近畿地方，**中国・四国**地方，九州地方。

コレ重要

☞ 軽量・高価なICや生鮮品は航空輸送，原料・燃料や重量物は海上輸送。

☞ 日本の輸出入は，中国とアメリカ合衆国とで約3分の1を占めている。

得点アップUP

① 日本の国内輸送では貨物・旅客とも自動車が多いことをおさえよう。
② 日本の貿易では，加工貿易から製品も輸入する国際分業への変化を把握しよう。
③ 現在の日本の貿易相手国・輸出入品目の内容についておさえよう。

日本のおもな交通網

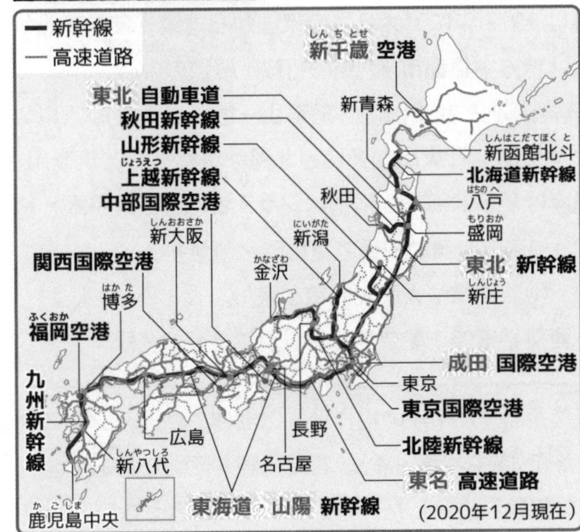

日本の地域区分

国内の旅客・貨物輸送

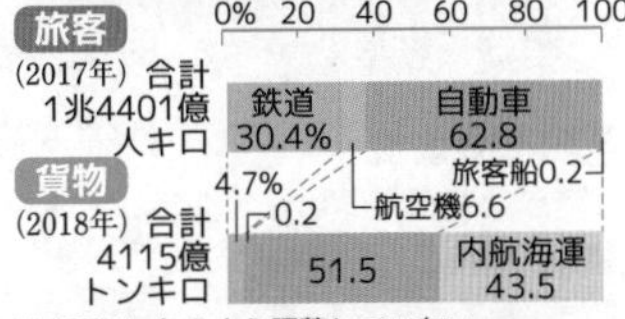

※100%になるよう調整していない。
(2020/21年版「日本国勢図会」など)

日本の輸出入と貿易相手国

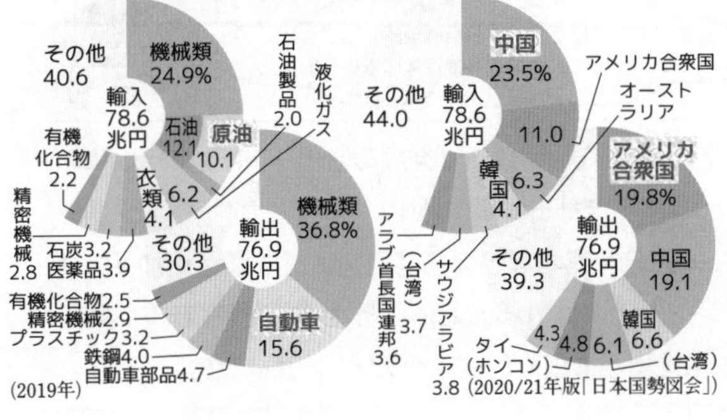

国別インターネット利用率

国	利用率(%)
韓国	96.0
アメリカ合衆国※	87.3
ロシア連邦	80.9
日本	79.8
ブラジル	70.4
中国※	54.3
インド※	34.5

(2018年。※は2017年)
(2020/21年版「日本国勢図会」など)

テストに出る要点チェック

- [ ] 1．日本の自動車などの輸出超過が原因でおこった問題を何といいますか。
- [ ] 2．航空輸送で運ばれる，軽量・高価な工業製品は何ですか。
- [ ] 3．原材料を輸入して製品を輸出する貿易を何といいますか。
- [ ] 4．貿易上の課題の解決などで重要な役割を果たしている国際機関を何といいますか。

解答

1．貿易摩擦
2．IC(集積回路)
3．加工貿易
4．世界貿易機関(WTO)

月　日

九州地方

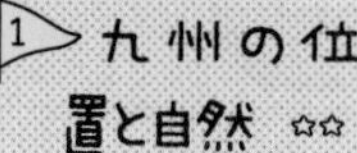

1 九州の位置と自然 ☆☆

参考　●**地方中枢都市**→行政機関や企業の支社・支店が多く立地している地方中心都市。福岡・札幌など。
●南西諸島では観光開発が進むが，さんご礁への影響や環境保全が課題。

① **位　置**…大陸文化の窓口。官営八幡製鉄所の建設から産業が発展。沖縄は1972年にアメリカ合衆国から返還→米軍基地が存在。福岡は**地方中枢都市**→九州の行政・経済の中心。
（沖縄島の面積の約20％が米軍基地。日本にある米軍基地の約75％が沖縄に集中）

② **自　然**…筑紫山地と九州山地。**阿蘇山**→世界最大級の**カルデラ**。雲仙岳や桜島など火山が多い。北部は筑紫平野と筑後川。長崎県の沿岸はリアス海岸。南部は**シラス台地**と宮崎平野。温暖な気候→梅雨と台風の影響で夏に降水量が多い。
（カルデラ：火山爆発や陥落でできたくぼ地）（シラス台地：火山灰台地で水もちが悪く崩れやすい）（梅雨と台風の影響：豪雨による土砂くずれや洪水の被害）

③ **自然の利用**…地熱発電や太陽光発電が盛ん。
（地熱発電：大分県の八丁原発電所）（太陽光発電：鹿児島県七ツ村のメガソーラー発電所）

④ **南西諸島**…**亜熱帯気候**。屋久島は世界自然遺産に登録。

2 九州の農業・漁業 ☆☆

参考　**促成栽培**→冬でも暖かい気候を利用。宮崎・高知など。**抑制栽培**→夏でも涼しい高原の気候を利用。長野・群馬など。

① **農　業**…**筑紫平野**→九州一の稲作地。二毛作，棚田。シラス台地→畑作・畜産(肉牛・豚・鶏)。宮崎平野→野菜の**促成栽培**。沖縄→温暖な気候を生かしたパイナップルやさとうきびの栽培。
（筑紫平野：夏は米。裏作としてい草・麦類やいちごを栽培。八代平野はい草）

② **漁　業**…東シナ海は**大陸棚**が広がる好漁場→長崎などの漁港。有明海ののりの養殖→諫早湾の干拓で環境が変化。

筑後川下流にはクリークという水路がつくられていたが，乾田化や土地改良で近年は減少したんだ。

3 九州の工業 ☆☆☆

参考　**IC(集積回路)**→基板の上に多くの機能を組み込んだ電子回路。軽量で高価なため航空機で輸送。

注意　**水俣病**→四大公害病の1つ。化学工場の廃液中のメチル水銀が原因で生じた公害病。

① **北九州工業地域**…八幡製鉄所が発展の基礎→1960年代以降のエネルギー革命により生産量が低下。
（八幡製鉄所：筑豊炭田の石炭と中国の鉄鉱石で鉄鋼を生産）（エネルギー革命：エネルギー源の中心が石炭から石油へ大きく変化したこと）

② **工業の変化**…大分・熊本などの空港周辺に**IC工場**が増加→**シリコンアイランド**とよばれる。北部の各地(福岡県宮若市や苅田町)に自動車工場が進出→**カーアイランド**とよばれる。

すいすい暗記	空飛ぶは	輸送費高いが	愛してる
	空港	高速道路	IC工場

③ **工業と環境問題**…北九州市はかつては**水質汚濁**・**大気汚染**などの公害問題→環境技術・環境産業の進歩で改善→北九州市のエコタウンづくりで「**持続可能な社会**」への取り組み。
（環境技術・環境産業：リサイクル事業などが発展）（エコタウン：環境モデル都市に認定）

・コレ重要・

☞ 九州の空港や高速道路沿いにIC工場が立地→シリコンアイランドとよばれる。
☞ 筑紫平野→稲作。宮崎平野→野菜の促成栽培。シラス台地→畑作・畜産。

① 北部の筑紫平野は稲作，南部のシラス台地は畑作・畜産が盛んなことを把握。
② 北九州工業地域の歩みと近年の自動車・IC 工場の進出をおさえよう。
③ 公害問題や北九州市の環境保全への取り組みを理解しよう。

九州地方の自然

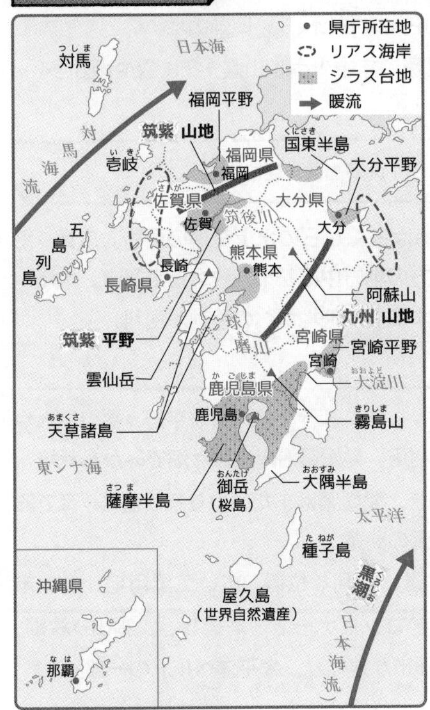

九州地方の産業

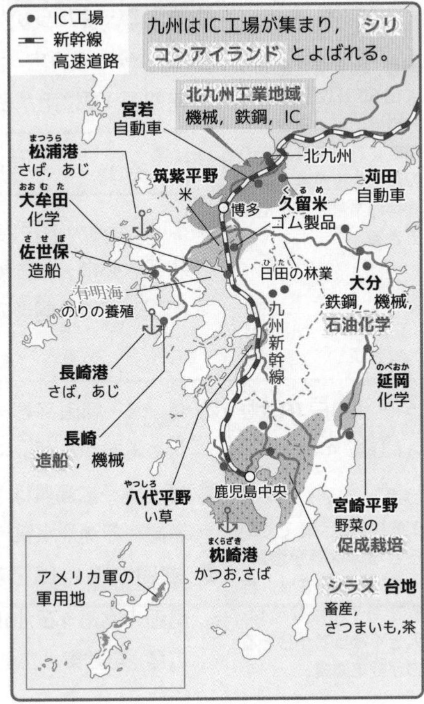

農水産物の生産量

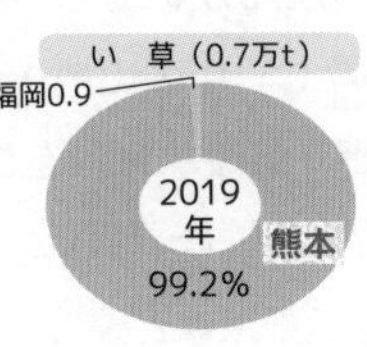

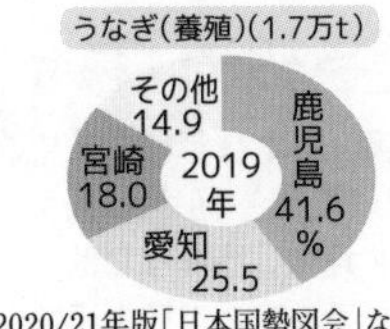

(2020/21年版「日本国勢図会」など)

テストに出る 要点チェック

- [ ] 1．九州南部に分布する火山灰の台地を何といいますか。
- [ ] 2．熊本県の工場の廃液が原因で発生した，四大公害病の1つを何といいますか。
- [ ] 3．宮崎平野で，冬の温暖な気候を利用して行われる野菜の栽培方法を何といいますか。

解答

1．シラス台地
2．水俣病
3．促成栽培

月　日

中国・四国地方

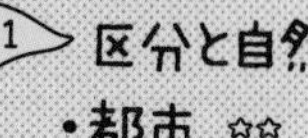

1 区分と自然・都市 ☆☆

参考 **政令指定都市**→人口50万以上で，地方自治法による政令で指定された都市。区の設置や都道府県とほぼ同等の業務を市が担当できる。

❶ **3つの地域**…山陰(さんいん)・瀬戸内(せとうち)(山陽・北四国)・南四国に区分。

❷ **自　然**…なだらかな中国山地と険(けわ)しい四国山地。

❸ **気　候**…瀬戸内→温暖で年中少雨。山陰→冬に雪や雨が多い。（北西から吹く冬の季節風の影響）南四国→夏に雨が多い。

すいすい暗記　山陰(さんいん)は雪(ゆき)　南四国(みなみしこく)は　夏(なつ)に多雨(たう)

❹ **都市と交通**…瀬戸内海は古くからの水上交通の要所。広島→平和記念都市，中国地方の地方中枢(ちゅうすう)都市，政令指定都市。**本州・四国連絡(れんらく)橋**の開通で本四間や他地域への移動が便利。
（神戸～鳴門，児島～坂出，尾道～今治の3ルートの橋の総称）

2 瀬戸内地域 ☆☆☆

注意 いけすなどで人工的に大きく育ててからとるのは**養殖漁業**。人工的にふ化させ，稚魚(ちぎょ)を海や川に放流し，大きくなってからとるのが**栽培(さいばい)漁業**。

❶ **農　業**…岡山(おかやま)平野→ももやぶどう（マスカット）など。讃岐(さぬき)平野→**香川(かがわ)用水**や**ため池**をかんがいに利用。（吉野川の水を利用。1974年完成）愛媛県沿岸の段々畑でみかん栽培。

❷ **漁　業**…広島県はかき，愛媛県はまだいの養殖(ようしょく)が盛(さか)ん→育てる漁業。赤潮や水質汚濁(おだく)の問題。

❸ **瀬戸内工業地域**…輸送に便利な位置，広い工業用地。（埋め立て地や塩田の跡地などを利用）倉敷(くらしき)市南部の**水島**→**石油化学コンビナート**・鉄鋼など。福山→鉄鋼。広島→自動車。工業都市が連なり，**太平洋ベルト**の一部。
（京浜から中京・阪神・瀬戸内・北九州までの工業地帯・地域）

3 山陰・南四国地域 ☆☆

参考 日本なしは，千葉・茨城・栃木・福島・鳥取。西洋なしは山形で6割以上を生産。

参考 6次産業とは，生産(1次)から加工(2次)，販売(はんばい)(3次)までを農林水産業者が行う取り組みのこと。

❶ **山陰の産業**…鳥取砂丘(さきゅう)→かんがいでらっきょう・長いもなど，山ろくでぶどう・日本なし。中国山地→肉牛の放牧。

❷ **南四国の産業**…高知平野→温暖な気候を生かした野菜の生産→ビニールハウスを利用した**促成栽培(そくせいさいばい)**(きゅうり・ピーマン・なすなど)→交通網(もう)の発達で東京など遠くの都市にも出荷(しゅっか)。

❸ **山間部・離島(りとう)の過疎(かそ)化**…若者の大都市への流出，高齢(こうれい)化→**村(町)おこし**による活性化（特産品販売や伝統行事で観光客を誘致するなど）→高知県のゆず栽培や徳島県の「つまもの」ビジネスなど。**地産地消**や**6次産業**の広がり。

コレ重要

☞ 瀬戸内工業地域→倉敷・周南(しゅうなん)などで石油化学工業が発達。

☞ 農業→瀬戸内の果樹(みかん)・中国山地の畜産(ちくさん)・南四国の促成栽培による野菜が重要。

① 瀬戸内・山陰・南四国の3地域の気候グラフの判別をできるようにしよう。
② 瀬戸内工業地域の特色やおもな工業都市の位置を確認しよう。
③ 本州・四国連絡橋の開通が地域に与えた影響を把握しよう。

中国・四国地方の農林水産業

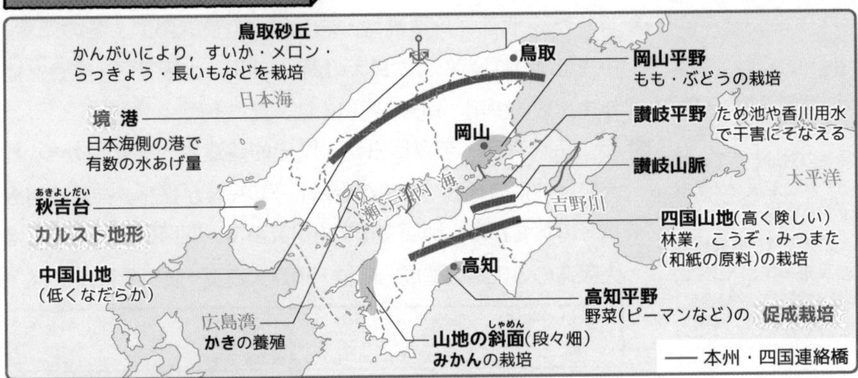

瀬戸内地方の工業

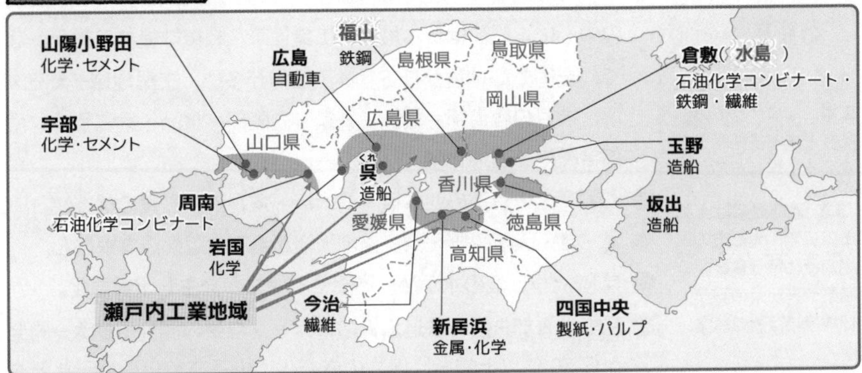

テストに出る 要点チェック

- [ ] 1．中国地方で最大の都市はどこですか。
- [ ] 2．温暖な気候を利用して，高知平野で盛んな野菜の栽培方法は何ですか。
- [ ] 3．愛媛県沿岸の丘陵地などで栽培され，日本有数の生産量をあげる果樹は何ですか。
- [ ] 4．広島湾で養殖が盛んな貝の種類は何ですか。
- [ ] 5．倉敷市水島地区や周南市で盛んな工業は何ですか。
- [ ] 6．山間部や離島などでおこる，都市部への人口流出により居住者が極端に少なくなる状態を何といいますか。

解答

1．広島市
2．(野菜の)促成栽培
3．みかん
4．かき
5．石油化学工業
6．過疎(化)

月　日

近畿地方

1 自然と歩み ☆☆

参考 ●低地の大阪平野や伊勢湾などでは，台風などによる洪水や高潮の対策として，堤防や水位監視システム，水門が整備されている。
●観光では，兵庫県の神戸市・姫路市(姫路城)・豊岡市(城崎温泉)をめぐる「ひょうごゴールデンルート」も注目されている。

1. **3つの地域**…北部・中央低地(中央部)・南部に区分。
2. **自　然**…北部→丹波高地。若狭湾のリアス海岸。冬の降雪。中央低地→琵琶湖(日本最大の湖)と淀川。大阪平野・奈良盆地。年中比較的少雨。南部→紀伊山地。夏に多雨。
3. **歩　み**…京都・奈良は古都。歴史的建造物や文化財が多い。大阪は江戸時代は「**天下の台所**」→卸売業が盛ん。神戸は明治以降の貿易都市。関西文化学術研究都市(京都・大阪・奈良にまたがる)。関西国際空港の開港。大阪湾の人工島の造成(神戸市沖のポートアイランドや六甲アイランド／大阪市沖の北港や南港など)。**阪神・淡路大震災**(1995年1月17日)→防災対策が進む。

すいすい暗記　3空港　観光客で　大にぎわい
関西国際空港・神戸空港・大阪国際空港

2 中央低地の産業 ☆☆☆

参考 東大阪市の**中小工場**にはロケットの部品など先端技術産業を支える工場もある。

注意 **近郊農業**は大都市周辺で，大都市の市場向けに行う農業。宮崎県や高知県の野菜の促成栽培は遠郊農業。

1. **阪神工業地帯**…明治以降，繊維・食品から重化学工業が生産の中心に。戦前は日本最大の工業地帯。戦後は機械工業が少なく，全国での地位が低下。中小工場が多い。工業地域→大阪・堺・神戸の臨海部＝機械・鉄鋼(太陽電池などの新しい工場)。内陸部＝食品・家電製品(中小工場が多い)。南部＝繊維・石油化学。
2. **伝統産業**…京都の西陣織・清水焼・友禅染。滋賀の信楽焼。
3. **農　業**…大阪平野・奈良盆地・淡路島では近郊農業が盛ん。
4. **琵琶湖**…近畿の水がめ。赤潮やアオコが発生し水質悪化(工場排水の規制やりんを含む合成洗剤の使用禁止などの対策で環境保全)。
5. **京阪神大都市圏**…鉄道沿線のニュータウンの開発で拡大→開発から50年以上経ち，建物の老朽化，少子高齢化。梅田などターミナル駅の再開発。

3 北部と南部の産業 ☆

発展 紀伊山地の吉野すぎ，尾鷲ひのきは，静岡の天竜すぎとともに人工林の三大美林。

1. **北部の産業**…冬，多雪。絹織物が盛ん。丹波高地→牧牛。若狭湾岸→リアス海岸，原子力発電所が集中。
2. **南部の産業**…有田川流域の丘陵地などでみかん栽培→日本一の生産量(2018年)。紀伊山地→林業が盛ん。私有林が多い。英虞湾→真珠の養殖。紀伊山地の霊場と参詣道は世界文化遺産。

コレ重要
☞ 大阪は江戸時代「天下の台所」→卸売業を中心とした商業が盛ん。
☞ 大阪湾沿岸の埋め立て地はコンテナヤードや物流センターとして利用。

① 近畿の3つの中心都市，大阪・神戸・京都の歩みについて把握しよう。
② 阪神工業地帯の歩み，特色や最近の動きなどをおさえよう。
③ 災害対策や鉄道沿線の開発によるまちづくりの動きを理解しよう。

近畿地方の自然と産業

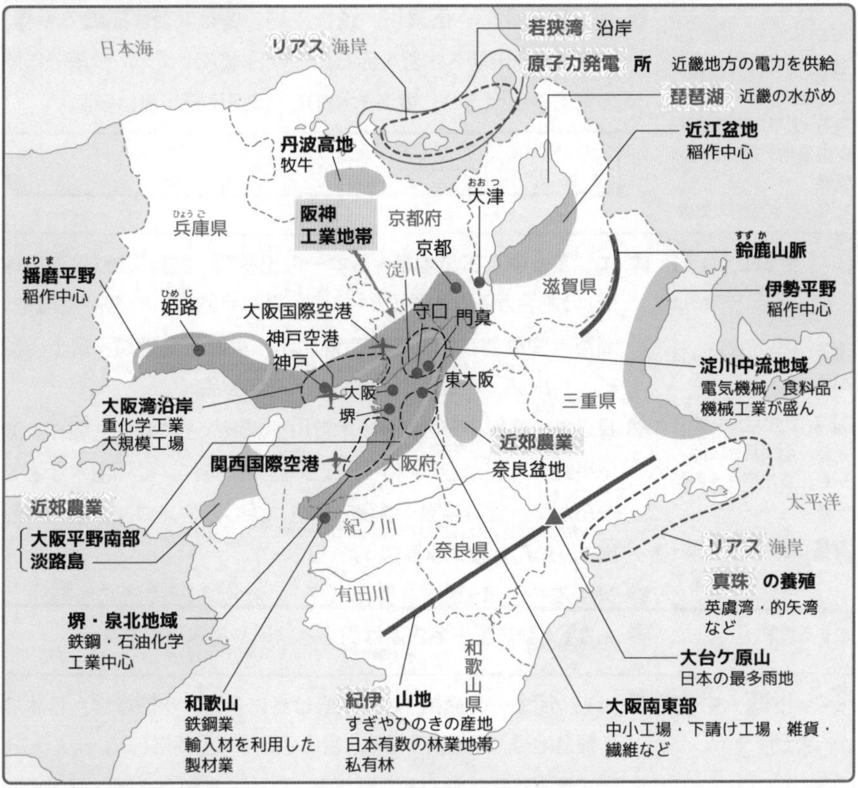

テストに出る 要点チェック

- [ ] 1. かつて「天下の台所」とよばれ，卸売業が盛んな都市はどこですか。
- [ ] 2. 近畿地方に大きな被害を出した，1995年に発生した災害を何といいますか。
- [ ] 3. 大阪湾の人工島につくられ，1994年に開港した空港を何といいますか。
- [ ] 4. 紀ノ川や有田川流域の丘陵地で栽培され，和歌山県が日本有数の生産量をあげる果樹は何ですか。
- [ ] 5. 日本有数の林業地帯となっている，近畿地方南部にまたがる山地は何ですか。

解答

1. 大阪市
2. 阪神・淡路大震災
3. 関西国際空港
4. みかん
5. 紀伊山地

月　日

中部地方

1 自然と区分 ☆☆

注意 気候区分の違いに注目。
東海→太平洋側の気候
中央高地→中央高地の気候
北陸→日本海側の気候

1 位置・区分…本州中央部。東海・中央高地・北陸に区分。

2 自　然…北陸→信濃(しなの)川，越後(えちご)平野。冬は北西季節風で多雪。中央高地→飛驒(ひだ)・木曽(きそ)・赤石山脈＝日本アルプス。少雨で年間の気温差が大きい。東海→木曽川，濃尾(のうび)平野。夏は多雨。

すいすい暗記　北(きた)は飛驒(ひだ)（北アルプス）　中(なか)が木曽(きそ)なら（中央アルプス）　南(みなみ)は赤石(あかいし)（南アルプス）

2 東海地方 ☆☆☆

参考 輸送用機械は自動車やオートバイなど。

注意 愛知用水→知多半島，明治用水→岡崎(おかざき)平野，豊川(とよがわ)用水→渥美半島。

発展 施設(しせつ)園芸農業→ビニールハウスや温室を使い，野菜や花を栽(さい)培(ばい)する農業。

1 工　業…中京工業地帯→日本一の出荷(しゅっか)額。機械工業（輸送用機械）の割合が高い＝豊田(とよた)・鈴鹿(すずか)。東海＝鉄鋼。一宮(いちのみや)＝毛織物。瀬戸(せと)＝陶磁(とうじ)器（↳近年，ファインセラミックスという新素材で自動車・電子部品なども生産）。四日市＝石油化学。東海工業地域→富士(ふじ)＝製紙・パルプ。浜松＝オートバイ・光学製品（↳光センサーなど）。

2 農　業…濃尾平野の西部→木曽川下流域などに輪中(わじゅう)（田畑や家を水害から守るために周囲に堤防をめぐらした集落）。稲作(いなさく)。濃尾平野の東部から岡崎平野→近郊農業，畑作。愛知用水などでかんがい（↳東部の台地や半島の水不足を解消するために愛知用水などがつくられた）。渥美(あつみ)半島→温室で草花（電照菊(でんしょうぎく)）やメロン。駿河湾(するがわん)沿岸→みかん。牧ノ原周辺→茶（日本一）。

3 漁　業…焼津(やいづ)→遠洋漁業（まぐろ）。浜名湖(はまなこ)→うなぎの養殖(ようしょく)。

4 名古屋大都市圏(けん)…名古屋は周辺と鉄道や高速道路で結合（東海道新幹線・東名高速道路）。

3 北陸・中央高地 ☆☆☆

注意 長野や甲府盆地周辺の扇状地(せんじょうち)は，かつての桑(くわ)畑から果樹園に土地利用が変化している。

参考 中央高地では白(しら)川郷(かわごう)の合掌造(がっしょうづくり)や富士山とその周辺などが世界遺産に登録され，観光業が盛(さか)ん。

1 北陸の産業…①農業→越後平野は冬に多雪。水田単作＝日本の穀倉地帯（↳湿田を乾田化するなどの土地改良を行い耕地を拡大）。早場米の産地（↳早い時期に収穫・出荷）。富山平野は球根栽培（チューリップ）。
②工業→豊富な電力と工業用水。富山・高岡＝金属。新潟(にいがた)＝石油化学。伝統産業＝小千谷(おぢや)ちぢみ，輪島塗(ぬり)。地場産業＝福井県鯖江(さばえ)市の眼鏡(めがね)フレーム。

2 中央高地の産業…盆地(ぼんち)での稲作→棚田(たなだ)。野辺山原(のべやまはら)→夏の冷涼(れいりょう)な気候を利用し高原野菜（レタス・キャベツなど）の抑制(よくせい)栽培（↱ほかの産地からの出荷が少ない時期に出荷するため高い価格で販売できる）。長野盆地→りんご・ぶどう。甲府(こうふ)盆地→ぶどう・もも。諏訪湖(すわこ)周辺の工業は製糸業から精密機械工業→電気機械や電子工業へ発展。歴史的な町並み→観光開発。

コレ重要
☞ 中京工業地帯は日本最大の出荷額で，（輸送用）機械工業の比率が高い。
☞ 濃尾平野の西部→低湿地(ていしっち)・輪中・稲作。東部→台地・愛知用水・畑作。

① 北陸・東海・中央高地の産業は自然条件と関連させておさえよう。
② 近郊(きんこう)農業・施設園芸農業・高原野菜・水田単作などの語句の意味を把握(はあく)しよう。
③ 北陸の稲作や伝統産業・地場産業の特徴(とくちょう)をおさえよう。

中部地方の自然と産業

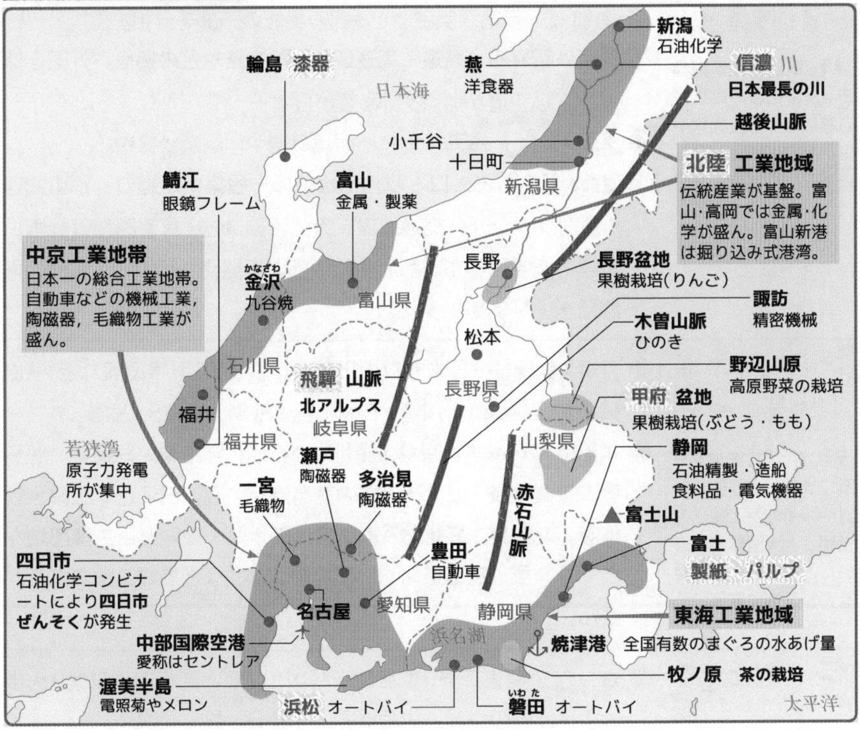

新潟 石油化学
燕 洋食器
信濃川 日本最長の川
輪島 漆器
日本海
越後山脈
小千谷
十日町
北陸工業地域
伝統産業が基盤。富山・高岡では金属・化学が盛ん。富山新港は掘り込み式港湾。
鯖江 眼鏡フレーム
富山 金属・製薬
新潟県
中京工業地帯
日本一の総合工業地帯。自動車などの機械工業，陶磁器，毛織物工業が盛ん。
長野
長野盆地 果樹栽培（りんご）
金沢(かなざわ) 九谷焼
富山県
諏訪 精密機械
木曽山脈 ひのき
松本
石川県
飛驒山脈
北アルプス
野辺山原 高原野菜の栽培
長野県
甲府盆地 果樹栽培（ぶどう・もも）
福井
岐阜県
福井県
山梨県
若狭湾 原子力発電所が集中
瀬戸 陶磁器
多治見 陶磁器
静岡 石油精製・造船 食料品・電気機器
一宮 毛織物
赤石山脈
富士山
富士 製紙・パルプ
豊田 自動車
四日市 石油化学コンビナートにより四日市ぜんそくが発生
名古屋
愛知県
静岡県
東海工業地域
中部国際空港 愛称はセントレア
浜名湖
焼津港 全国有数のまぐろの水あげ量
牧ノ原 茶の栽培
渥美半島 電照菊やメロン
浜松 オートバイ
磐田(いわた) オートバイ
太平洋

テストに出る 要点チェック

- [ ] 1．木曽川や長良(ながら)川下流域で輪中が見られるのは何という平野ですか。
- [ ] 2．ビニールハウスや温室を使用し，出荷時期を調整して野菜や花を栽培する農業を何といいますか。
- [ ] 3．知多半島の農業用水として利用されている用水を何といいますか。
- [ ] 4．牧ノ原で盛んに栽培され，静岡県が日本一の生産量をあげている農作物は何ですか。
- [ ] 5．出荷額日本一の工業地帯を何といいますか。
- [ ] 6．電照菊やメロンの栽培が盛んな，愛知県にある半島は何ですか。

解答

1．濃尾平野
2．施設園芸農業
3．愛知用水
4．茶
5．中京工業地帯
6．渥美半島

月　日

関東地方

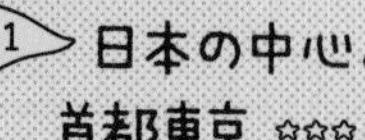

1 日本の中心，首都東京 ☆☆☆

参考 筑波研究学園都市→過密化した東京から移転してきた大学や国の研究機関が集中。茨城県つくば市。

① **首都東京，都心**…霞が関・丸の内→官庁，オフィス街。
↳日本の政治・経済・文化の中心。大企業の本社・大使館・外資系企業が集中

② **副都心**…新宿・渋谷など→都心機能の一部を分担。

③ **東京は新幹線・鉄道・高速道路・航空路などの拠点**。外国とは**成田国際空港**が拠点→貿易額が日本一。
↳成田からは集積回路などを輸出。東京国際（羽田）空港は旅客数で最大

④ **東京は文化・情報の中心**…報道機関や印刷業が集中。

⑤ **東京大都市圏**…人口と政治や経済の**一極集中**が進む。**都市問題**→通勤ラッシュ，交通渋滞，大気汚染など→首都圏整備計画・筑波研究学園都市。都心や臨海部の再開発。横浜→臨海部の再開発→「みなとみらい 21」。
（幕張新都心やさいたま新都心に首都圏の機能の一部を移転↵）

2 京浜工業地帯 ☆☆☆

参考 京浜工業地帯→第二次世界大戦後，原料や製品の海上輸送の便利さと大消費地に近いことから重化学工業などが急速に発展。

① **京浜工業地帯**…日本有数の出荷額。横浜周辺（横須賀など）→機械工業（自動車）。川崎→石油化学・鉄鋼。東京→印刷業。

② **工業地域の拡大**…**京葉工業地域**→石油化学工業・鉄鋼業。**鹿島臨海工業地域**→掘り込み式の鹿島港が中心。石油化学工業・鉄鋼業。**北関東工業地域**→群馬県・栃木県・茨城県。**工業団地**をつくり発展。高速道路沿いで自動車部品など機械工業の生産が盛ん。
（↳北関東自動車道・関越自動車道・東北自動車道）

3 自然と産業 ☆☆

注意 関東の野菜の出荷時期と，宮崎・高知の促成栽培や長野・群馬の高原野菜（抑制栽培）の出荷時期の違いに注意。

① **自　然**…関東平野→**関東ローム**（火山灰）。利根川。気候→大半は太平洋側の気候，内陸は冬に「**からっ風**」が吹く。
（日本最大の流域面積↵）
（冬に関東地方に吹く乾燥した北西季節風。防風林や屋敷森で防ぐ↵）

> **すいすい暗記**　赤土の　関東ローム　知っとるね（利根川）

② **関東平野の農業**…台地での畑作と畜産←**近郊農業**。冬も温暖な房総半島で草花の栽培。近郊農業の茨城・栃木などへの広がり→都市周辺部の宅地化や高速道路網の整備。群馬県嬬恋村→キャベツなどの**高原野菜**を栽培→**輸送園芸農業**。利根川下流の**水郷地帯**→早場米。利根川→日本最大の流域面積。首都圏の水がめ。

③ **漁　業**…銚子→沖合漁業，三浦（三崎港）→遠洋漁業。
（200 海里以内の海域で数日間操業↵）（大型船で数か月以上におよぶ操業↵）

・コレ重要・

☞ 国土面積の約 0.6%の東京に，人口の約 10%が集中→一極集中が進展。
☞ 京浜工業地帯→京葉・鹿島臨海・北関東工業地域へ拡大。

① 首都東京の都心・副都心，再開発地域やさいたま新都心などを把握しよう。
② 京浜工業地帯の特色，広がり，おもな工業都市をおさえよう。
③ 関東平野の野菜栽培は他の産地との関係，交通網の発達などで理解しよう。

関東地方の自然と産業

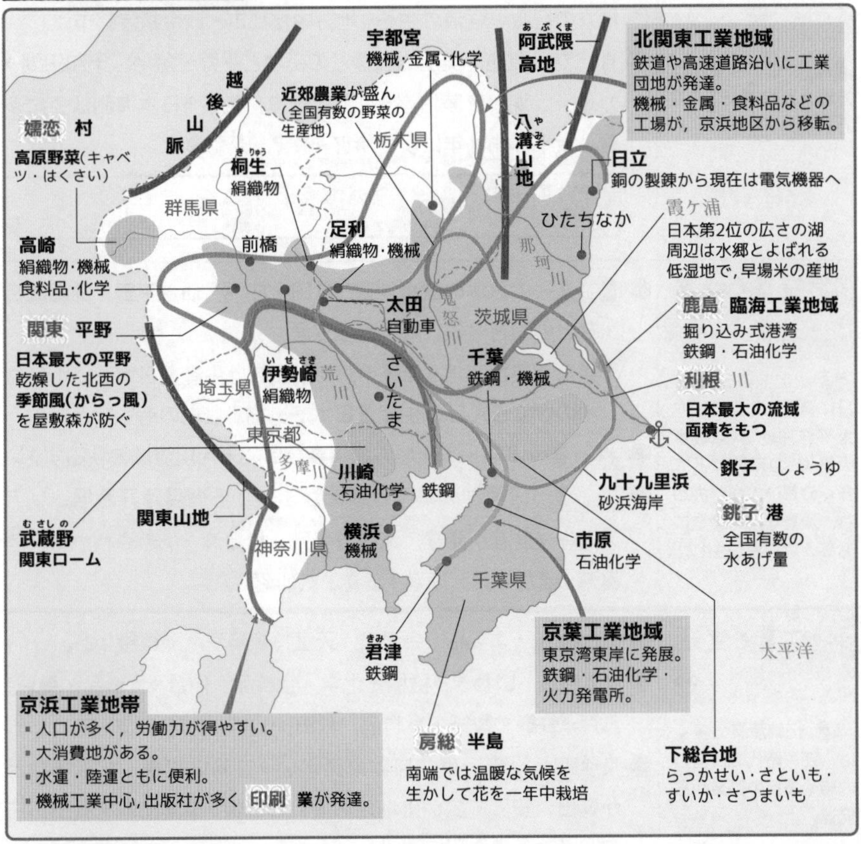

越後山脈

嬬恋村
高原野菜(キャベツ・はくさい)

宇都宮
機械・金属・化学

近郊農業が盛ん
(全国有数の野菜の生産地)

阿武隈高地

北関東工業地域
鉄道や高速道路沿いに工業団地が発達。
機械・金属・食料品などの工場が，京浜地区から移転。

八溝山地

栃木県

桐生
絹織物

日立
銅の製錬から現在は電気機器へ

群馬県

ひたちなか

霞ケ浦
日本第2位の広さの湖
周辺は水郷とよばれる低湿地で，早場米の産地

高崎
絹織物・機械
食料品・化学

前橋

足利
絹織物・機械

那珂川

太田
自動車

鬼怒川

茨城県

鹿島 臨海工業地域
掘り込み式港湾
鉄鋼・石油化学

関東平野
日本最大の平野
乾燥した北西の季節風(からっ風)を屋敷森が防ぐ

伊勢崎
絹織物

荒川

さいたま

千葉
鉄鋼・機械

利根川
日本最大の流域面積をもつ

埼玉県

東京都

多摩川

川崎
石油化学・鉄鋼

九十九里浜
砂浜海岸

銚子 しょうゆ

銚子港
全国有数の水あげ量

関東山地

武蔵野
関東ローム

横浜
機械

市原
石油化学

神奈川県

千葉県

京葉工業地域
東京湾東岸に発展。
鉄鋼・石油化学・火力発電所。

君津
鉄鋼

太平洋

京浜工業地帯
- 人口が多く，労働力が得やすい。
- 大消費地がある。
- 水運・陸運ともに便利。
- 機械工業中心，出版社が多く印刷業が発達。

房総半島
南端では温暖な気候を生かして花を一年中栽培

下総台地
らっかせい・さといも・すいか・さつまいも

テストに出る要点チェック

- [ ] 1．関東平野を流れる日本最大の流域面積をもつ川を何といいますか。
- [ ] 2．「みなとみらい 21」の開発が進む神奈川県の県庁所在地はどこですか。
- [ ] 3．貿易額が日本一の空港は何という空港ですか。
- [ ] 4．交通網の発達により，大都市から遠い地域でも行われるようになった大都市向けの農業を何といいますか。
- [ ] 5．冬に関東地方に吹く北西の季節風を何といいますか。

解答

1．利根川
2．横浜市
3．成田国際空港
4．輸送園芸農業
5．からっ風

月　日

東北地方

1 位置と自然 ☆☆

参考 仙台市は東北地方最大かつ唯一(ゆいいつ)の100万都市。

❶ 位　置…本州の東北部。「みちのく」・「奥州(おうしゅう)」。仙台(せんだい)市は東北地方の行政・経済の中心→地方中枢(ちゅうすう)都市・政令指定都市。

❷ 自　然…地形→奥羽(おうう)山脈などの山地と平野・盆地(ぼんち)。十和田湖→カルデラ湖。三陸海岸→リアス海岸。気候→日本海側は冬に多雪。太平洋側は年により冷害→やませが影響(えいきょう)。

夏に冷涼なしめった北東風が吹き，冷夏となり農作物に被害

すいすい暗記　初夏(しょか)の風(かぜ)　洋側冷害(ようがわれいがい)　悩(なや)まされ
北東の風　太平洋側　やませ

2 農業・林業・漁業 ☆☆☆

参考 2011年3月11日に発生した東北地方太平洋沖地震(じしん)(東日本大震災)の津波(つなみ)などで多くの尊い人命が失われ，漁業などの産業にも甚大(じんだい)な被害(ひがい)が生じた。

❶ 農　業…①日本の穀倉地帯→秋田・庄内(しょうない)・仙台平野。品種改良などの冷害対策。銘柄米(めいがら)の生産。

②盛(さか)んな果樹栽培(さいばい)→津軽(つがる)平野のりんごは生産量日本一。山形盆地のさくらんぼは生産量日本一。福島盆地のももなど。

❷ 林　業…津軽・下北地方の青森ひば。米代(よねしろ)川流域の秋田すぎ。

❸ 漁　業…三陸沖(おき)の黒潮と親潮がぶつかる潮目は好漁場。リアス海岸→良港が発達，湾内で養殖。松島湾→かきやわかめ。陸奥湾(むつわん)→ほたて貝。漁港→石巻(いしのまき)・気仙沼(けせんぬま)や八戸(はちのへ)。

暖流と寒流の境の海域で，対流によってプランクトンが繁殖し好漁場

3 工業と生活 ☆☆

注意 伝統産業の多くは，江戸時代の武士の内職や農家の副業から発達。

参考 秋田県の男鹿(おが)半島の民俗行事である「なまはげ」は，国の重要無形民俗文化財に指定されている。また2018年にはユネスコの無形文化遺産にも登録された。

❶ 伝統産業・工芸品…会津塗(あいづぬり)，天童将棋駒(てんどうしょうぎこま)や南部鉄器など。

❷ 工業都市…いわき→機械・化学・食料品。仙台→食料品・機械。八戸→鉄鋼・製紙・食料品。秋田→化学・木材・パルプ。

❸ 交通網(もう)の整備…東北自動車道沿い→自動車工場，IC工場などが進出。安くて広い土地，労働力の確保→工業団地を秋田・庄内空港などの周辺に建設。

❹ 伝統文化と生活・観光…東北三大夏祭りや民俗(みんぞく)行事→豊作への願いから現在は観光資源化。世界自然遺産登録の白神山地。

青森のねぶた祭，秋田の竿燈まつり，仙台の七夕まつり

❺ エネルギー施設(しせつ)…福島の原子力発電所や青森の六ヶ所(ろっかしょ)村の核(かく)燃料再処理工場。

電力の多くは首都圏に送電

福島第一原子力発電所は2011年の東日本大震災で大きな被害を受けたよ。

コレ重要

☞ 東北地方は日本の穀倉地帯であり，果樹栽培や畜産(ちくさん)も盛んである。
☞ 東北には伝統産業と，空港や高速道路沿いのIC工場などの新しい工業がある。

① 東北の農業では稲作（いなさく）と果樹栽培が重要。歩みや産地・作物を把握（はあく）しよう。
② 三陸沿岸の漁業は，リアス海岸と沖合の潮目が発達の要因。
③ 東北は伝統産業，祭りなどの伝統行事や歴史的景観など観光も重要。

東北地方の自然と産業

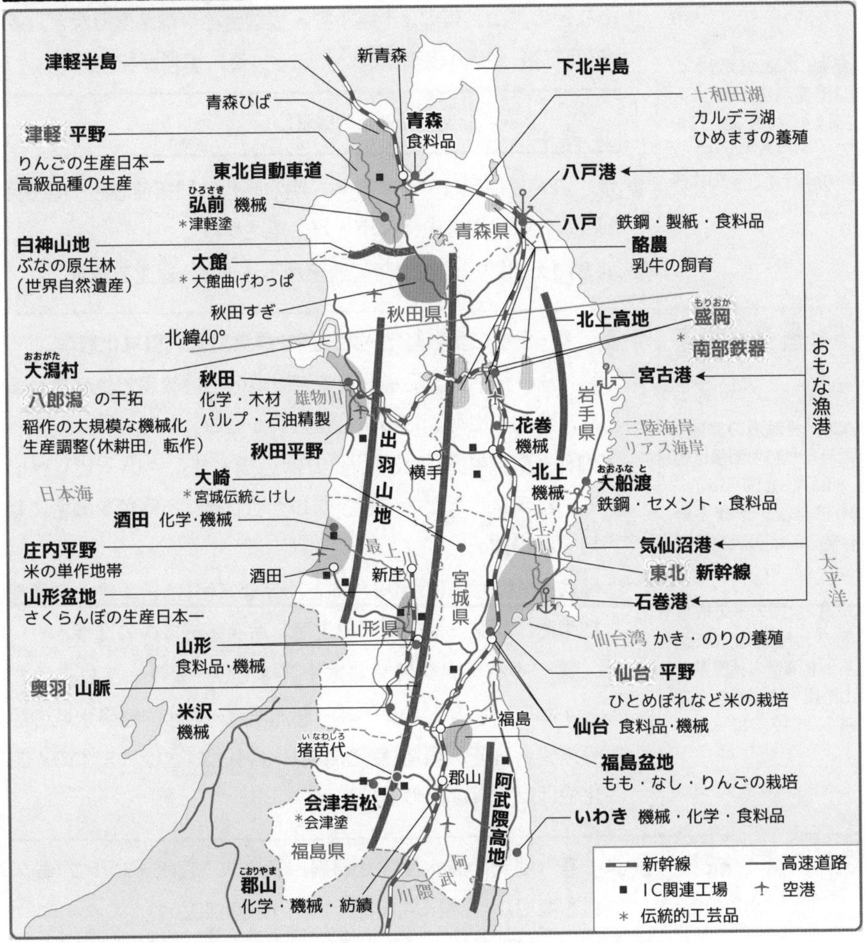

津軽半島
新青森
下北半島
青森ひば
青森 食料品
十和田湖
カルデラ湖
ひめますの養殖
津軽 平野
りんごの生産日本一
高級品種の生産
東北自動車道
八戸港
弘前（ひろさき） 機械
＊津軽塗
八戸 鉄鋼・製紙・食料品
青森県
白神山地
ぶなの原生林
（世界自然遺産）
酪農
乳牛の飼育
大館
＊大館曲げわっぱ
秋田すぎ
秋田県
北上高地
北緯40°
盛岡（もりおか）
＊**南部鉄器**
大潟村（おおがた）
八郎潟 の干拓
稲作の大規模な機械化
生産調整（休耕田，転作）
秋田
化学・木材
パルプ・石油精製
雄物川
秋田平野
宮古港
おもな漁港
岩手県
三陸海岸
リアス海岸
出羽山地
花巻
機械
横手
北上
機械
日本海
大崎
＊宮城伝統こけし
大船渡（おおふなと）
鉄鋼・セメント・食料品
北上川
酒田 化学・機械
気仙沼港
庄内平野
米の単作地帯
最上川
酒田
新庄
宮城県
東北 新幹線
太平洋
山形盆地
さくらんぼの生産日本一
石巻港
山形県
山形
食料品・機械
仙台湾 かき・のりの養殖
仙台 平野
ひとめぼれなど米の栽培
奥羽 山脈
米沢
機械
福島
仙台 食料品・機械
猪苗代（いなわしろ）
福島盆地
もも・なし・りんごの栽培
郡山
会津若松
＊会津塗
阿武隈高地
いわき 機械・化学・食料品
福島県
阿武隈川
郡山（こおりやま）
化学・機械・紡績

新幹線　高速道路
■ IC関連工場　✈ 空港
＊ 伝統的工芸品

テストに出る 要点チェック

- [ ] 1．秋田県の民俗行事で，国の重要無形民俗文化財に指定されている行事は何ですか。
- [ ] 2．最上川（もがみ）の下流に広がり，日本有数の穀倉地帯でもある平野を何といいますか。
- [ ] 3．東北地方に冷夏をもたらす夏の北東風を何といいますか。

解答

1．なまはげ
2．庄内平野
3．やませ

月　日

北海道地方

1 自然と歩み ☆☆

参考 北海道は日本の国土面積の21%。人口は4.2%の525万人で，そのうちの約37%が道庁所在地の札幌（さっぽろ）市に集中。

❶ **自　然**…中央部→北見山地・日高山脈。西部→石狩（いしかり）平野。有珠（うす）山などの火山。東部→十勝（とかち）平野・根釧（こんせん）台地や釧路湿原（くしろしつげん）など。冷帯（亜（あ）寒帯）気候→梅雨（つゆ）がない。流氷，夏に濃霧（のうむ）が発生。

すいすい暗記 北海道（ほっかいどう）　そんな薄着（うすぎ）じゃ　アカンたい（亜寒帯）

❷ **歩　み**…先住民は**アイヌ民族**。明治時代に**開拓使**（かいたくし）設置→**屯田兵**（とんでんへい）制度。札幌は地方中枢都市・政令指定都市。
（開拓使：開拓のための役所。屯田兵：開拓に従事したのが農作業と警備を兼ねた屯田兵）

❸ **北方領土問題**…現在**ロシア連邦**（れんぽう）が不法占拠（せんきょ）→返還（へんかん）を要求。

2 農業・漁業 ☆☆☆

発展 北海道の農家1戸当たり耕地面積は約28haで全国平均の10倍以上。**十勝平野**は約30haの大規模経営。

注意 全国の米の収穫（しゅうかく）量の上位県は，新潟（にいがた）県・北海道・秋田県・山形県・宮城県などである（2019年）。

❶ **農　業**…日本の食料基地→大規模な農業経営。機械化農業。

①**稲作**（いなさく）→石狩平野は品種改良や**泥炭地**（でいたんち）の土地改良で生産量が多く，全国へ出荷。さらに品種改良が進む。
（泥炭地の土地改良：湿地の乾田化や客土（稲作に適した土に入れかえる）などで耕地を拡大）

②**畑作**→**十勝平野**（火山灰地）では豆類・てんさい・じゃがいも・たまねぎなどの生産。同じ土地で異なる野菜を順番に栽（さい）培（ばい）する**輪作**。

③**酪農**（らくのう）→**根釧台地**（火山灰台地と冷涼（れいりょう）な気候）は日本最大の酪農地帯で，バターやチーズの生産。冷凍（れいとう）輸送技術の進歩。
（冷凍輸送技術の進歩：生乳のままの他府県への出荷も多い）

❷ **漁　業**…オホーツク海や北太平洋はさけ・ます・すけとうだら・ずわいがになどの好漁場→**北洋漁業**→排他（はいた）的経済水域の設定で減少。育てる漁業（**栽培漁業**）への転換（てんかん）→さけ・ますの人工ふ化やほたて貝などの養殖（ようしょく）。

3 工業・観光 ☆☆

参考 夕張（ゆうばり）市などかつての炭鉱都市では人口が著（いちじる）しく減少，3万人未満の市が多い。

❶ **工　業**…地元の農水産物が原料。苫小牧（とまこまい）→製紙・パルプ（輸入原料も増加），札幌→乳製品，釧路（くしろ）→水産加工。

❷ **観光による活性化**…**火山・温泉**や雪を生かした観光（スキーや「さっぽろ雪まつり」など）。釧路湿原→ラムサール条約に指定。知床（しれとこ）→世界自然遺産に登録。経済的な利益と環境（かんきょう）保全の両立が課題。
（観光による活性化：グリーンツーリズム（農業体験）やエコツアーなど体験型の観光も増加）

・コレ重要・

☞ 北海道の農業は石狩平野→稲作，十勝平野→畑作，根釧台地→酪農。

☞ 北海道の工業は乳製品・製紙・水産加工など道内資源と関連して発展。

① 北海道の先住民はアイヌ民族。明治以降屯田兵制度で開拓を開始。
② 北海道の農業・漁業・工業は，その特色，歩みや現状を把握しよう。
③ 日本の食料基地・北海道で生産の多い農作物をおさえよう。

社会
理科
数学
英語
国語

北海道の自然

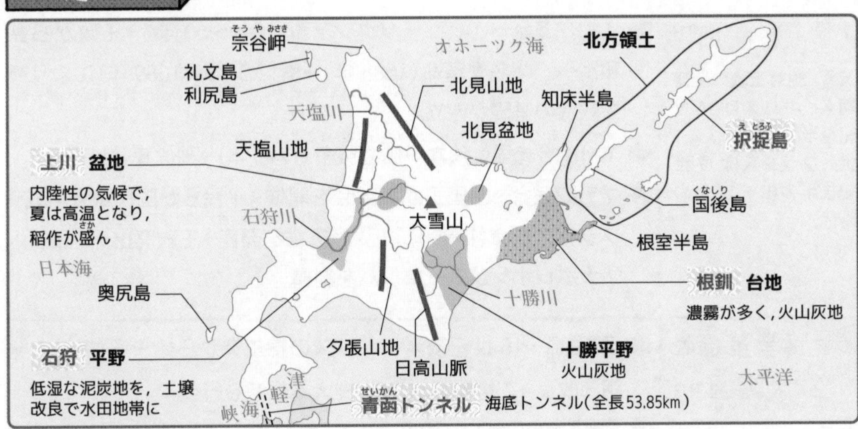

北海道の産業

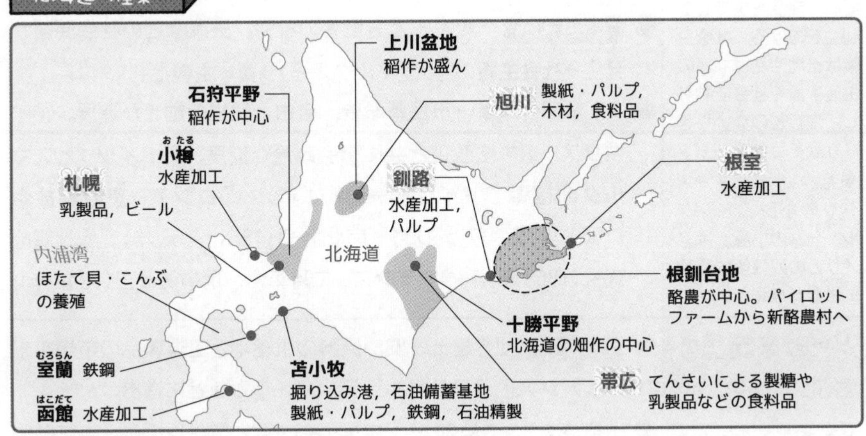

テストに出る 要点チェック

- [ ] 1. 北海道の先住民を何といいますか。
- [ ] 2. 泥炭地の土地改良などで稲作が盛んになったのは何という平野ですか。
- [ ] 3. 北海道地方が属する気候を何といいますか。
- [ ] 4. ラムサール条約に指定され，近年ではエコツーリズムが盛んになっているのは何という湿原ですか。

解答

1. アイヌ民族
2. 石狩平野
3. 冷帯(亜寒帯)
4. 釧路湿原

月　日

近代ヨーロッパの成立とアジア侵略

1 市民革命 ☆☆

参考 **絶対王政**の全盛期→イギリスは16世紀後半のエリザベス1世，フランスは17世紀後半のルイ14世の時代。

❶ **絶対王政**…国王が絶対的な権力を握り支配→国民の批判。

❷ **イギリス革命**…①**ピューリタン革命**(1640～60年)→王政から共和制へ。②**名誉革命**(1688年)→**権利の章典**(1689年)により議会政治の基礎が確立。
↳ピューリタン革命では国王が処刑され，名誉革命では議会が国王を追放した

↱1775年アメリカは代表のいないイギリス議会での課税の決定に抗議
❸ **アメリカ合衆国の独立**…独立戦争(1775年)→**独立宣言**(1776年)。

↱身分別の議会
❹ **フランス革命**…①国王が三部会を開催→平民らが国民議会結成→フランス革命(1789年)→**人権宣言**を発表→王政廃止→共和制へ。②**ナポレオン**がヨーロッパを制覇。
↱国民議会が発表。自由・平等・国民主権などの内容

2 産業革命と欧米諸国 ☆☆

発展 資本主義は，**資本家**が**労働者**を賃金で雇い，商品を生産して利益をあげる。社会主義は土地や機械などの生産手段を社会で共有し，階級差のない平等な社会を目ざす。

参考 ハリエット・ストウの小説「アンクル・トムの小屋」はアメリカの奴隷解放運動に影響を与えた。

❶ **産業革命**…18世紀後半イギリスの綿工業から始まる(機械の発明・改良→**工場制機械工業**)→大量生産を行う。
ワットの蒸気機関↲

❷ **産業革命の広がり**…19世紀にフランス・アメリカ・ドイツに，その後ロシア・日本にも広がる。

❸ **資本主義社会**…資本家と労働者の社会。失業などの社会問題が発生→**社会主義**の考え(マルクスら)→資本主義批判。

❹ **19世紀の欧米**…市民革命後，自由と独立の動きが進展。①**イギリス**→選挙法改正と共に議会政治が進展。②**ドイツ**→**ビスマルク**の指導でドイツ統一(1871年)。③**ロシア**→**農奴解放令**(1861年)。④**アメリカ**→南北戦争(1861～65年)。**奴隷解放宣言**(1863年)。⑤**フランス**→二月革命，選挙法改正(1848年)。
↳自由貿易と奴隷制をめぐり北部と南部が対立
↳リンカン大統領

3 欧米諸国のアジア侵略 ☆☆

参考 産業革命後のイギリスは「**世界の工場**」とよばれ，原料と市場を求め世界へ進出。

❶ **欧米諸国の世界進出**…安い原料の供給地と工業製品の市場を求め，アジア・アフリカ・ラテンアメリカなどに進出。

❷ **イギリスのアジア侵略**…①**中国侵略**→**清**と**アヘン戦争**→**南京条約**(1842年)→**洪秀全**らが**太平天国の乱**(1851年)。②**インド侵略**→**インド大反乱**(1857年)→**ムガル帝国**が滅ぶ。
香港の譲渡，上海など5港の開港，賠償金の支払いなどが内容↲

> **すいすい暗記**
> 心配です（清敗北）　なかなか開かへん（アヘン戦争）　南京錠（南京条約）

・コレ重要・

☞ ピューリタン革命・名誉革命，フランス革命で市民が権利を獲得→市民革命。

☞ ヨーロッパの17～19世紀は市民革命・産業革命の時代で近代化が進展。

得点アップUP

① 封建（ほうけん）制度→絶対王政→市民革命で近代社会が成立したことに留意しよう。
② 市民革命や産業革命は，背景やその後の社会への影響をおさえよう。
③ 欧米の世界進出，アジア侵略は工業製品の市場と原料の供給地の獲得が目的。

市民革命の比較（ひかく）

ピューリタン革命	名誉革命	アメリカ独立戦争	フランス革命
1640〜60年 クロムウェルを中心とする議会派が，国王をたおし，共和制へ。その後，再び王政にもどる。	1688年 議会を無視した国王を追放し，新しく迎（むか）えた王に権利の章典を認めさせる。	1775〜83年 イギリスから独立。独立宣言。合衆国憲法。 ワシントンが初代大統領に就任。	1789年 バスティーユ牢獄（ろうごく）の襲撃（しゅうげき）がきっかけ。 人権宣言が出され，国王は処刑（しょけい）された。

産業革命のおこりと影響

問屋制家内工業（家内工業） → 工場制手工業（マニュファクチュア） → 機械の発明・改良 **産業革命** → 交通機関の発達・人口の都市集中（↑工場制機械工業） ＝ 社会問題の発生

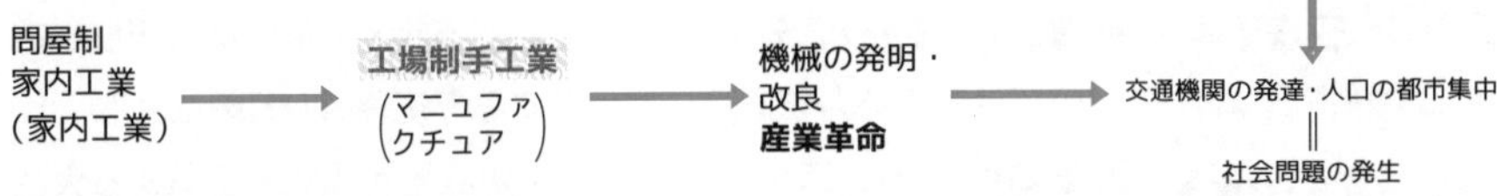

欧米諸国のアジア進出

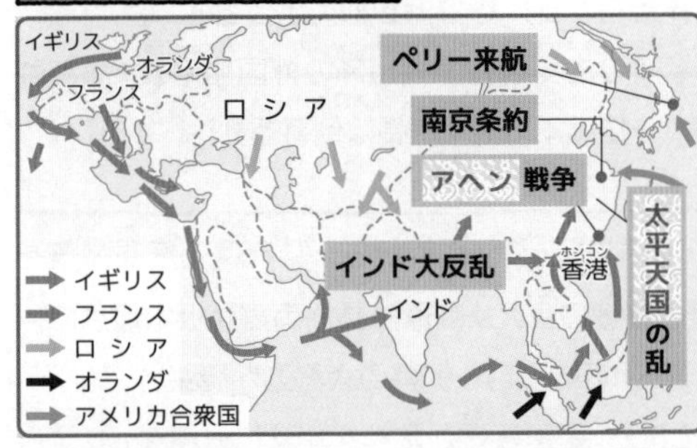

イギリスの三角貿易

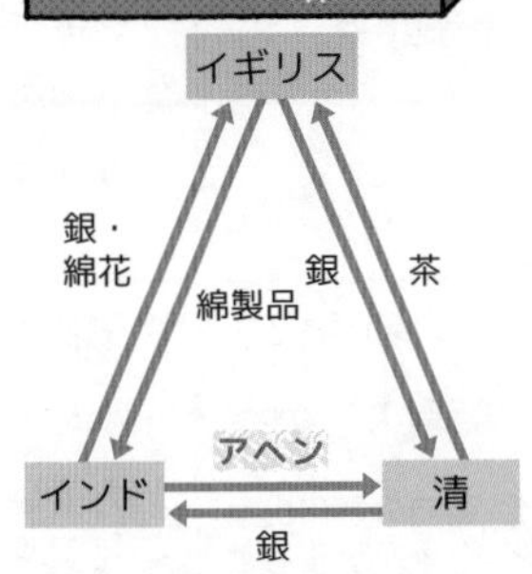

テストに出る要点チェック

1. 国王が教会や諸侯（しょこう）の勢力をおさえ，議会を無視して行った政治を何といいますか。
2. 1688年，イギリスで国王を国外に追放した革命を何といいますか。
3. フランス革命のあと，皇帝となってヨーロッパの大部分を制覇したのはだれですか。
4. イギリスと清が結んだアヘン戦争の講和条約は何ですか。

解答

1. 絶対王政
2. 名誉革命
3. ナポレオン
4. 南京条約

月　日

開国と江戸幕府の滅亡

1 外国船来航と開国 ☆☆☆

参考 アヘン戦争で結ばれた南京条約は，イギリスに対し，上海などの5港の開港，香港の譲渡，賠償金の支払い，領事裁判権を認めて，清に関税自主権がないという内容だった。

❶ **外国船の来航**…ロシア船が根室へ，イギリス船が長崎へ来航→1825年幕府は**異国船打払令**→**天保の薪水給与令**(1842年)。
幕府は鎖国を批判した渡辺崋山らを処罰→蛮社の獄 ／ 清がイギリスにアヘン戦争で敗北したことが影響

❷ **開　国**…①**黒船の来航**→1853年ペリーが浦賀(神奈川)に来航し開国要求。翌年ペリーが再航。1854年幕府は**日米和親条約**を結び，**下田・函館**の2港を開港。
食料・水・薪の補給(貿易はしない)と下田に領事をおくことなどが内容
②**日米修好通商条約**(1858年)→アメリカは通商を要求し，大老**井伊直弼**が朝廷の許可なしに締結。**5港の開港**，**領事裁判権**を認め，**関税自主権**がない不平等な内容の条約。
函館・神奈川・新潟・兵庫・長崎

❸ **影　響**…生糸・茶などの大量輸出で物価が上昇，経済が混乱。

2 幕府政治の動き ☆☆

注意 倒幕派→**薩摩藩**＝西郷隆盛・大久保利通ら。**長州藩**＝高杉晋作・木戸孝允ら。

❶ **尊王攘夷運動の高まり**…開国に反対する大名や武士は，天皇を敬い，外国の勢力を排除しようとする**尊王攘夷**(尊攘)を主張。

❷ **安政の大獄(1858～59年)**…井伊直弼が開国に反対する大名らを処罰→1860年**桜田門外の変**で尊攘派により井伊直弼暗殺→幕府は**公武合体策**をとり，尊攘派を抑えようとする。
公(朝廷)と武(幕府)が協力して政治を行う

❸ **攘夷の動き**…薩摩藩の生麦事件や**長州藩**の外国船砲撃→薩英戦争・下関砲撃事件→攘夷不可能→薩長は倒幕運動へ。
薩摩藩士がイギリス人を殺傷

3 江戸幕府の滅亡 ☆☆☆

参考 幕府の長州出兵のころ，各地で世直しを求め，百姓一揆や打ちこわし，人々が踊り狂う「ええじゃないか」の騒ぎなどが発生。

❶ **幕府の長州出兵と薩長同盟**…1864年から，幕府は2度長州藩を攻め失敗，幕府の権威の衰え→薩摩・長州両藩が**坂本龍馬**の仲介で薩長同盟を結ぶ(1866年)→倒幕の大勢力が誕生。

❷ **大政奉還(1867年)**…**徳川慶喜**が政権を朝廷に返還→**王政復古の大号令**(1867年)→江戸幕府の滅亡→新政府の成立。

> **すいすい暗記**　倒幕派　元気旺盛　大号令
> 王政復古の大号令

❸ **戊辰戦争(1868～69年)**…旧幕府勢力が新政府軍に反抗→新政府軍が勝利し，国内を平定する。

コレ重要

☞ 日米和親条約→日米修好通商条約→尊王攘夷運動→大政奉還へ発展。
☞ 日米修好通商条約は不平等条約→改正(1911年)までには約半世紀かかった。

得点アップUP

① 開国から江戸幕府滅亡（王政復古）までの歴史の流れを理解しよう。
② 幕末の 2 つの条約の開港地の位置，条約の内容に留意しよう。
③ 幕府の動きと反幕府勢力（尊攘派→倒幕派）の動きを関連させて把握しよう。

外国船の接近と幕府の対応

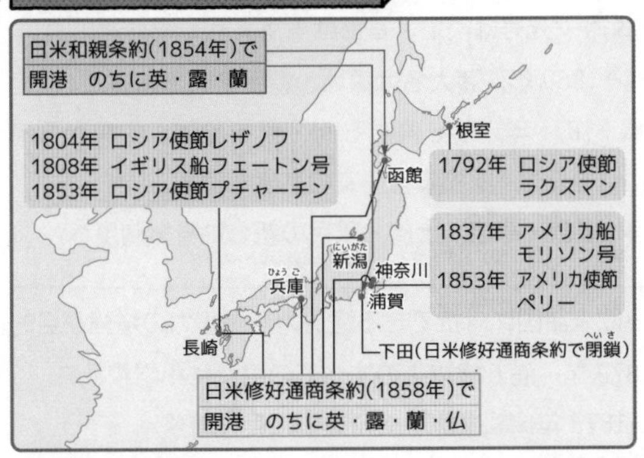

幕末の貿易と物価の高騰

価格指数
（1857〜59年＝100）
400
300
200
100
0
1856　58　60　62　64　66年
繰綿
米
なたね油

幕末の動き

テストに出る 要点チェック

☐ 1．1854 年，幕府がアメリカとの間で結んだ条約を何といいますか。
☐ 2．日米修好通商条約を結んだ大老はだれですか。
☐ 3．薩長同盟を仲介したとされる土佐藩出身の人物はだれですか。

解答

1．日米和親条約
2．井伊直弼
3．坂本龍馬

月　日

明治維新

1 明治維新 ☆☆☆

参考 ●明治維新→新政府が天皇中心の中央集権国家の建設を目的に行った諸改革。
●版(版図)は領地，籍(戸籍)は領民。

❶ 新政府の方針…五箇条の御誓文で政治の基本方針を示す。
↳1868年，明治天皇が神に誓う形式

❷ 新政府の政治…元号は明治，首都は東京。

①**版籍奉還**→1869年，諸大名は領地・領民を天皇に返上。

②**廃藩置県**→1871年，藩を廃止し府・県を設置。中央から府知事・県令を派遣→**中央集権国家**の基礎を確立。

③**四民平等**→皇族・華族・士族・平民の新しい身分制度へ。
↳1871年の解放令で，えた・ひにんの身分の人も平民…社会的差別は残る

2 富国強兵・殖産興業 ☆☆☆

参考 **学制**の公布は教育で国民意識の向上を図ることが目的。教育期間は4年。**徴兵令**の兵役義務の期間は3年間。

❶ 富国強兵…欧米諸国に対抗できる経済力や軍事力の増強が目的。

①**学制**→1872年，満6歳以上のすべての男女に小学校教育。

②**徴兵令**→1873年，満20歳以上の男子に兵役義務。

③**地租改正**→1873年，地券を発行→地価の3%を地主が金納。政府の税収入を安定して確保することが目的→各地で反対一揆→1877年2.5%に引き下げた。
農民の負担割合は従来の年貢と変わらないため反対
↳反対運動の成果は「竹槍でドンと突き出す二分五厘」とうたわれた

❷ 殖産興業…①**近代産業の育成**→富岡製糸場などの官営模範工場を設立。②新しい貨幣制度や国立銀行設立。③鉄道開通や郵便制度の整備。④**北海道の開拓**→屯田兵を派遣。

すいすい暗記
群を抜く　模範工場　富岡に
群馬県　官営(政府が経営)　富岡製糸場

3 文明開化と外交 ☆☆

発展 ●**岩倉使節団**→**岩倉具視**が全権大使。木戸孝允・大久保利通，伊藤博文や留学生の津田梅子も同行。
●**征韓論**→鎖国を続ける朝鮮に武力で国交を認めさせようとする**西郷隆盛**や板垣退助らの主張。

↱洋風建築・ガス灯・洋服・洋食などや欧米に合わせた太陽暦の採用
❶ 文明開化…欧米の文化・生活様式を導入→衣食住で欧米化。

❷ 国際関係…①**欧米に岩倉使節団派遣**→1871～73年，欧米の制度や文化を学ぶ。条約改正は失敗。

②**中国・朝鮮との外交**→清と対等な**日清修好条規**(1871年)を結ぶ。朝鮮への**征韓論**→1875年，江華島事件→**日朝修好条規**(1876年)を結ぶ。

❸ 領土の確定…①1875年，ロシアと樺太・千島交換条約を結ぶ。
ウルップ島以北の千島列島は日本領，樺太はロシア領と定めた

②1876年，小笠原諸島は日本領であると英米に通告。

③**琉球**→日本と清の両国に服属。1879年，琉球藩から沖縄県の設置へ(**琉球処分**)→琉球王国の消滅。

コレ重要

☞ 版籍奉還・廃藩置県・四民平等などの政策→中央集権国家体制がねらい。

☞ 学制(教育)・徴兵令(軍隊)・地租改正(税制)は明治維新の三大改革。

① 明治政府の基本方針→五箇条の御誓文の内容を確認しよう。
② 明治政府の諸政策は内容・年代や前後関係をおさえよう。
③ 明治政府の外交や領土の確定の経過，文明開化の生活などに留意しよう。

五箇条の御誓文

一，広ク会議ヲ興シ万機公論ニ決スベシ
一，上下心ヲ一ニシテ盛ニ経綸ヲ行フベシ
一，官武一途庶民ニ至ル迄，各其志ヲ遂ゲ，人心ヲシテ倦マザラシメンコトヲ要ス
一，旧来ノ陋習ヲ破リ，天地ノ公道ニ基クベシ
一，智識ヲ世界ニ求メ，大ニ皇基ヲ振起スベシ

明治政府の諸改革

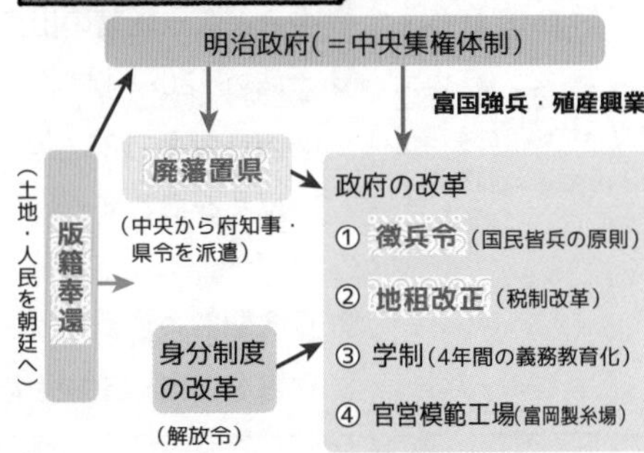

明治初期の外交と国境の確定

地租改正の前と後

	前	後
税の種類	年貢	地租
税率の基準	収穫高や地方により一定せず	地価の3％（のちに2.5％）
納税方法	米で納める	現金で納める
政府の収入	毎年違いがでる	毎年一定した財政収入を確保

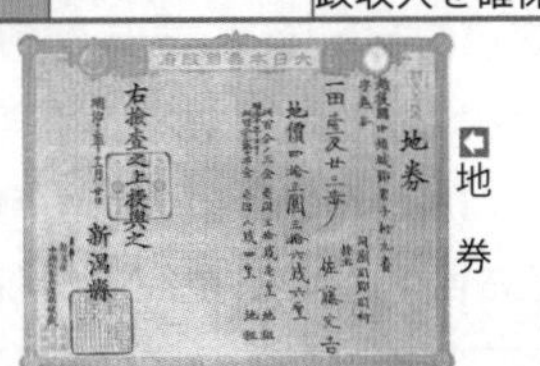
◘地券

テストに出る要点チェック

□ 1．天皇が神に誓う形で発表した新政府の方針を何といいますか。
□ 2．大名に，領地と人民を天皇に返上させたことを何といいますか。
□ 3．藩を廃止して府や県を置いた政策を何といいますか。
□ 4．1871～73年に欧米に派遣された使節団の全権大使はだれですか。
□ 5．朝鮮を武力で開国させようとする主張を何といいますか。

解答
1．五箇条の御誓文
2．版籍奉還
3．廃藩置県
4．岩倉具視
5．征韓論

自由民権運動と立憲国家の成立

月　日

1 藩閥政治と士族の反乱 ☆☆

参考 西郷隆盛と板垣退助は征韓論の主張が認められず政府を退いた。

❶ 藩閥政治…明治政府の要職は薩摩藩や長州藩など倒幕運動の中心となった藩の出身者が独占。

❷ 士族の反乱…①特権を奪われ，藩閥政治にも不満。
↳士族が帯刀禁止や俸禄（給与）の廃止などに不満で，西日本各地でおこす
②西南戦争（1877 年）→鹿児島の不平士族が西郷隆盛を中心に反乱をおこす→政府軍に敗北→武力反抗から言論での政治批判へ。

❸ 国会開設の要求…板垣退助らが，1874 年に民撰議院設立の建白書を提出→自由民権運動（1870～80 年代）の出発点となる。

2 自由民権運動 ☆☆

参考 自由民権運動は人間の自由・平等の近代思想に基づき，憲法制定・国会開設・国民の政治参加（参政権）を求めた。

❶ 自由民権運動の広がり…板垣退助の立志社など各地に民権運動の団体（結社）が設立→ 1880 年国会期成同盟設立→政府に国会開設を要求→ 1881 年開拓使官有物払い下げ事件がおこる
↳開拓使の不公正な払い下げ事件
→ 1881 年（10 年後の）国会開設の勅諭→政党の結成へ。

❷ 政　党…①板垣退助→1881 年自由党→フランス流人民主権。
②大隈重信→1882 年立憲改進党→イギリス流議会政治。

❸ 運動の激化…秩父事件→軍隊が鎮圧→政治活動の制限へ。
↳1884 年秩父地域で農民と自由党員がおこした大規模な騒動

3 大日本帝国憲法と議会 ☆☆☆

発展 民法では個人より「家」重視。戸主の権利が強く，家族制度や相続などで男女平等ではなかった。

❶ 大日本帝国憲法…①憲法草案→伊藤博文らがドイツ（プロイセン）憲法を中心に調査し，憲法草案を作成。
↳君主権が強い
②内閣制度創設（1885 年）→初代内閣総理大臣は伊藤博文。枢密院で憲法案の審議。③大日本帝国憲法発布→1889 年 2 月 11 日。立憲制国家へ。天皇主権。国民の人権は法律の範囲内。議会は二院制。
↱天皇は元首で，統帥権をもつ。明治憲法

すいすい暗記　博文は　プロ精神で　大憲法
（伊藤博文　プロイセン　大日本帝国憲法）

❷ 法律や制度…民法や刑法。教育勅語（1890 年）。

❸ 帝国議会…①貴族院→皇族・華族と，天皇が任命した議員。
②衆議院→国民による選挙が行われ，直接国税 15 円以上を納める満 25 歳以上の男子に選挙権（制限選挙）。
↳1890 年第 1 回衆議院選挙の有権者は全人口の約 1 %

コレ重要

☞ 西南戦争→自由民権運動→大日本帝国憲法発布→第 1 回帝国議会と進展。
☞ 大日本帝国憲法→天皇主権，法律の範囲内の人権，制限付きの選挙権などが特色。

得点UP

① 西南戦争は西郷隆盛，自由民権運動は板垣退助→内容や広がりを把握しよう。
② 大日本帝国憲法の内容，特色，手本にした国などを確認しよう。
③ 政党の結成と特色，帝国議会の構成，選挙権の資格などをおさえよう。

士族の反乱

自由民権運動の広がりと激化事件

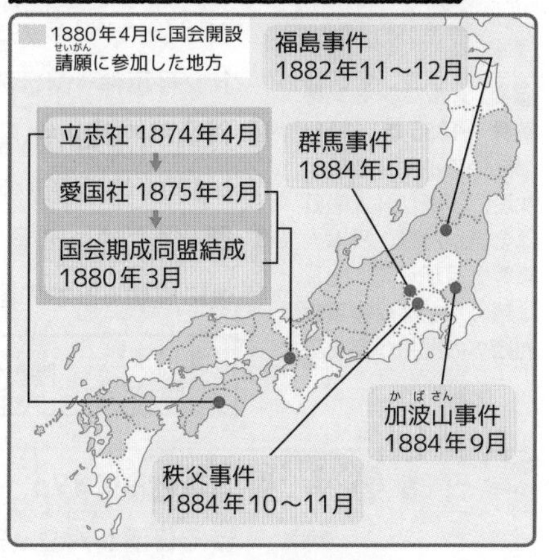

政党の結成

	自由党	立憲改進党
結党年	1881 年	1882 年
党首	板垣退助	大隈重信
おもな党員	植木枝盛 後藤象二郎	犬養毅 尾崎行雄
特色	フランス流で急進的	イギリス流で穏健
支持者	士族 地主 貧農	資本家 地主 知識人

大日本帝国憲法のしくみ

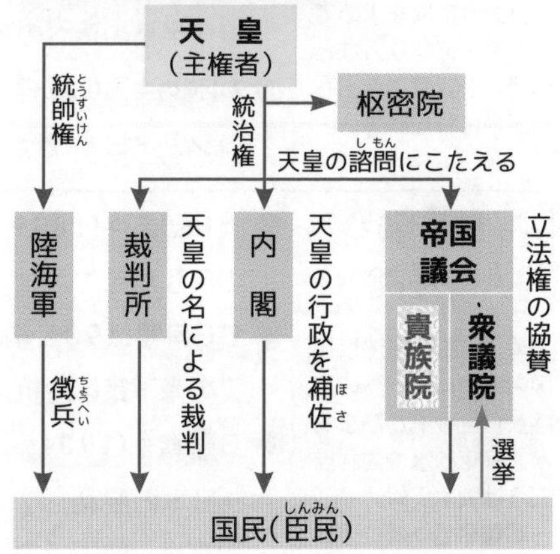

テストに出る要点チェック

- [ ] 1．1877 年，士族が西郷隆盛を中心としておこした反乱は何ですか。
- [ ] 2．国会開設を求める意見書を提出し，その後自由党を結成したのはだれですか。
- [ ] 3．大日本帝国憲法では主権はだれにあるとされましたか。

解答

1．西南戦争
2．板垣退助
3．天皇

月　日

条約改正と日清・日露戦争

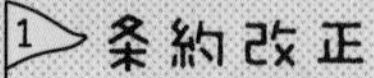

1 条約改正 ☆☆☆

参考 **ノルマントン号事件**→1886年，紀伊半島沖でイギリス船が沈没，イギリス人船員は全員が避難，日本人乗客全員が水死。船長は軽い罰となり**領事裁判権**への批判が高まる。

❶ **条約改正への動き**…①1871～73年岩倉使節団の交渉→失敗。②1879～87年井上馨の**欧化政策**→失敗。③1886年**ノルマントン号事件**→領事裁判権撤廃を求める世論が高まる。

（欧化政策：極端な欧化主義をとり，官営舞踏場の鹿鳴館を建設）

❷ **領事裁判権の撤廃**…ロシアと対立する**イギリス**が日本に接近→1894年**日清戦争**直前に**陸奥宗光**が領事裁判権を撤廃。

❸ **関税自主権の回復**…1911年**小村寿太郎**がアメリカとの間で回復に成功→日本の国際的な地位の高まり。

> **すいすい暗記**
> 陸奥領事　小村自主権　改正し
> 領事裁判権撤廃　関税自主権回復　不平等条約改正

2 日清戦争 ☆☆

参考 **帝国主義**→19世紀後半以降，欧米列強が資源や市場を求めて，アジア・アフリカなどへ武力を背景に進出し，植民地にした動き。

❶ **日清戦争(1894～95年)**…①朝鮮の**甲午農民戦争**がきっかけで日清が対立→日本の勝利。②**下関条約**→1895年。清は朝鮮の独立を認める。日本は**遼東半島**・台湾などの領有と多額の賠償金を得る。③**三国干渉**→ロシアがドイツ・フランスと共に，遼東半島の清への返還を要求。日本は返還。

（甲午農民戦争：東学の信者を中心とした農民の反乱…欧米諸国の追放と政治改革を要求）

❷ **列強の中国(清)侵略・分割**…イギリス・ドイツ・フランス・ロシア・日本が競って中国へ進出し，重要地を租借。

3 日露戦争と大陸侵略 ☆☆

参考 ●**三国干渉**以後，国内ではロシアへの反感から主戦論が高まるが，幸徳秋水や内村鑑三らは戦争反対。
●**韓国併合**→抵抗運動をおさえて日本の植民地にし，国名を「朝鮮」とした。

❶ **義和団事件(1899～1900年)**…清で**義和団**による外国人排斥の反乱が発生。日本とロシアが中心となり平定。

（ロシアの勢力が満州や朝鮮にのび，日本の大陸進出政策と対立し始める）

❷ **日英同盟(1902年)**…日本はイギリスと日英同盟を結び，ロシアの南下策に対抗。

❸ **日露戦争(1904～05年)**…①満州・**韓国**をめぐり日露が対立→日本の勝利。②**ポーツマス条約**→1905年。日本が南樺太の領有権，韓国での優越権，遼東半島南部の租借権，南満州の鉄道の利権を獲得。

（ポーツマス条約：国民は賠償金が得られず不満…日比谷焼き打ち事件などが発生）

❹ **日露戦争後の日本**…満州へ勢力拡大，1910年に**韓国併合**。

❺ **辛亥革命(1911～12年)**…**孫文**らが清を倒し，**中華民国**樹立。

（孫文：三民主義を唱え，革命運動を進めた）

・コレ重要・

☞ 日清戦争→下関条約→三国干渉→日英同盟→日露戦争→ポーツマス条約と推移。
☞ 日露戦争後，日本は朝鮮の植民地化・南満州鉄道の設立など大陸進出を図る。

① 不平等条約改正の過程と実現した年，交渉者名などに留意しよう。
② 日清・日露戦争の背景・原因，内容・結果，講和条約の内容をおさえよう。
③ 日露戦争後の日本の大陸侵略（朝鮮半島・南満州地域）の内容を把握しよう。

日清戦争の戦場

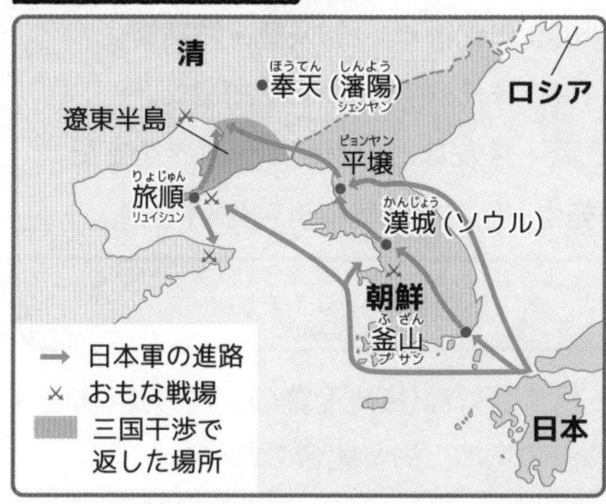

日露戦争の戦場

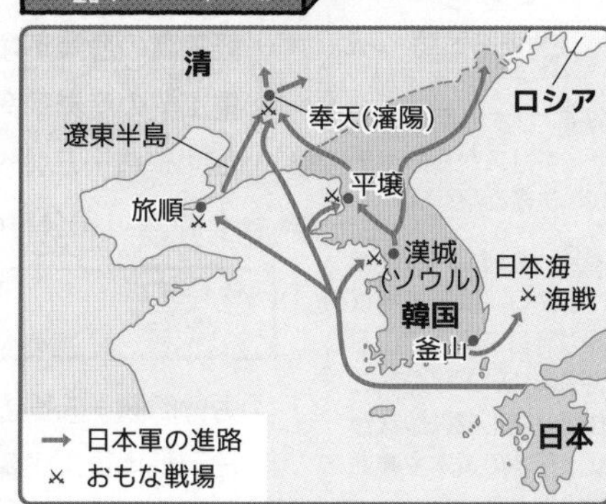

日清・日露戦争の講和条約と条約の内容

	日清戦争（1894～95 年）	日露戦争（1904～05 年）
講和条約	• **下関条約** 日本代表―伊藤博文・陸奥宗光 清国代表―李鴻章	• **ポーツマス条約**（アメリカが仲介） 日本代表―小村寿太郎 ロシア代表―ウィッテ
条約の内容	• 清国は朝鮮の独立を認める。 • 日本は遼東半島・台湾・澎湖諸島を得る。 • 日本は賠償金 2 億両（日本円にして約 3 億 1 千万円）を得る。 • 杭州・重慶など 4 港を開く。	• ロシアは韓国における日本の優越権を認める。 • 日本は南樺太を得る。 • 日本は遼東半島南部の租借権と南満州の鉄道の利権を得る。 • 日本は沿海州方面の漁業権を得る。

テストに出る 要点チェック

- [ ] 1．日清戦争がおこるきっかけとなった朝鮮国内の農民の反乱を何といいますか。
- [ ] 2．日清戦争後に結ばれた講和条約を何といいますか。
- [ ] 3．ロシア・フランス・ドイツが，日本に対して遼東半島を清へ返還するよう求めたことを何といいますか。
- [ ] 4．1902 年，ロシアの進出に対抗するために結ばれた同盟を何といいますか。
- [ ] 5．孫文らが清を倒し，中華民国を樹立した革命を何といいますか。

解答

1．甲午農民戦争
2．下関条約
3．三国干渉
4．日英同盟
5．辛亥革命

月　日

近代産業と教育・科学の発展

1 近代産業の発展と社会問題 ☆☆

注意 日本の**産業革命**はイギリスからおよそ100年遅れた。

参考 政府は1880年ごろから，軍需工場以外の官営工場・鉱山を民間に払い下げた。これが財閥形成につながり，日本の資本主義発展の基となった。

❶ **近代産業の発展**…殖産興業の推進・官営工場の払い下げ。

①**軽工業の産業革命**(1880年代後半)→製糸業・紡績業。
↳日清戦争後，綿糸は韓国・清へ，生糸はアメリカへの輸出量が急増

②**重工業の産業革命**(1900年代)→製鉄業・造船業など。
↳日清戦争の賠償金などで，鉄鋼の自給を目的に建設された官営八幡製鉄所が中心

❷ **財閥の形成**…三井・三菱・住友などの財閥が産業界を支配。

❸ **社会問題**…①**公害の発生**→**足尾銅山鉱毒事件**(**田中正造**)。
銅山から鉱毒を含んだ廃水が渡良瀬川に流出，最初の公害

すいすい暗記　あっしは正造　鉱毒事件　渡すまい
（足尾銅山　田中正造　渡良瀬川）

②**労働問題**→低賃金・長時間労働(繊維産業の女性労働者など)。日清戦争後，労働争議の増加。労働組合の結成へ。

③**社会主義運動**→治安警察法で弾圧。1910年大逆事件発生。

❹ **農村の変化**…①生活苦のため土地を売り小作人になる農民が増加→小作料の軽減を求めた小作争議もおこる。

②小作人の次男・三男や女性が都市へ出て工場労働者となる。

2 教育の普及と科学 ☆

参考 1886年の学校令で学校体系が確立。このころ私立大学も設立。**福沢諭吉**→慶応義塾，**大隈重信**→早稲田大学など。

❶ **教育の普及**…①**教育勅語発布**→1890年。忠君愛国が基本。

②**学校令**(**小学校令**)→1886年。義務教育4年→1907年義務教育6年へ→国民教育の基礎が確立。

❷ **自然科学の発展**…欧米の近代的な科学技術の導入で発展。

①**医学**→**北里柴三郎**・志賀潔・**野口英世**ら。

②**化学**→鈴木梅太郎・高峰譲吉。③**物理学**→長岡半太郎ら。

3 近代文化の形成 ☆☆

注意 **文語体**→文章を書くときに使う書き言葉。**口語体**→話し言葉。二葉亭四迷の『浮雲』は**言文一致**の小説。

❶ **近代文化の形成**…①**文学**→写実主義からロマン主義，さらに，自然主義へと推移。言文一致により文章も文語体から口語体へ変化。

②**詩**→与謝野晶子。③**小説**→**樋口一葉**・**森鷗外**・**夏目漱石**ら。
↳日露戦争に出兵した弟を思った「君死にたまふことなかれ」という詩を発表

❷ **美　術**…①**日本画**→フェノロサが岡倉天心らと復興。

②**洋画**→**黒田清輝**→フランス印象派。③**彫刻**→高村光雲。

❸ **音　楽**…滝廉太郎が『荒城の月』や『花』を作曲。
↳洋楽の道を開く

・コレ重要・

☞ 日本の産業革命…日清戦争前後→軽工業，日露戦争前後→重工業が発達。

☞ 殖産興業・官営工場や鉱山の払い下げなどの政策と関連して資本主義が発達。

得点UP

① 軽工業から重工業へ進んだ日本の産業革命の流れを把握しよう。
② 産業の発展と社会問題(公害・労働・農村など)の関連に留意しよう。
③ 教育勅語の意味，自然科学や近代文化の人物，作品，業績などを確認しよう。

日本の産業革命

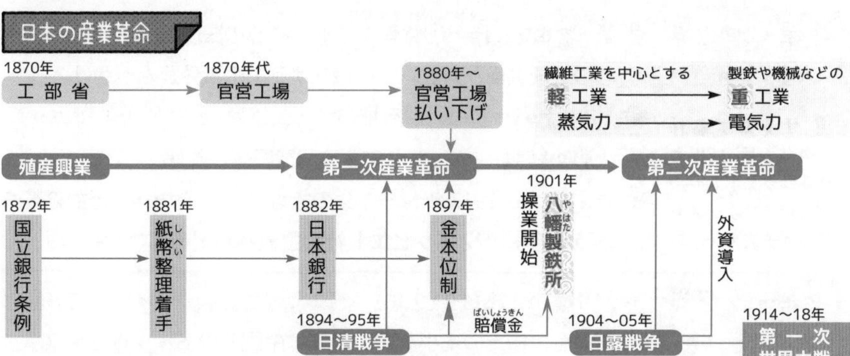

明治時代のおもな科学者・文学者・芸術家

科学者		おもな研究
医学	北里柴三郎	破傷風の血清療法
		ペスト菌の発見
	志賀　潔	赤痢菌の発見
	野口　英世	黄熱病の研究
化学	高峰　譲吉	アドレナリンの発見
		タカジアスターゼの創製
	鈴木梅太郎	ビタミン B_1 の創製
物理	長岡半太郎	原子構造の研究

文学者	作品
坪内逍遙	『小説神髄』
二葉亭四迷	『浮雲』
森　鷗外	『舞姫』
樋口一葉	『たけくらべ』
夏目漱石	『坊っちゃん』
正岡子規	『ホトトギス』
与謝野晶子	『みだれ髪』
石川啄木	『一握の砂』

芸術	
日本画	横山大観「無我」
	菱田春草「落葉」
洋画	黒田清輝「読書」
	青木繁「海の幸」
	浅井　忠「収穫」
彫刻	高村光雲「老猿」
音楽	滝廉太郎『花』
	『荒城の月』

北里柴三郎

志賀潔

野口英世

与謝野晶子

黒田清輝「読書」

高村光雲「老猿」

テストに出る 要点チェック

- [ ] 1．日清戦争の賠償金などでつくられた，1901 年に操業を開始した官営の製鉄所を何といいますか。
- [ ] 2．国内の産業界を支配した少数の巨大資本家を何といいますか。
- [ ] 3．アフリカで黄熱病の研究を行ったのはだれですか。

解答

1．八幡製鉄所
2．財閥
3．野口英世

月　日

第一次世界大戦と大正デモクラシー

1 第一次世界大戦 ☆☆

注意 **サラエボ事件**→1914年6月，**バルカン半島サラエボ**でセルビア人青年がオーストリア皇太子夫妻を暗殺。

1. **第一次世界大戦**…①背景→ドイツ中心の**三国同盟**とイギリス中心の**三国協商**が対立。②開戦→**サラエボ事件**がきっかけ。
   （→イタリアははじめ中立，のち連合国側で，アメリカは1917年に連合国側で参戦）（オーストリア側をドイツが，セルビア側をロシアが支援し開戦）
2. **日本の参戦**…**日英同盟**を理由に三国協商（連合国）側で参戦。
3. **大戦の終結**…総力戦→1918年同盟国側が降伏（こうふく）。
4. **ロシア革命**…1917年**レーニン**の指導で帝政崩壊（ていせいほうかい）→社会主義革命。臨時政府→1922年**ソビエト社会主義共和国連邦**（れんぽう）（**ソ連**）。
   （→1918年革命の波及を恐れた日本などはシベリア出兵。米価上昇）

2 第一次世界大戦後 ☆☆

注意 ドイツでは世界初の民主的な**ワイマール憲法**制定。インドでは**ガンディー**が非暴力・不服従の反英運動展開。

1. **パリ講和会議（1919年）**…**ベルサイユ条約**→ドイツへの多額の賠償金（ばいしょうきん），領土の縮小など。日本は中国でのドイツ権益を継承（けいしょう）。
2. **国際連盟の設立（1920年）**…平和を守る世界初の国際機構。
   （→アメリカ大統領ウィルソンが提案，アメリカは議会の反対で参加せず）
3. **国際協調**…**ワシントン会議**（1921～22年）→**四か国条約**。
   （アメリカ・イギリス・フランス・日本）（→海軍軍縮条約…主力艦の保有制限）
4. **朝　鮮**（ちょうせん）…**三・一独立運動**（1919年）→警察や軍隊の力で鎮圧（ちんあつ）。
5. **中　国**…日本の**二十一か条の要求**→**五・四運動**（1919年）。

3 大正デモクラシー ☆☆

参考 1923年9月1日**関東大震災**（だいしんさい）が発生，混乱の中で多くの朝鮮の人々や社会主義者が殺され，社会不安が広がった。

発展 大正時代の文学では**白樺派**（しらかばは）が主流で，**プロレタリア文学**も登場。

1. **経済の発展**…①**大戦中**→財閥（ざいばつ）の成長。②**物価・米価上昇**（じょうしょう）→国民の生活難から1918年に**米騒動**（こめそうどう）が発生（富山県）。
   （→シベリア出兵を見こした米の買い占めが原因）
2. **社会運動**…①大戦中から**労働争議**や**小作争議**が急増。
   ②**全国水平社**の結成，**平塚らいてう**（ひらつか）（ちょう）の女性運動などの動き。
3. **大正デモクラシー**…①**第一次護憲運動**→1912年藩閥（はんばつ）政治批判→立憲政治を守る運動→藩閥内閣を倒（たお）す。
   ②**吉野作造**（よしのさくぞう）の**民本主義**→民主主義が成長。
   ③1918年立憲政友会の**原敬**（はらたかし）が初の本格的な**政党内閣**を樹立。
   ④**第二次護憲運動**→1924年政党内閣の復活と普通選挙（ふつう）を要求。
4. **普通選挙法**…1925年。同時に**治安維持法**（いじ）も制定。

すいすい暗記　普選法（ふせんほう）　治安維持（ちあんいじ）も　ついてくる
（普通選挙法　治安維持法）

このときは満25歳以上の男子に選挙権，満30歳以上の男子に被選挙権を認めたよ。

コレ重要

☞ 第一次世界大戦→三国同盟と三国協商の対立，サラエボ事件をきっかけとして開戦。
☞ 大正デモクラシーは，護憲運動が象徴（しょうちょう）する民主主義を求める動き。

得点UP（アップ）

① 第一次世界大戦の背景(植民地の争奪(そうだつ))や原因を把握(はあく)しよう。
② 第一次世界大戦中の，日本の二十一か条の要求やロシア革命に注意しよう。
③ 大正デモクラシーと普通選挙法・治安維持法の成立の関連に留意しよう。

第一次世界大戦とその影響(えいきょう)

帝国主義諸国の対立 → 第一次世界大戦へ → ベルサイユ条約

三国協商 × 三国同盟

3C政策 × 3B政策

英　独

日英同盟を理由に参戦

オーストリア皇太子夫妻暗殺

サラエボ 事件（1914年）

↓

第一次世界大戦へ発展

ウィルソンの十四か条の平和原則 → 国際連盟発足（1920年）

日本 → 中国　**二十一か条** の要求（1915年） → 反日運動

ロシア —大戦中→ ロシア革命（1917年） → ソビエト社会主義共和国連邦（1922年）

第一次世界大戦中のヨーロッパ

連合国　同盟国　中立国

ノルウェー　スウェーデン　デンマーク　イギリス　北海　大西洋　オランダ　ベルギー　フランス　ドイツ　ロシア　オーストリア-ハンガリー　セルビア　スイス　ポルトガル　スペイン　イタリア　サラエボ　ルーマニア　ブルガリア　黒海　地中海　ギリシャ　アルバニア　オスマン帝国(トルコ)

二十一か条の要求

一，中国政府はドイツの山東(さんとう／シャントン)省における権益を日本にゆずる。
一，日本の旅順(りょじゅん／リュイシュン)・大連(だいれん／ターリエン)の租借(そしゃく)期限，南満州鉄道の期限を 99 か年延長する。
一，中国政府は，南満州・東部内蒙古(うちもうこ)における鉱山の採掘(さいくつ)権を日本に与(あた)える。

（一部要約）

日本の貿易額の変化

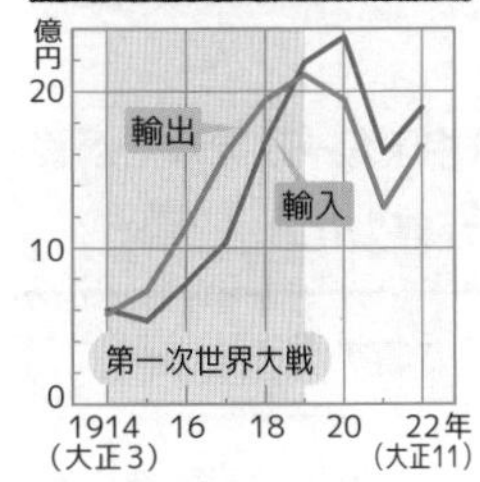

選挙法の改正

公布年	内容		有権者数の全人口比
1889(明治 22)	直接国税15円以上	男25歳以上	1.1%
1900(明治 33)	直接国税10円以上	男25歳以上	2.2%
1919(大正 8)	直接国税 3 円以上	男25歳以上	5.5%
1925(大正 14)	納税額制限なし	男**25**歳以上	20.1%
1945(昭和 20)	納税額制限なし	**男女** 20歳以上	51.2%
2015(平成 27)	納税額制限なし	男女18歳以上	83.3%

テストに出る 要点チェック

□ 1．1915 年，日本が中国に認めさせた要求を何といいますか。
□ 2．1917 年，ロシアでおこった革命の指導者はだれですか。
□ 3．1920 年に設立された世界初の国際機構は何ですか。

解答

1．二十一か条の要求
2．レーニン
3．国際連盟

月　日

世界恐慌と日本の中国侵略

1 世界恐慌 ☆☆☆

参考 **ニューディール（新規まき直し）政策**は，ルーズベルト大統領の政策。

❶ **大戦後の世界経済**…アメリカは世界一の経済大国に成長。

❷ **世界恐慌**（きょうこう）…1929年**アメリカ**で株価大暴落→全資本主義国に広がる→世界恐慌へ。
（ニューヨークにあるウォール街の証券取引所で株価が暴落）

❸ **各国の対策**…①**アメリカ**→**ニューディール政策**（1933年～）＝公共事業で景気回復。
②**イギリス・フランス**→植民地との関係強化＝**ブロック経済**。
（高い保護関税）

2 ソ連とファシズム ☆☆

参考 **計画経済**→社会主義国ソ連では5年単位で農業の集団化や重工業化を進めた。

❶ **ソ連の動き**…①レーニンの死後**スターリン**の独裁政権。
②工業化と農業の集団化を**五か年計画**で実施（じっし）→世界恐慌の影響（えいきょう）を受けず→1934年国際連盟に加盟。

❷ **ファシズム（全体主義）の台頭**…①**ドイツ**→**ヒトラー**が**ナチス**を率いて独裁政治。国際連盟を脱退（だったい）し，再軍備へ。
（民族と国家の利益を最優先する軍国主義的な独裁政治（反民主主義））
（国民社会主義ドイツ労働者党）
②**イタリア**→**ムッソリーニ**が**ファシスト党**を率いて独裁政治。1935～36年エチオピアを侵略（しんりゃく）・植民地化し，国際連盟脱退。

3 日本の中国侵略 ☆☆☆

参考 **抗日民族統一戦線**→**蒋介石**（しょうかいせき（チャンチェシー））率いる国民党と**毛沢東**（もうたくとう（マオツォトン））率いる共産党が日本に対し徹底（てってい）抗戦するために結成。

注意 世界恐慌→**満州事変**→**満州国**建国→**五・一五事件**→国際連盟脱退→**二・二六事件**→**日中戦争**。

❶ **日本経済の行きづまり**…1927年金融（きんゆう）恐慌→世界恐慌→**昭和恐慌**→軍部は打開のため満州侵略を主張。
（1923年の関東大震災の混乱などから，銀行が休業）

❷ **満州事変**…1931年，南満州鉄道の線路爆破（ばくは）（柳条湖（りゅうじょうこ（リウティアオフー））事件）→満州占領（せんりょう）→1932年**満州国**の建国を宣言→1933年**国際連盟脱退**→日本の孤立（こりつ）化。
（国際連盟はリットン調査団を派遣）
（満州事変は侵略という中国の訴えを国際連盟が認め，撤退を求めた）

❸ **強まる軍国主義**…**五・一五事件**→犬養毅（いぬかいつよし）首相暗殺→政党政治が終わる。**二・二六事件**→軍部が台頭，議会が無力化。
（1932年海軍青年将校が首相暗殺）
（1936年陸軍青年将校が政治家を殺傷）

> **すいすい暗記**　二・二六（に　にろく）　利用しぐんぐん（りよう）　力増す（ちから　ま）
> （二・二六事件）（軍部）

❹ **日中戦争**…①1937年盧溝橋（ろこうきょう（ルーコウチアオ））で日中が衝突（しょうとつ）→南京（ナンキン）占領（南京事件）→中国は抗日（こうにち）民族統一戦線結成で抗戦→全面戦争に発展し長期化。②**戦時体制**の強化→1938年**国家総動員法**の制定。朝鮮（ちょうせん）での**皇民化政策**。1940年**大政翼賛会**（よくさん）の結成。

コレ重要

☞ 世界恐慌の対応→アメリカはニューディール政策・フランスとイギリスはブロック経済。
☞ 世界恐慌→昭和恐慌→中国侵略→満州事変→軍部の台頭→日中戦争へ進む。

得点アップUP

① 世界恐慌の対策としてブロック経済とニューディール政策の内容を把握(はあく)しよう。
② 第一次世界大戦後の震災(しんさい)不況・金融恐慌・昭和恐慌に留意しよう。
③ 国家総動員法・皇民化政策・大政翼賛会の内容を理解しよう。

各国の恐慌対策

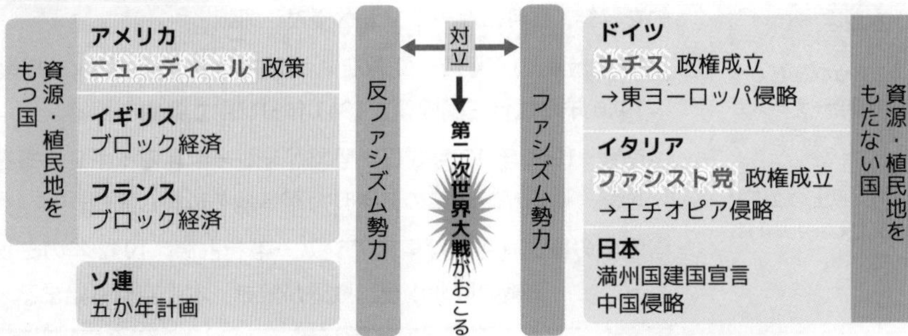

ブロック経済

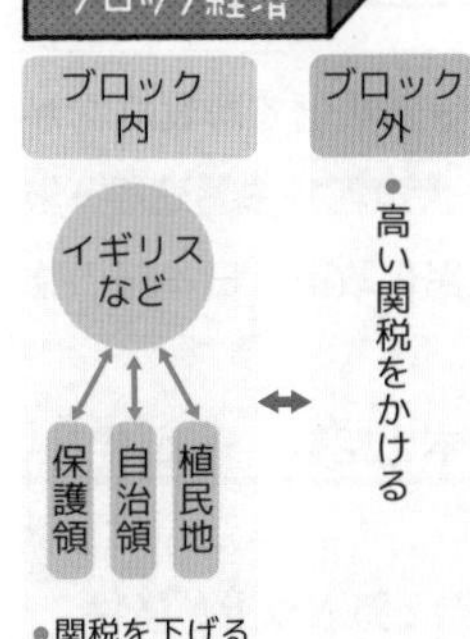

満州事変

日中戦争

テストに出る要点チェック

- [ ] 1．世界恐慌に対して，イギリスやフランスが行った経済対策を何といいますか。
- [ ] 2．ナチスを率いて独裁政治を行ったドイツの首相はだれですか。
- [ ] 3．1930 年に入り，世界恐慌などの影響から日本で不景気が深刻化したできごとを何といいますか。
- [ ] 4．1931 年，日本軍の鉄道爆破をきっかけにおこった事件を何といいますか。
- [ ] 5．1932 年，海軍の将校らが首相を暗殺した事件を何といいますか。
- [ ] 6．1935 年からイタリアが侵略した国はどこですか。

解答

1．ブロック経済
2．ヒトラー
3．昭和恐慌
4．満州事変
5．五・一五事件
6．エチオピア

月　日

第二次世界大戦と日本

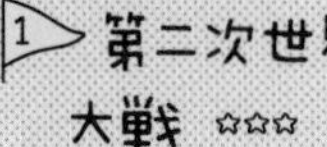

1 第二次世界大戦 ☆☆☆

参考 **アウシュビッツ強制収容所**→ナチスが**ユダヤ人**を連行し，殺害した。大戦中は，600万人以上のユダヤ人が死亡したといわれている。

❶ **第二次世界大戦**…ドイツは，1939年8月ソ連と**独ソ不可侵条約**を締結，9月に**ポーランド**へ侵攻し開戦。
（ポーランドと条約を結んでいたイギリス・フランスがドイツに宣戦布告）

❷ **太平洋戦争**…①**背景**→資源を求め日本は東南アジアへ南進。1940年**日独伊三国同盟**，1941年**日ソ中立条約**を締結。
②**開戦**→1941年12月8日。陸軍がマレー半島でイギリス軍を攻撃，海軍が**真珠湾**のアメリカ軍基地を奇襲し開戦。
③**戦争の経過**→初期は東南アジア一帯を占領。1942年のミッドウェー海戦の敗北以後，敗退が続き，本土空襲も始まる。

すいすい暗記　二次大戦（第二次世界大戦）　ポーランド入りは　どいつだ？（ドイツ）

2 戦時下の生活 ☆

注意 ●**集団（学童）疎開**→大都市の小学生が農村などに集団で避難したこと。
●**勤労動員**→中学生や女学生が動員され工場などで働いたこと。

❶ **植民地・占領地域の生活**…①**満州**→戦争の激化で農業経営が困難。抗日意識の高揚。②**東南アジア**→**大東亜共栄圏**建設→厳しく支配→抗日運動。③**朝鮮・台湾**→皇民化政策＝日本語の強制，強制労働，創氏改名など。
（日本の鉱山や工場などでも労働を強いられる）

❷ **戦時下の国民生活**…物資不足→配給制。本土空襲。**集団（学童）疎開**。労働力不足→**勤労動員**。**学徒出陣**。

❸ **沖縄戦**…1945年3月米軍が沖縄上陸→12万人以上が犠牲。

3 第二次世界大戦の終結 ☆☆

参考 **中国残留日本人孤児**→満州に移住していた開拓民の子どもが，ソ連の侵攻による混乱の中で肉親とはぐれ，中国人などに育てられた。

（英・米が戦後の平和構想についてまとめたもので，国際連合憲章の基礎）
❶ **戦後処理に向けた動き**…1941年大西洋憲章→1943年カイロ会談→1945年2月ヤルタ会談→1945年7月**ポツダム会談**→米・英・ソ。宣言は米・英・中の名で発表。
（ドイツの戦後処理，ソ連の対日参戦を決めた）

❷ **ヨーロッパでの大戦終結**…1943年9月イタリア降伏。1945年5月ドイツの降伏で終結。

❸ **日本の敗戦**…8月6日**広島**，9日**長崎**に**原子爆弾（原爆）**投下。8日ソ連の参戦→14日**ポツダム宣言**を受諾し無条件降伏。15日終戦。

昭和天皇がラジオ放送（玉音放送）で国民に知らせたよ。

コレ重要

☞ 第二次世界大戦はドイツのポーランド侵攻で開戦（1939年9月）。
☞ 太平洋戦争は日本軍のハワイ真珠湾への奇襲攻撃で開戦（1941年12月）。

① 1929年の世界恐慌から1945年太平洋戦争終結までの流れを整理しよう。
② 日本が太平洋戦争前に締結した同盟や条約，ポツダム宣言の内容を確認しよう。
③ 国家総動員法，戦時下の国民生活や植民地の人々の生活にも留意しよう。

第二次世界大戦中のヨーロッパ

第二次世界大戦の経過

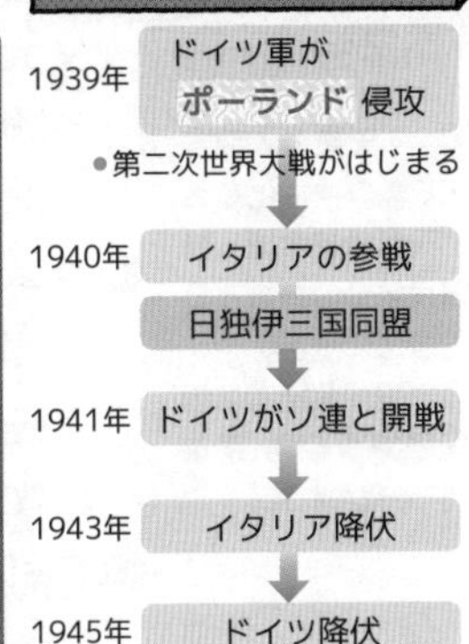

太平洋戦争で日本軍が戦った地域と戦争の経過

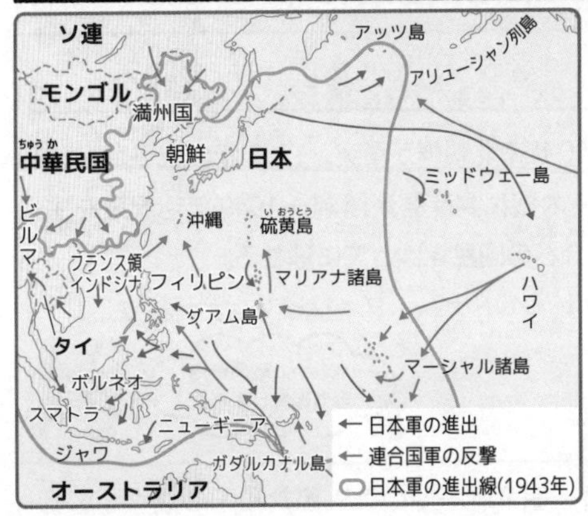

ABCD包囲陣完成
- 日米交渉決裂

太平洋戦争のはじまり
- ハワイ 真珠湾 攻撃
- **ミッドウェー海戦**の敗北から劣勢へ

本土への空襲激化

広島・長崎 へ原爆投下

ポツダム宣言 を受諾し降伏

テストに出る 要点チェック

□ 1．1939年，ドイツとソ連が結んだ条約を何といいますか。

□ 2．1940年，日本・ドイツ・イタリアが結んだ同盟を何といいますか。

□ 3．1945年3月に米軍が上陸し，県民の約4分の1が犠牲となった地上戦のことを何といいますか。

□ 4．ポツダム宣言の受諾を昭和天皇が国民に知らせたラジオ放送を何といいますか。

解答

1．独ソ不可侵条約
2．日独伊三国同盟
3．沖縄戦
4．玉音放送

月　日

日本の民主化と戦後の世界

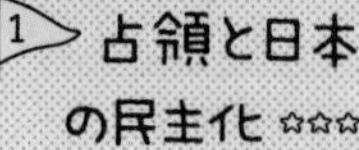

1 占領と日本の民主化 ☆☆☆

参考 ● **天皇の人間宣言**→天皇の神格化を否定。天皇は**日本国・日本国民統合の象徴**と日本国憲法に規定。
● 戦争犯罪容疑者は**極東国際軍事裁判**（**東京裁判**）で裁かれた。

① **占領政策**…連合国軍最高司令官総司令部（GHQ）の最高司令官マッカーサーの戦後改革。5大指令→①女性参政権の付与。②労働組合結成の奨励。③教育の自由主義化。④秘密警察などの廃止。⑤経済の民主化→日本政府が具体化。

② **日本の民主化**…①**政治**→軍国主義の排除・軍隊の解散・戦犯の処罰。選挙法の改正（満20歳以上の男女全員に選挙権）。治安維持法の廃止，政党活動の自由。
②**経済**→**財閥解体**。独占禁止法制定。**農地改革**（自作農が大幅に増加）。労働三法。
③**教育**→教育勅語廃止。**教育基本法**制定。義務教育9年間。

③ **日本国憲法の制定**…1947（昭和22）年5月3日施行。
三大原則→**国民主権・基本的人権の尊重・平和主義**。

2 国際連合と冷戦 ☆☆

参考 **国際連合**は国際連合憲章に基づいて設立。原加盟国51か国。日本は1956年の**日ソ共同宣言**でソ連との国交回復後に加盟。

① **国際連合（国連）**…1945年設立。総会と**安全保障理事会**（国際連盟と異なり武力制裁が可能）の設置。

② **東西対立と冷戦**…①西側資本主義国と東側社会主義国の対立（西側は北大西洋条約機構，東側はワルシャワ条約機構を組織）。

> **すいすい暗記**　米・ソ冷戦　NATOにワルシャワ　対抗し
> （アメリカ・ソ連　北大西洋条約機構　ワルシャワ条約機構）

②**朝鮮戦争**→1950年南北朝鮮が衝突，1953年休戦協定（北緯38度線を境に韓国を国連軍が，北朝鮮を中国の義勇軍が支援して長期化）。

③ **中華人民共和国**…内戦に**共産党**が勝利→1949年毛沢東（マオツォトン）を主席として成立。蔣介石（チャンチェシー）の国民党は台湾に逃れる。

④ **民族運動**…インド・ベトナム・フィリピンなどが独立。

3 日本の国際社会復帰 ☆☆

発展 1960年にはアフリカで17か国が独立，「**アフリカの年**」といわれた。

① **占領政策の転換**…朝鮮戦争や中華人民共和国の成立が影響→日本を西側陣営へ。GHQの指令で警察予備隊創設（1950年）。

② **サンフランシスコ平和条約**（1951年，日本がアメリカなど48か国と締結）…独立回復と**日米安全保障条約**（日本は米軍に基地を提供）。

③ **日ソ共同宣言**…1956年**国際連合**に加盟→国際社会へ復帰。

④ **アジア・アフリカ会議**（インドネシアのバンドンで開催）…1955年，戦後独立の29か国が参加。
平和十原則→反植民地主義と平和共存など。**第三世界**形成。

コレ重要

☞ 日本の民主化→農地改革・財閥解体・労働三法・選挙法改正などで進展。
☞ 日本の独立回復→1951年のサンフランシスコ平和条約調印で達成。

得点アップUP

① GHQによる民主化指令と具体化の内容を把握しよう。
② 国際連合の成立，世界の東西対立・冷戦や新興の第三世界の形成に留意しよう。
③ サンフランシスコ平和条約と日米安全保障条約締結の背景を理解しよう。

日本の民主化

農地改革では，政府が地主の土地を小作人に安く売り渡して自作農が増加したよ。

連合国軍最高司令官総司令部（GHQ）の指令

- **軍国主義解体**
  - 極東国際軍事裁判（東京裁判）← 戦争責任追及
  - 軍隊の解散
- **政治の民主化**
  - 日本国憲法制定
    - 三大原則：基本的人権の尊重／平和主義（戦争放棄）／国民主権
  - 女性参政権を認める
  - 治安維持法廃止 ← 政治犯釈放
- **経済の民主化**
  - 農地改革 ← 自作農の増加
  - 三井・住友などの財閥解体
- **社会の民主化**
  - 教育基本法制定
  - 労働三法制定

農地改革の前と後

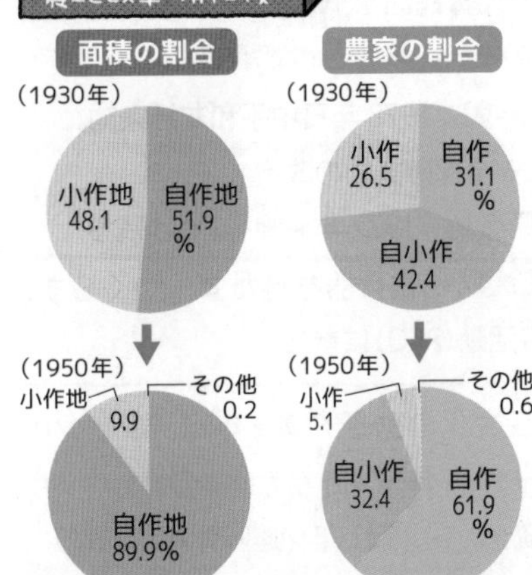

東西冷戦の激化

テストに出る 要点チェック

- [ ] 1．日本国憲法の三大原則は，国民主権と平和主義とあと1つは何ですか。
- [ ] 2．1945年，国際平和の維持を目的に発足した機関を何といいますか。
- [ ] 3．1950年，冷戦の状況下に日本の隣国でおきた戦争を何といいますか。
- [ ] 4．1951年，日本と連合国との間で調印された第二次世界大戦の講和条約を何といいますか。

解答

1．基本的人権の尊重
2．国際連合
3．朝鮮戦争
4．サンフランシスコ平和条約

月　日

日本の発展と世界の動き

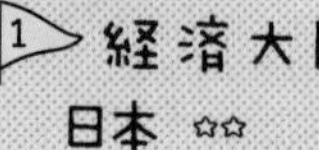

1 経済大国日本 ☆☆

参考　四大公害病
新潟水俣病・四日市ぜんそく・イタイイタイ病・水俣病。**公害対策基本法**は1993年に環境基本法に，**環境庁**は2001年に環境省となる。

1. **日本の高度経済成長**…朝鮮戦争の**特需景気**とその後の政府の産業優先政策で1950年代半ばから約20年間高い経済成長率が続く→1968年GNPが資本主義国第2位の経済大国に成長。
（特需景気：アメリカは日本に大量の軍需物資を注文。日本は好景気となった／GNP：国民総生産）
2. **公害問題**…公害対策基本法→**環境庁**設置。（公害対策基本法：1967年／環境庁：1971年）
3. **国民生活の変化**…三種の神器・3Cの普及。過疎・過密問題。（三種の神器：白黒テレビ・電気洗濯機・電気冷蔵庫／3C：カラーテレビ・クーラー・カー）
4. **石油危機(オイル・ショック)**…1973年**第四次中東戦争**で石油価格が高騰。高度経済成長の終わり。

> **すいすい暗記**　よっ中東（第四次中東戦争）　アラブ（アラブ諸国）がおこす　石油危機（オイル・ショック）

5. **バブル経済**…1980年代後半～90年代。崩壊後，平成不況へ。

2 日本をとりまく国際関係 ☆

注意　日中共同声明→国交正常化。**日中平和友好条約**→経済や文化交流促進。

1. **日本をとりまく国際関係**…①**大韓民国**→1965年**日韓基本条約**で韓国政府を朝鮮半島での唯一の政府として承認。
②**中国**→1972年**日中共同声明**。1978年**日中平和友好条約**。
③**日米関係**→1960年日米安全保障条約の改定。（日本の自衛隊の増強，日米両国の軍事協力などの内容→反対運動がおこる）
2. **領土返還**…1968年小笠原諸島・1972年沖縄(基地は残る)。
3. **平和を求める動き**…**非核三原則**→「核兵器を持たず，つくらず，持ちこませず」。平和維持活動(PKO)に参加。

3 現代の世界と日本 ☆☆

参考　アメリカはベトナム戦争の軍事費の増大や国内外の批判，ソ連はアフガニスタンからの撤退で，武力での他国支配の限界が示されたのも**冷戦終結**の要因。

1. **冷戦の終結**…①**東欧**で民主化の動き→1989年「ベルリンの壁」崩壊。②**マルタ会談**→1989年米ソが冷戦終結宣言。③1990年**東西ドイツ**が統一。④1991年ソ連解体(CIS結成)。
（ソ連のゴルバチョフが1985年から進めたペレストロイカ(改革)がきっかけ）
2. **多極化する世界**…①地域統合→**EU**の成立。②地域紛争→中東戦争(パレスチナ問題)など。③**サミット**の開催など。（サミット：主要国首脳会議）
3. **地域紛争やテロ**…1991年ユーゴスラビア内戦，2001年**アメリカで同時多発テロ**。2003年イラク戦争がおこる。
4. **現代の課題**…①**世界**→地球環境・民族問題・南北問題など。
②**日本**→**貿易摩擦**・領土問題・少子高齢化・人権問題など。（人権問題：部落差別・障害者差別・女性差別・アイヌ民族や在日外国人への差別解消）

・コレ重要・
- ☞ 日本の国交回復…日ソ共同宣言→日韓基本条約→日中共同声明の順。
- ☞ ヤルタ会談(1945年)→ドイツの戦後処理，マルタ会談(1989年)→冷戦終結宣言。

得点アップUP

① 日本の高度経済成長とその内容・影響やその後の経済の動きに留意しよう。
② 日米関係→安保条約の改定，沖縄返還，貿易摩擦問題などを理解しよう。
③ 冷戦終結の背景，国際社会の動きや現代の課題について把握しよう。

冷戦終結までの流れ

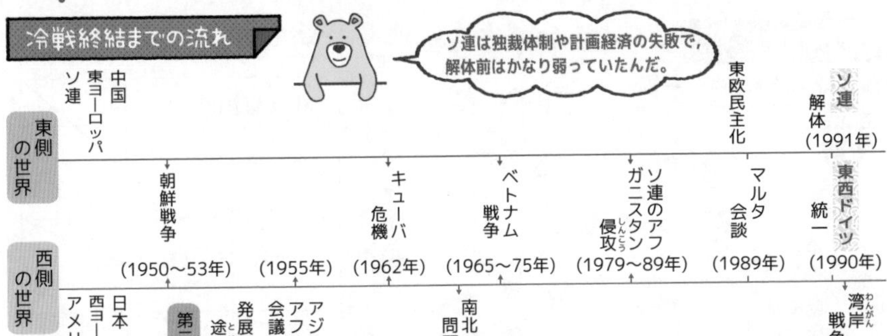

高度経済成長の時代と公害の発生

東海道新幹線開通（1964 年）

東京オリンピック（1964 年）

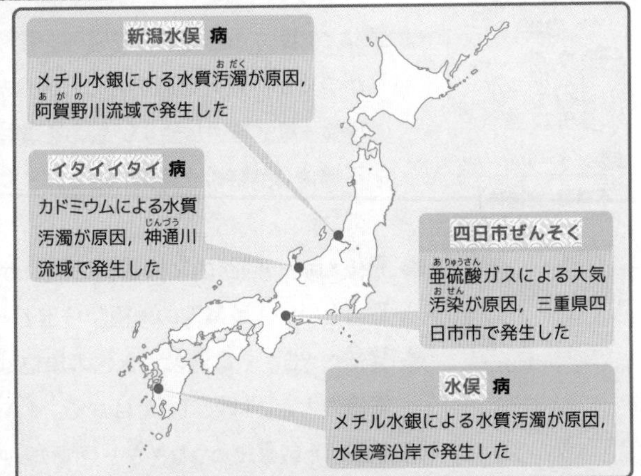

テストに出る要点チェック

- [ ] 1．第四次中東戦争によりおこり，日本の高度経済成長が終わるきっかけとなったできごとは何ですか。
- [ ] 2．四大公害病のうち，九州で発生したのは何ですか。
- [ ] 3．1972 年にアメリカから日本に返還されたのはどこですか。
- [ ] 4．1989 年に崩壊した，冷戦の象徴となっていた壁を何といいますか。

解答

1．石油危機（オイル・ショック）
2．水俣病
3．沖縄
4．ベルリンの壁

回路と電流・電圧・抵抗

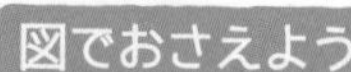

◎電流の流れる向き → 1

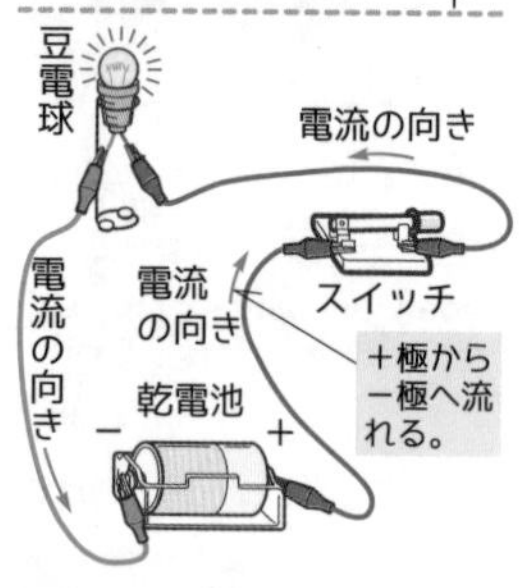

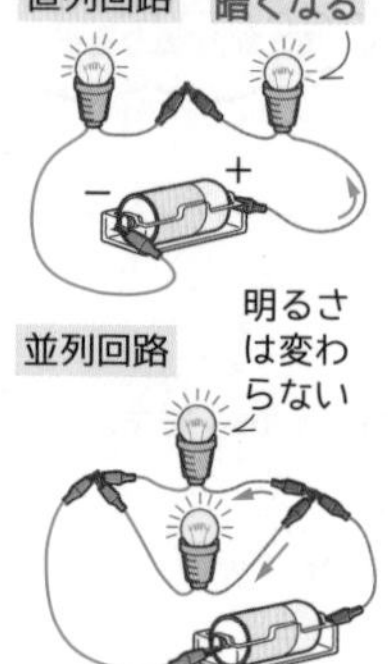

◎電圧と電流の関係 → 3

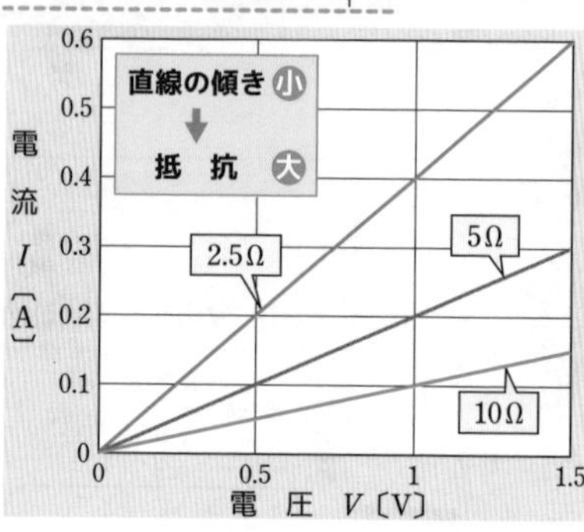

1 電流 ☆☆

1 回路…乾電池（かんでんち）や豆電球，また，モーターなどを導線でつないだ道筋を**回路**という。
↳途中で切れていると電流は流れない
↳電気用図記号を用いて表した図を回路図という

2 導体と不導体…豆電球に乾電池を接続すると電気が通って明かりがつくが，電気を通すものと通さないものがある。

①導体→電気を通しやすいものを**導体**という。

②不導体（絶縁体（ぜつえんたい））→電気を通しにくいものを**不導体**（絶縁体）という。

3 電流と向き…回路内には電気の流れが生じている。この流れを**電流**といい，乾電池の＋極から出て－極へ流れる。

4 電流の大きさ…電流の大きさの単位は**アンペア**（記号 A）で示す。電流の大きさは**電流計**ではかる。**1 A＝1000 mA**
↳直列につなぐ

5 豆電球や乾電池のつなぎ方…豆電球や乾電池のつなぎ方には**直列**と**並列（へいれつ）**がある。

6 直列回路の電流…回路のどこでも電流の大きさは等しい。
↳1本の道筋でつながっている

7 並列回路の電流
↳枝分かれしている

枝分かれしたあとの各点を流れる電流の和は，電源から流れ出る電流の大きさに等しい。

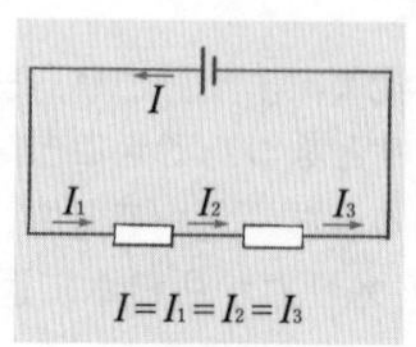

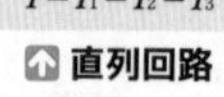

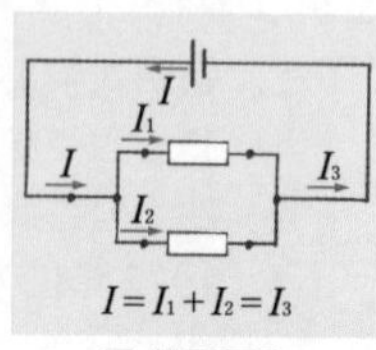

並列回路

注意 導体と不導体

不導体（絶縁体）
ガラス板
プラスチック製のものさし
布

注意 電気用図記号

名称	記号
直流電源（電源）	＋|－
スイッチ	／
電球	⊗
抵抗器（電熱線）	▭
電流計	Ⓐ
電圧計	Ⓥ

得点アップUP

① 直列回路の電流はどこでも等しいことを理解しておこう。
② オームの法則の関係式を理解しておこう。
③ 合成抵抗(ていこう)を求める式をしっかりと理解しておこう。

2 電　圧 ☆☆

参考 電池の電圧と豆電球

電池は，電流を＋極から送り出すはたらきと，－極に電流を送りこむはたらきをしている。これが電池の**電圧**(**起電力**)である。

1 電　圧…電流を流すはたらきの大きさを**電圧**という。（電位差ともいう）

2 電圧の大きさ…電圧の大きさの単位は**ボルト**(記号 V)で示す。電圧の大きさは**電圧計**(並列につなぐ)ではかる。

3 直列回路の電圧…各部分にかかる電圧の和は，電源の電圧に等しい。

4 並列回路の電圧

各部分にかかる電圧は，電源の電圧に等しい。

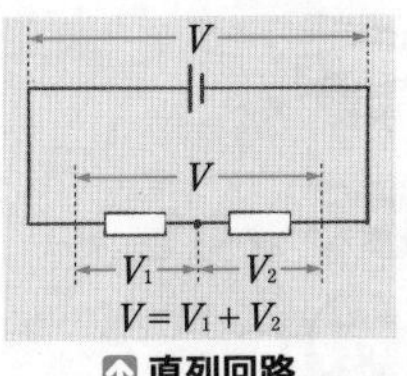

直列回路

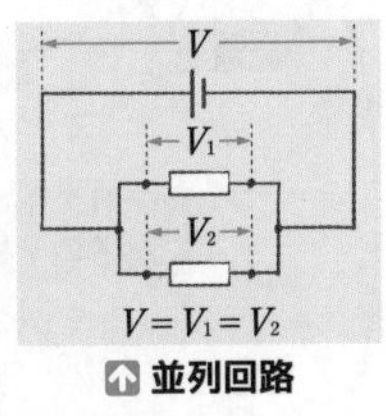

並列回路

3 抵(てい)　抗(こう) ☆☆☆

発展 豆電球にかかる電流と電圧

豆電球の電圧を高くすると，赤熱して抵抗が大きくなり，電流に比例しなくなる。

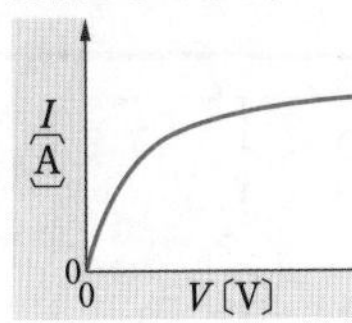

1 抵　抗…電流の流れにくさを表す量を**抵抗**(**電気抵抗**)（電圧と電流から求める）といい，その大きさの単位は**オーム**(記号 Ω)で示す。

・コレ重要・

☞ 1 V の電圧をかけたときに，1 A の電流が流れるときの抵抗の大きさを 1 Ω とする。

2 オームの法則…電熱線などを流れる電流は，電圧に比例する。これを**オームの法則**という。電流を I〔A〕，電圧を V〔V〕，抵抗を R〔Ω〕とすると，次の式がなりたつ。

$$V=RI \qquad I=\frac{V}{R} \qquad R=\frac{V}{I}$$

3 直列回路の合成抵抗…$R=R_1+R_2+\cdots$　(各抵抗の和)

4 並列回路の合成抵抗…$\frac{1}{R}=\frac{1}{R_1}+\frac{1}{R_2}+\cdots$　(逆数の和)

すいすい暗記　合成抵抗(ごうせいていこう)　直列(ちょくれつ)アップ　並列(へいれつ)ダウン
回路全体の抵抗　大きくなる　小さくなる

テストに出る 要点チェック

□ 1．電流は，乾電池(かんでんち)のいずれの極から流れ出ていますか。

□ 2．電流の大きさを表す単位は何ですか。

□ 3．右の回路の点Aに2Aの電流が流れるとき，①AE間の全体の抵抗(ていこう)，②AB間の電圧，③抵抗 R の値を求めなさい。

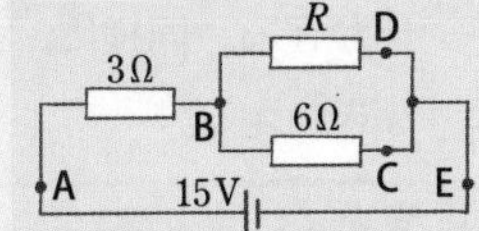

解答

1．＋極
2．アンペア(A)
3．① 7.5 Ω
② 6 V
③ 18 Ω

電流計・電圧計の使い方

図でおさえよう

◎ 電流計の使い方 → 1

電流計は，電流の大きさをはかる計器である。

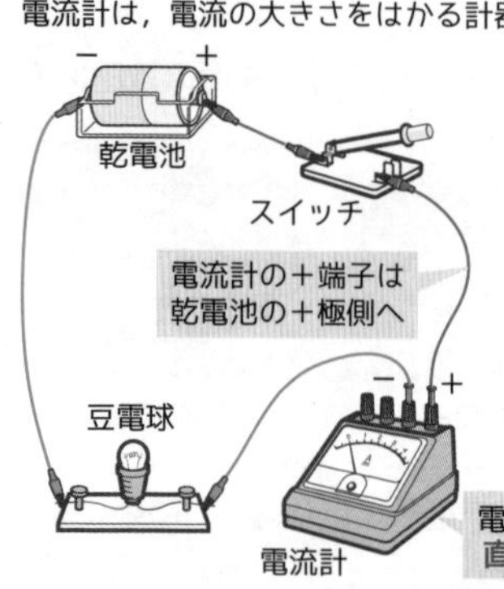

◎ 電圧計の使い方 → 2

電圧計は，電圧の大きさをはかる計器である。

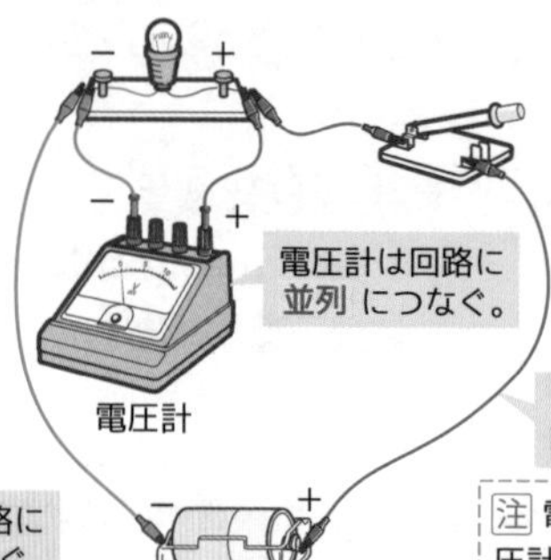

注 電流計は直列に,電圧計は並列につなぐ。

1 電流計 ✩✩

参考 電流計の構造

ふつう用いられる電流計(直流用)は，可動コイル型電流計で，コイルに流れた電流が磁界から受ける力を利用したものである。

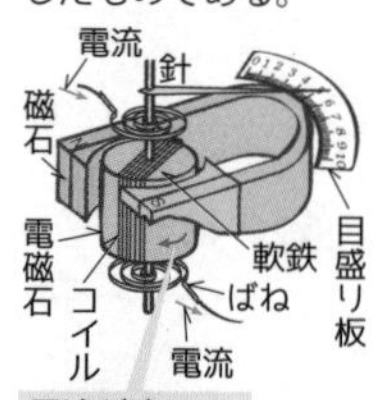

電流が流れ，電磁石が回る。

1 電流計…回路を流れる電流の大きさをはかる計器で，アンメーターともいう。

2 電流計のつなぎ方

①**回路へのつなぎ方**→電流計は，右の図のように回路が１つの輪になるように直列につなぐ。（並列につないではいけない）

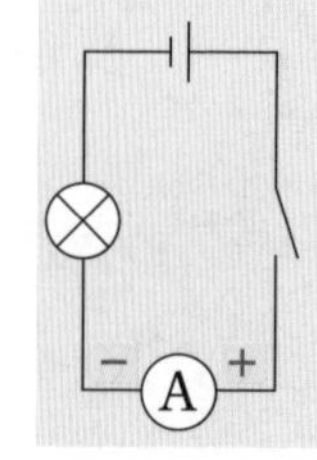

②**端子へのつなぎ方**→電流計の＋端子(赤)は，乾電池や電源装置の＋極側に，また−端子(黒)は，乾電池や電源装置の−極側につなぐ。（＋端子，−端子をまちがえないようにする）（直接電源装置につないではいけない）

③**端子の選び方**→電流計の−端子は，小さい順に 50 mA，500 mA，5 A の 3 つがある。（1 mA＝0.001 A，1 A＝1000 mA）電流の大きさがわからないときは，まず **5 A** の端子につなぐ。（予想できるときは最初から適切な端子を選ぶ）針の振れを見て 1 目盛り(つまり，1 A)の半分以下のときは，**500 mA** の端子につなぎかえる。同様に，さらに小さな場合は **50 mA** の端子につなぎかえる。

すいすい暗記　回路には　直列つなぎの　電流計（1本道を通るように）

得点UP

① 電流計の使い方を理解しておこう。
② 電圧計の使い方を理解しておこう。
③ 回路への電流計，電圧計の接続のしかたをおさえておこう。

2 電圧計 ☆☆

参考 ボルト
電圧の単位になったボルトは，イタリアの物理学者でボルタ電池（ボルタの電池）を発明したボルタにちなみ，つけられた単位である。

注意 電流計・電圧計
電流計・電圧計ともに**直流用**と**交流用**がある。家庭用コンセントから流れてくる電流は交流，電圧は約 100 V である。

直流用記号 
交流用記号 Ⓐ Ⓥ

1 電圧計… 電圧の大きさをはかる計器で，ボルトメーターともいう。

2 電圧計のつなぎ方

①電圧計は，右の図のように，電圧をはかろうとする部分に**並列**（へいれつ）につなぐ。
直列につないではいけない

②電圧計の**＋端子**（赤）は，乾電池や電源装置の＋極側に，また**－端子**（黒）は，乾電池や電源装置の－極側につなぐ。

③電圧計の－端子は，小さい順に 3 V，15 V，300 V の 3 つがある。電圧の大きさがわからないときは，まず **300 V** の端子につなぐ。針の振れを見て，目盛りの半分以下のときは，**15 V** の端子につなぎかえ，さらに小さな場合は **3 V** の端子につなぐ。
予想できるときは最初から適切な端子を選ぶ
300 V まではかれる
15 V まではかれる
3 V まではかれる

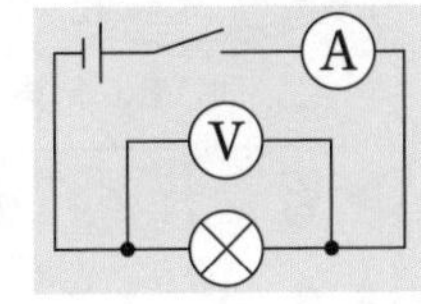

コレ重要
☞ 電流計は，はかろうとする部分に直列につなぐ。
☞ 電圧計は，はかろうとする部分に並列につなぐ。

テストに出る 要点チェック

□ 1．電流計を回路につなぐ場合，どのようにつなぎますか。
□ 2．電圧計を回路につなぐ場合，どのようにつなぎますか。
□ 3．図 1 で，電球の両端（りょうたん）にかかる電圧を調べるには，点 a～e のどことどこに電圧計をつなげばよいですか。
□ 4．図 1 で，点 a を流れる電流の大きさと等しい点はどこですか。
□ 5．図 2 で，5 A の端子につないでいた場合，流れる電流は何 A ですか。
□ 6．図 2 で，500mA の端子につないでいた場合，流れる電流は何 mA ですか。

図 1
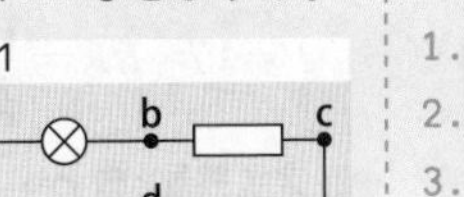
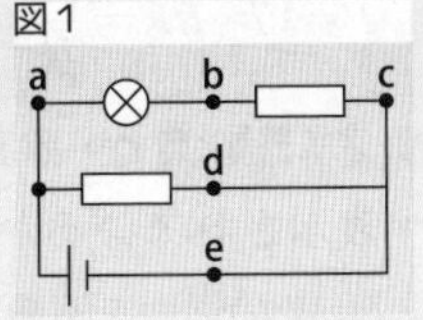

図 2
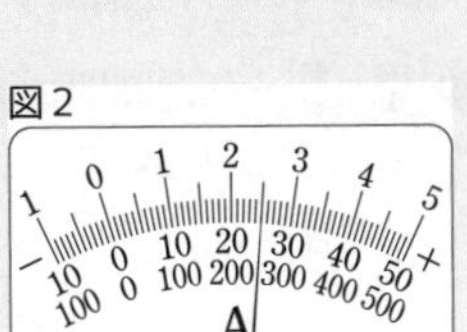

解答
1．直列
2．並列（へいれつ）
3．a と b
4．b と c
5．2.50 A
6．250 mA

電流のはたらき

図でおさえよう

◎電流による発熱を調べる実験 → 2

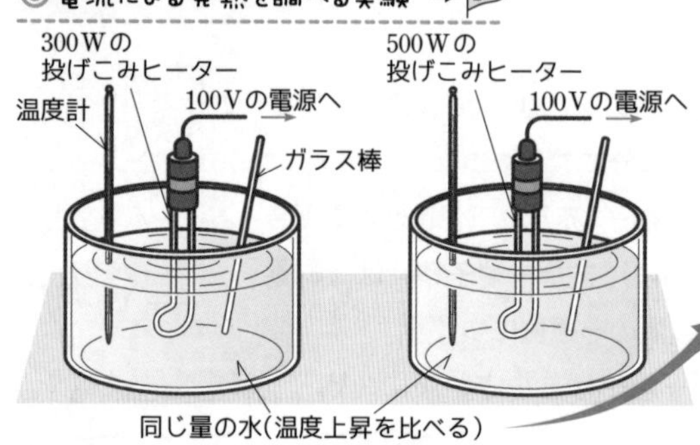

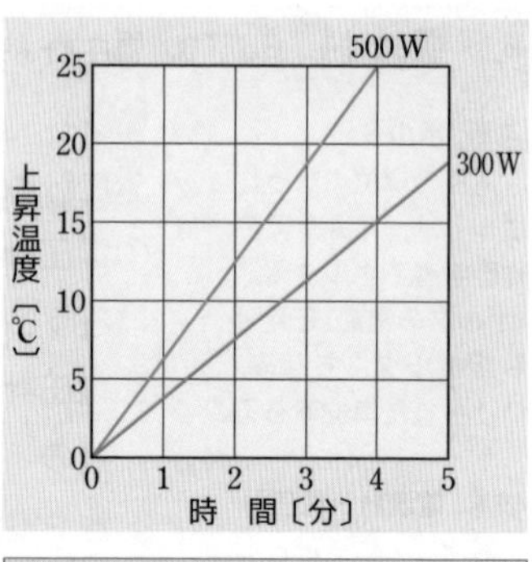

ワット数の大きいものほど，発生する熱量が 大きい 。

1 電　力 ☆

注意 電　力

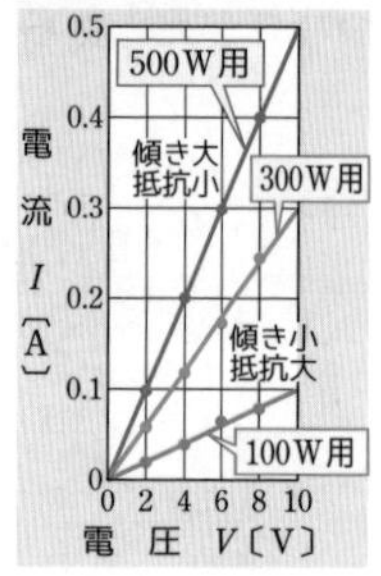

参考 ワット数
電気器具に示されているワット数が大きいほど，家庭の電源(電圧100V)につないだときのはたらきが大きい。

注意 電力量の単位
1Wの電力を1時間(3600秒)消費したときの電気量は1Wh。
1Wh＝3600J
1kWh＝1000Wh

① **電流のはたらきの利用**…電気エネルギーは，光，熱，音，運動などに変えて利用されている。

② **電　力**(→消費電力ともいう)…1秒間に使う電気の量で，電流と電圧の積で表す。単位はワット〔W〕で表す。(→家電製品に必ず明示してある)

1W(→1kw＝1000W)とは，1Vの電圧がかかっている電気部品に1Aの電流が流れるときの電力である。1〔W〕＝1〔A〕×1〔V〕

・コレ重要・
☞ 電力P〔W〕＝電流I〔A〕×電圧V〔V〕

③ **オームの法則と電力**…オームの法則は，$I=\frac{V}{R}$，$V=RI$ より，

$P=VI=RI^2=\frac{V^2}{R}$ となる。

④ **電気器具と電力**…家庭用の電気器具には「100V－30W」などと表示されているが，これは100V(→家庭用電源の場合)の電源につないだときに30W(→流れる電流は0.3A)の電力を消費するということである。

⑤ **電力量**…一定時間電流が流れたときの電気エネルギーの総量である。電力量Wは，電力Pと時間tの積によって表され，(→単位はJ(ジュール)，Wh(ワット時)，kWh(キロワット時)など)
$W=Pt=VIt=RI^2t$ となる。

すいすい暗記
Vサイン（V〔V〕×I〔A〕）　電力パワーで（電力P〔W〕）　生まれ出る

得点アップUP
① 電力の関係式を理解しておこう。
② 電力による発熱の関係式を理解しておこう。
③ 家電製品の消費電力を調べて省エネを意識しよう。

2 電流による発熱 ☆☆

注意 電流による発熱

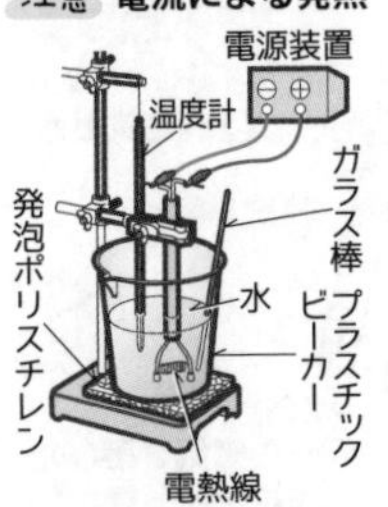

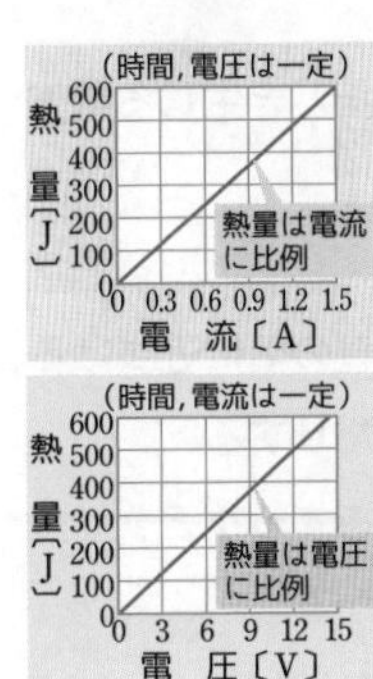

1 **電流による発熱**…ニクロム線に電流を流すと発熱する。これは電流のはたらきにより**熱が生じた**ためである。このとき，発生する熱の量を熱量という。
↳熱エネルギーに変えられた

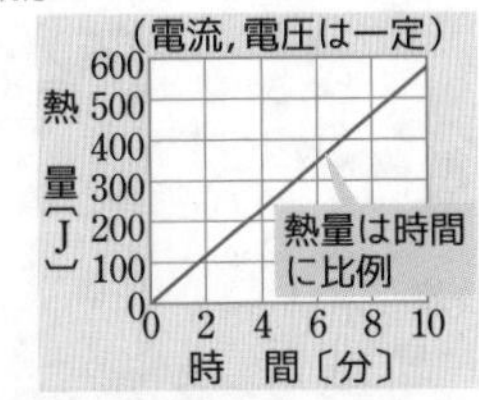

2 **熱量と時間**…加えた電圧，電流が一定のとき，熱量は**電流を流した時間**に**比例**する。
↳消費される電気エネルギーと等しい

3 **熱量と電流**…加えた電圧，電流を流した時間が一定のとき，熱量は**電流の大きさ**に**比例**する。

4 **熱量と電圧**…電流の大きさ，電流を流した時間が一定のとき，熱量は**電熱線**にかかる電圧に**比例**する。

5 **熱量と上昇温度**…水の質量が一定であれば，上昇温度は熱量に比例する。
↳厳密には熱量がすべて温度上昇に使われるとき

6 **熱量の単位**…1 W の電力で 1 秒間電流を流したときに発生する熱の量を **1 ジュール**(記号 J)とする。また，熱量の単位にはカロリー(記号 cal)を使うことがある。
水などの熱量の単位も，ジュールで表す。1 J は，約 0.24 cal，1 cal は約 4.2 J

熱量〔J〕は，**4.2 × 水の上昇温度〔℃〕× 水の質量〔g〕**で求められる。
↳水 1 g の温度を 1℃上げるのに必要な熱量が 1 cal

・コレ重要・
☞ 熱量 Q〔J〕= 電力 P〔W〕× 時間 t〔s〕

テストに出る 要点チェック

□ 1．電力の単位は何ですか。
□ 2．熱量の単位は何ですか。
□ 3．電力と時間の積を何といいますか。
□ 4．家庭用の電源(電圧 100 V)を利用したとき，100 W の電球には何 A の電流が流れますか。
□ 5．4 のときの電球の抵抗は何 Ω ですか。
6．家庭用の電源(電圧 100 V)を利用したとき，25 W の電球には，何 A の電流が流れますか。
□ 7．6 のときの電球の抵抗は何 Ω ですか。
□ 8．100 W の電球を 1 分間つけたら，発生する熱量は何 J になりますか。

解答
1．ワット〔W〕
2．ジュール〔J〕
3．電力量
4．1 A
5．100 Ω
6．0.25 A
7．400 Ω
8．6000 J

月　日

静電気・電子と電流

図でおさえよう

◎ 放射線の種類 → 2

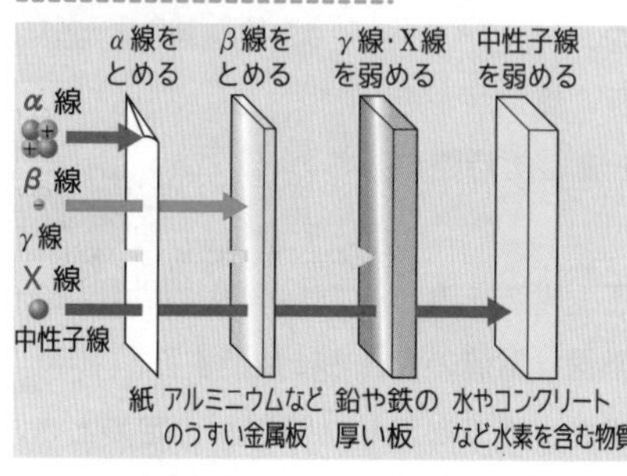

◎ 静電気の性質 → 1

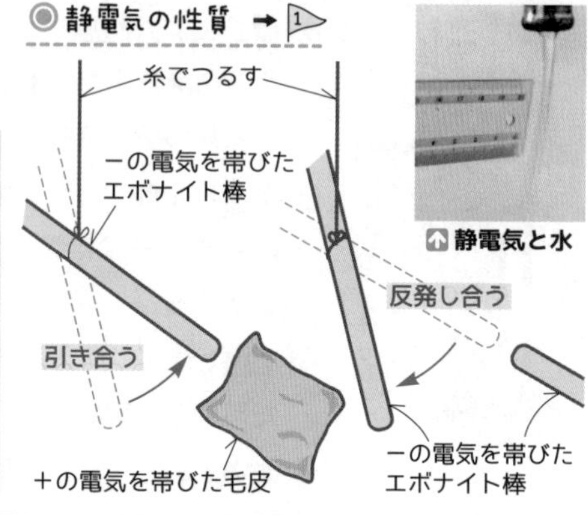

静電気と水

1 静電気 ☆☆

参考 静電気の起こるしくみ

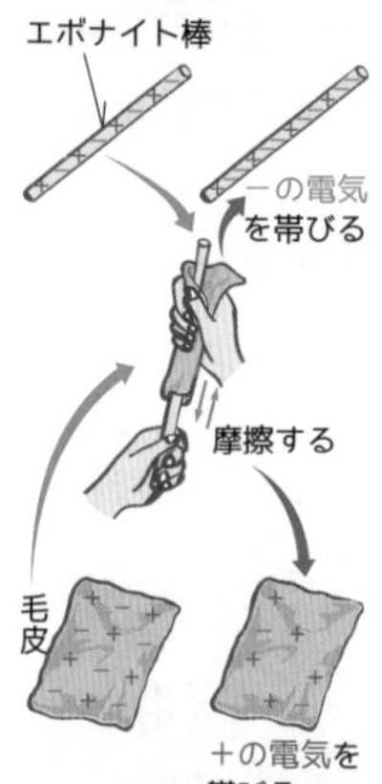

参考 静電気を帯びるとき

＋の電気を帯びる	
ガラス 毛皮 絹 紙・木材 金属 ゴム ポリエチレン 塩化ビニル	左の物質の中から，2つを選んでこすると，上のほうが＋の電気を帯びる。
－の電気を帯びる	

1 静電気…2種類の異なる物質をこすり合わせたとき生じる電気を静電気という。
（電気（電子）が移動する）（摩擦による静電気を摩擦電気ともいう）

2 静電気が起こる例

①プラスチックの下じきなどを布でこすり，髪(かみ)の毛に近づけると，髪の毛をたたせたり，紙片(しへん)を吸いつけたりする。
（髪の毛：＋に帯電）（紙片：＋に帯電）

②水道のじゃ口の水を少量流し，これに布でこすったアクリルの定規を近づけると，水が定規のほうに曲がる。
（アクリルの定規：－に帯電）

3 静電気の種類…＋(正)の電気と－(負)の電気がある。－(負)の電気をもつ小さな粒子(りゅうし)を**電子**という。

4 静電気の起こるしくみ

①物質には**＋の電気**を帯びた粒子と**－の電気**を帯びた粒子があり，ふだんは同じ量だけもっていて，打ち消し合っている。

②2つの物質を摩擦(まさつ)して，－の電気が，**一方から他方に移動する**と，－の電気を離(はな)した物質は＋に帯電する。

③－の電気を受けとった物質は，－に帯電する。

> **すいすい暗記**　静電気(せいでんき)　電子(でんし)が離(はな)れて　力出(ちからで)る
> 摩擦で電子が離れる　電気の力が発生

5 静電気の性質…＋に帯電した物質と－に帯電した物質は互(たが)いに**引き合う**。＋に帯電した物質どうし，－に帯電した物質どうしは互いに**反発し合う**。
（＋に帯電した物質：－の電気（電子）が不足した状態）（－に帯電した物質：－の電気（電子）が多い状態）

得点UP

① 静電気の性質を理解しておこう。
② 静電気は，－の電気が多いか少ないかであることを理解しておこう。
③ 放射線の種類や性質を理解しておこう。

2 放電と放射線 ☆☆

参考 落雷のしくみ

雲の上部には＋に帯電した粒子が，下部には－に帯電した粒子が集まる。－の限界量をこえたとき，地面との間で**放電**が起こる。

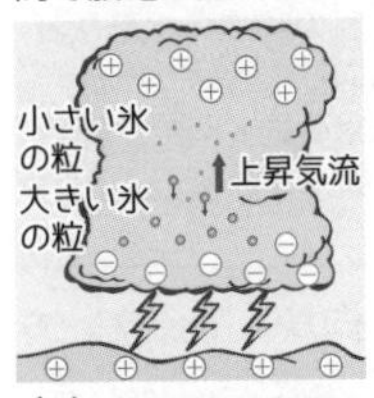

参考 放射線の利用

放射線は，病気の診断・治療や農業，工業などさまざまな分野で利用されている。しかし，管理や使い方をまちがえると，人体に影響をおよぼす可能性がある。

1 **放　電**…たまっていた静電気が空気中を一瞬で流れる現象。
↳物体の中でとどまっている電気

2 **真空放電**…真空管に誘導コイルをつないで大きな電圧をかけると，電流が流れてガラス管が光る。このように，真空管の内部の気圧を低くした空間に電流が流れる現象を**真空放電**という。
↳コイルによって高い電圧をつくり出すしくみ
↳蛍光灯には蛍光塗料がぬってある
蛍光灯やネオン管などで利用されている↵

3 **陰極線**…クルックス管の＋極と－極に大きな電圧を加えると，－極から出た**電子**の流れである**陰極線**（電子線）が現れる。－の電気をもつ陰極線は**直進**し，電極板の＋極のほうへ曲がる。
↳イギリスの物理学者クルックスが発明
↳－の電気が引きつけられる

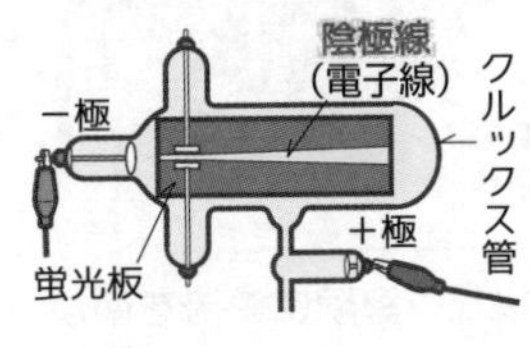

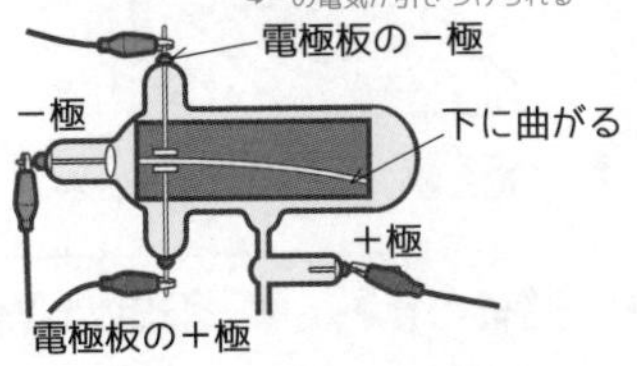

4 **電流の正体**…**－**極から**＋**極へ，電子（**－の電気を帯びた粒子**）が移動すると，電子の移動の向きと**逆**に電流が流れる。

コレ重要
☞ 電子の移動：－極→＋極　電流：＋極→－極

5 **放射線**…α線，β線，X線，γ線，中性子線などがある。身のまわりのさまざまなものから放射線は出ている。放射線を出す物質を**放射性物質**といい，放射線を出す能力を**放射能**という。

6 **放射線の性質**…物質を通りぬける能力（**透過力**）や物質の性質を変える作用がある。

テストに出る 要点チェック

□ 1．静電気には（①　　）の電気と（②　　）の電気があります。
□ 2．同じ種類の静電気どうしの場合は互いに（①　　），異なる種類の静電気どうしの場合は互いに（②　　）。
□ 3．物体が帯電するのはある1種類の粒子による。このとき，－に帯電することをどのように説明できますか。電子という言葉を使って説明しなさい。
□ 4．3と同様に，＋に帯電することをどのように説明できますか。
□ 5．電子の移動の向きに対し，電流はどの向きに流れますか。

解答

1．①＋　②－
（①・②は順不同）
2．①反発し合い
②引き合う
3．電子が多くなった。
4．電子が少なくなった。
5．電子の移動の向きと逆向きに流れる。

月　日

電流と磁界

図でおさえよう

◎ 導線のまわりにできる磁界 → 1

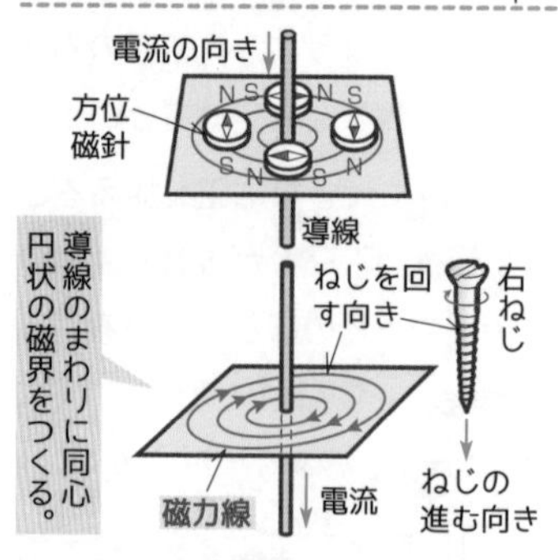

◎ コイルがつくる磁界 → 1

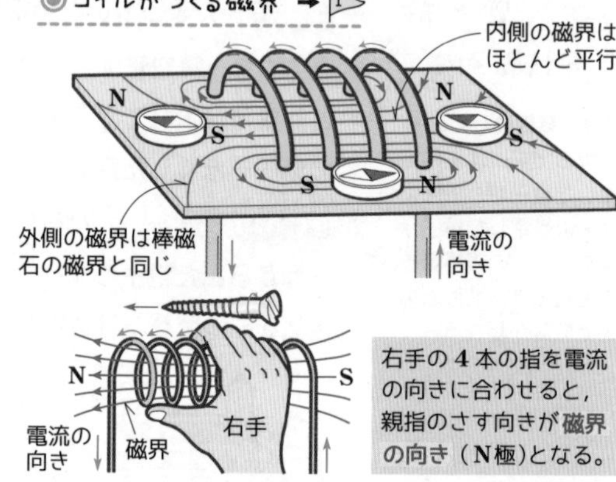

1 導線のまわりの磁界 ☆☆

注意 導線と平行に置いた磁針の動き

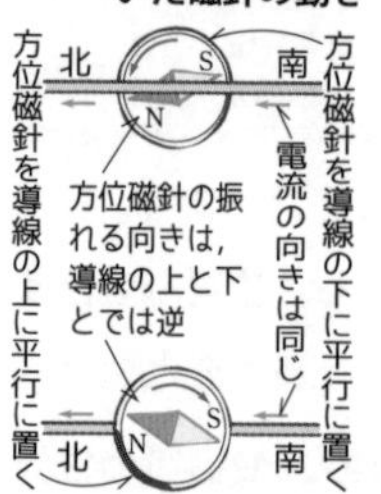

注意 コイルがつくる磁界

磁界の向き
電流
磁界の向きは，コイルの内側と外側では逆になっている。

1 導線の上下の磁界…導線に電流を南から北に向かって流す。方位磁針を導線の下に置くと，方位磁針の**N極**は**西**に振れる。（はじめ北を向いている）方位磁針を導線の上に置くと，方位磁針の**N極**は**東**に振れる。（導線のまわりを一周させてみよう）

2 電流と磁界…厚紙の中央に穴（あな）をあけ，導線を厚紙に垂直に通し，厚紙の上に方位磁針を同心円状に並（なら）べる。

①導線に電流を上から下へ流すと，方位磁針のN極は動き，**右**まわりの向きに**磁界**ができる。（鉄粉をふりまくと，磁界のようすがよくわかる）

②導線に電流を下から上へ流すと，方位磁針のN極は動き，**左**まわりに磁界ができる。

3 導線のまわりの磁界…1本の導線のまわりにできる磁界は，電流の流れる向きに右ねじを進ませるときの**ねじの回転する向き**に，**磁界**（**磁場**）ができる。これを**右ねじの法則**という。

すいすい暗記　右ねじ（みぎ）の　進む（すす）電流（でんりゅう）　回す（まわ）磁界（じかい）
（電流の流れる向き　磁界の向き）

4 コイルのまわりにできる磁界…コイル（導線を巻いたもの）にした導線に電流を流すと，1本の導線に流れる電流によってできる磁界が重なり合い，**強い**磁界が生じる。（コイルの中心を通りぬけるようにできる）

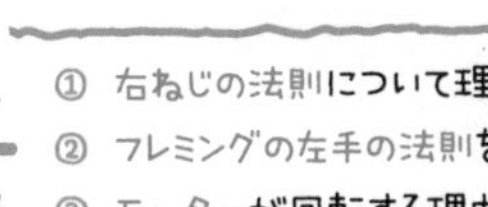

① 右ねじの法則について理解しておこう。
② フレミングの左手の法則を使えるようにしておこう。
③ モーターが回転する理由を理解しておこう。

2 磁界からコイルが受ける力 ☆☆☆

参考 フレミングの左手の法則

フレミングの左手の法則

注意 モーターの原理

① 磁界から受ける力

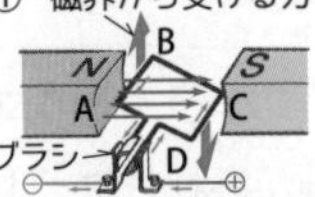

電流を流すと，整流子を経てコイルに伝わり，整流子のもう一方の側へ流れ出す。(D→C→B→A)このときDC，BA部分には磁界から矢印の向きに力を受ける。

②

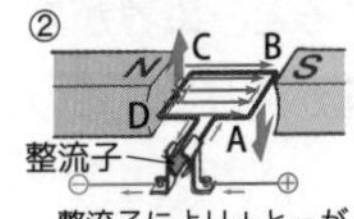

整流子により＋と−が入れかわることになる。電流はA→B→C→Dと流れ，回転し続ける。

1 磁界からコイルが受ける力

磁界内でコイルや導線に電流を流すと，導線は**力**を受けて一定の向きに動く。
電気ブランコの実験

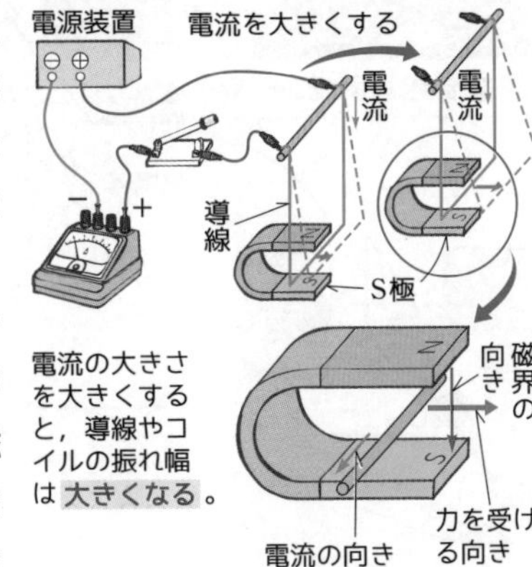

電流の大きさを大きくすると，導線やコイルの振れ幅は**大きくなる**。

①**電流が受ける力の大きさ**→導線に流す**電流**が**大きい**ほど，また，**磁界の大きさが大きい**ほど，電流が受ける力は**大きい**。

②**フレミングの左手の法則**→磁界中の導線を流れる電流が受ける力の向きは，人さし指を磁界の向きに，中指を流れる電流の向きに合わせると，親指のさす向きが力の向きである。

2 モーターの回る向き

…磁界内で電流が受ける力を利用して，コイルがつねに一定の向きに回転するようにしたものを**モーター**という。半回転すると，コイルに流れる電流の向きが逆になるが，**整流子**を利用して，同じ向きに回転し続けるようにしている。
↳整流子がないとモーターは回転できない

・コレ重要・

☞ 磁界の中に入れたコイルや導線に電流を流すと，コイルや導線は力は受ける。

テストに出る 要点チェック

□ 1．1本の導線に流れる電流がつくる磁界の向きは，右手で導線を握(にぎ)って，(①　　)に親指の向きを合わせるとき，(②　　)の指の向きにできます。

□ 2．コイルがつくる磁界を強くする方法を，3つ答えなさい。

□ 3．フレミングの左手の法則で，親指，人さし指，中指のそれぞれがさすものを答えなさい。

解答

1．①電流の流れる向き
②親指以外

2．巻き数をふやす。
電流を大きくする。
鉄しんを入れる。

3．(親指)力
(人さし指)磁界
(中指)電流

電磁誘導

図でおさえよう

◎発電機の原理 → 3

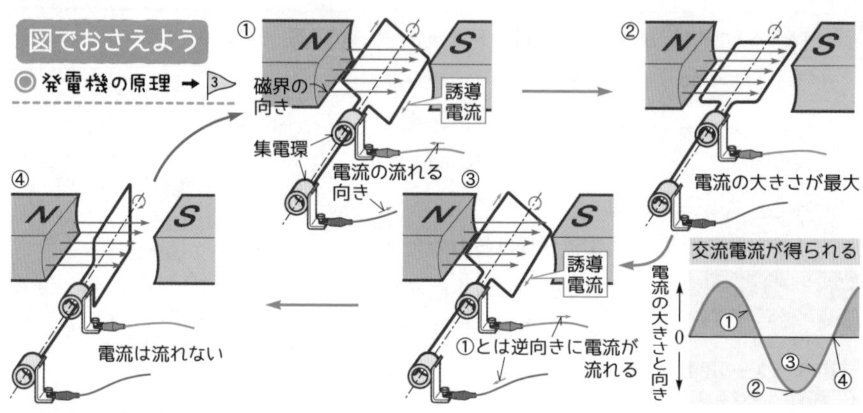

1 電磁誘導 ☆☆

参考　検流計

ごく小さい電流をはかることができる電流計の一種。電流の流れる向きによって，針の振れる向きが変わる。

① **コイルに流れる電流**…コイルの両端（りょうたん）を検流計につなぎ，そのコイルの中で磁石を出し入れすると，検流計の針が振れ，コイルに**電流が流れる。**しかし，コイルの中で磁石を静止させたままにすると，電流は**流れない。**
（↳検流計：小さい電流でも測定できる）
（↳運動エネルギーを電気エネルギーに変えている）

② **電磁誘導（ゆうどう）**…コイルの中で磁界の強さが変化すると，磁界が変化しているときだけ**コイルに電圧が生じて**電流が流れる。この現象を**電磁誘導**という。
（↳電圧：誘導起電力という）
（↳電磁誘導：ファラデーが発見）

③ **誘導電流**…**電磁誘導**によって流れる電流を**誘導電流**という。

2 誘導電流の向きと強さ ☆☆

① **誘導電流の向き**

コイルには外部から与（あた）えられた磁界の変化を妨（さまた）げる磁界をつくるような向きに**誘導電流**が流れる。
（↳レンツの法則という）

近づけたとき　N　検流計　誘導電流　N　S

近づけたとき　S　検流計　S　N

遠ざけたとき　N　検流計　棒磁石の磁界　S　N

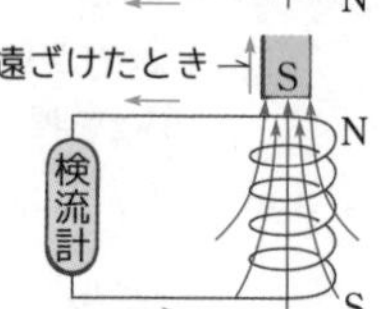

② **誘導電流の大きさ**

電磁誘導によってより大きい誘導電流を得るための方法として，「磁石の動きをはやくする」「強い磁石を用いる」「コイルの巻数を多くする」がある。

① 電磁誘導(ゆうどう)について理解しておこう。
② 誘導電流の流れる向きを理解しておこう。
③ 発電機の原理を理解しておこう。

3 発電機 ☆☆☆

1 発電機の原理…固定した磁石の中でコイルを回転させると，**電磁誘導**(ゆうどう)によって**誘導電流**が流れる。これを連続的に行うと**交流電流**が得られる。
（発電機：モーターと発電機は同じしくみ／コイルを回転：コイル内部の磁界が周期的に変化する／交流電流：向きと大きさが周期的に変化する）

2 コイルどうしの電磁誘導… 2 つのコイルを，コイルの面を向かい合わせておくとき，一方のコイルに電流を流して電磁石にすると，他方のコイルには**誘導電流**が流れる。
（電磁石にする：磁界が変化する）

3 コイルの中を磁石が行き来するときの電磁誘導… 1 つのコイルの中を，強い磁石を行き来させると，コイルに**誘導電流**が流れる。棒の形をした**発電機**と考えるとよい。

すいすい暗記 誘導電流(ゆうどうでんりゅう)　磁石の動き(じしゃくのうごき)　電流決める(でんりゅうきめる)
（磁石の動き：出し入れ，速さ／電流決める：誘導電流の向きや大きさ）

4 直流と交流…乾電池の電流(**直流**)は，電流の流れ方に変化がなく，家庭用コンセントの電流(**交流**)は，電流の流れ方がたえず変化している。

①**直流**→電流の向きや大きさが一定な電流を**直流**という。

②**交流**→時間とともに，流れる電流の向きや大きさが周期的に変化する電流を**交流**といい，1 秒あたりの変化のくり返しの数を周波数という。
（周波数：単位は Hz(ヘルツ)が使われる）

コレ重要
☞ 家庭用コンセントは交流で，その周波数は東日本で 50 Hz，西日本で 60 Hz である。

参考 誘導電流の向き
コイルの中に磁石を通すとき，磁石の位置がA点，B点付近を通るときに電流が流れる。

小さい磁石がコイル内を通るとき

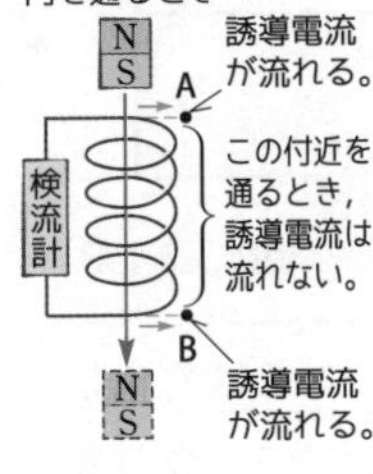

注意 交流
交流とは＋極・－極の区別がない。家庭用コンセントの電流は交流で，乾電池(かんでんち)は直流である。

テストに出る 要点チェック

□ 1．コイルに磁石を近づけたり，遠ざけたりすると，電流が流れることを(①　　)という。このとき流れる電流を(②　　)といいます。

□ 2．コイルの上端(じょうたん)に磁石のＮ極を近づけると，コイルの上端に(　　　)極ができるような向きに電流が流れます。

□ 3．乾電池から流れる電流は，(①　　)も(②　　)も一定で変化しない。これを直流といいます。モーターで発電する場合，直流を発電するには(③　　)モーターを使います。

解答
1．①電磁誘導 ②誘導電流
2．N
3．①向き(大きさ) ②大きさ(向き) ③直流

物質の分解

図でおさえよう

◎ 炭酸水素ナトリウムの分解 → 2

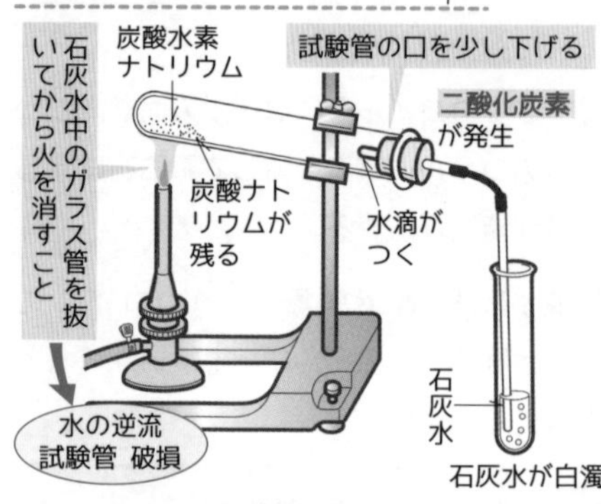

◎ 水の電気分解 → 2

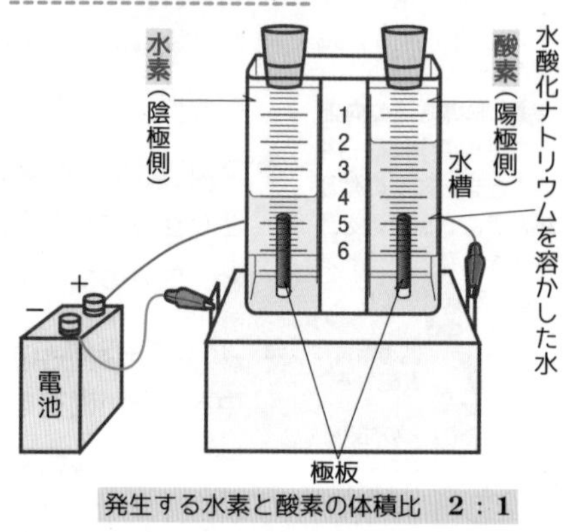

1 物質の変化

☆☆

注意 物理変化
物質そのものは変化しない変化。
例　水蒸気⇔水⇔氷

注意 化学変化（化学反応）
もとの物質とはまったく異なった性質の物質をつくる変化。
例　水→水素と酸素

発展 置換という化学反応
化合物中のある元素が，他の元素によって置きかえられ新しい物質になる反応を**置換**（ちかん）という。

① **物質の変化**…**状態変化**や変形など，物質そのものは変化しない**物理**変化と，できた物質（↳生成物）が，もとの物質とは異なった性質をもつようになる**化学**変化（↳分解などがある）（化学反応）がある。

② **分　解**…１つの物質が性質の異なる２種類以上の物質になる化学変化を**分解**という。

・コレ重要・
☞ 化学変化により，もとの物質とはちがう物質ができる。

③ **物質の検出・確認**…できた物質の検出や確認はその状態によって物理的な方法や化学的な方法（↳化学薬品との反応）などを組み合わせて，確認方法を選択する。

①**水溶液**（すいようえき）→酸性・中性・アルカリ性を指示薬（BTB液，フェノールフタレイン液，リトマス紙など）で調べたり，水を蒸発させて残る物質の状態や性質を調べる。

②**金属と非金属**→**電気伝導性**，展性（てんせい）（たたくとうすく広がる）・延性（えんせい）（↳引っぱるとのびる）・**金属光沢**があるのは金属。

③**気体**→石灰水に通すと白濁（はくだく）するのは**二酸化炭素**，線香の火が大きくなるのは**酸素**。マッチの火を近づけると，ポンと音をたてて燃えるのは水素。

④**水の存在**→水は青色の塩化コバルト紙を**赤**色に変化させる。

得点アップ

① 炭酸水素ナトリウムと酸化銀の熱分解についておさえておこう。
② 電気分解では両極に発生する気体とその体積比をおさえておこう。
③ 物質の確認(かくにん)方法は例とともに理解しておこう。

2 分　解

☆☆☆

注意 水の電気分解

純粋な水は**ほとんど電流を流さない**ので，水を電気分解するときは，少量の**水酸化ナトリウム**や**硫酸**(りゅうさん)などを加える。

水に溶けて電流を流しやすくする物質を電解質という。

発展 触媒(しょくばい)

二酸化マンガンは過酸化水素の分解を助けるが，自分自身は変化しない。このようなものを**触媒**という。

1 熱分解…加熱によって物質を分解する。

①**炭酸水素ナトリウム**→加熱により**二酸化炭素**が発生し，水と炭酸ナトリウムができる。
（炭酸水素ナトリウム：水に少し溶けて弱いアルカリ性を示す／二酸化炭素：石灰水を白く濁らせる／炭酸ナトリウム：水によく溶けて，強いアルカリ性を示す）

炭酸水素ナトリウム ⟶ 炭酸ナトリウム＋二酸化炭素＋水

②**炭酸アンモニウム**→加熱により二酸化炭素と**アンモニア**が発生し，水ができる。

炭酸アンモニウム ⟶ アンモニア＋二酸化炭素＋水

③**酸化銀**→加熱により，**酸素**が発生し，**銀**になる。
（酸化銀：黒色粉末／銀：白色粉末）

酸化銀 ⟶ 銀＋酸素

すいすい暗記　ふくらし粉(こ)　熱分解(ねつぶんかい)で　炭酸(たんさん)ガス
炭酸水素ナトリウム（ベーキングパウダー）CO_2 発生

2 電気分解…電解質を溶(と)かした水溶液に電流を流すと両極に物質が発生する。

①**水**→少量の水酸化ナトリウムを加えて電流を流すと，陽極から**酸素**，陰極から**水素**が発生する。**水 ⟶ 水素＋酸素**
（陽極：電源の＋極とつないだ極／陰極：電源の－極とつないだ極）

②**塩化銅**→青色の塩化銅水溶液に直流電流を流すと，陽極から**塩素**が発生し，陰極に**銅**が付着する。反応が進むと水溶液の色はうすくなる。**塩化銅 ⟶ 銅＋塩素**
（塩素：黄緑色の気体／銅：赤褐色の金属）

3 過酸化水素の分解…過酸化水素水に**二酸化マンガン**を加えると水と**酸素**になる。**過酸化水素 ⟶ 水＋酸素**

テストに出る 要点チェック

□ 1. 1つの物質が性質の異なる2種類以上の物質になる変化を何といいますか。

□ 2. 酸化銀を加熱するとできるものは，（①　　）と（②　　）です。

□ 3. 水の電気分解を行うと，（①　　）と（②　　）が（③　　）：1の割合で発生します。

□ 4. 炭酸水素ナトリウムを加熱すると，水以外にできるものは気体である（①　　）と固体である（②　　）です。

解答

1. 分解
2. ①酸素（銀）　②銀（酸素）
3. ①水素　②酸素　③2
4. ①二酸化炭素　②炭酸ナトリウム

原子と分子

図でおさえよう

◎原子の性質 →1

分割しない
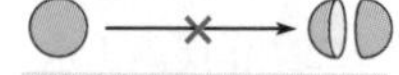

変わらない
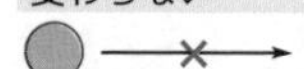

新しく生まれない
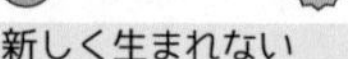

消滅しない
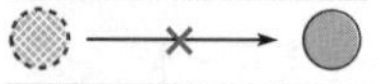

種類により，大きさ，質量が異なる
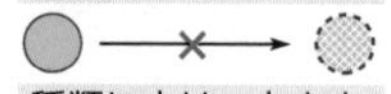

◎分　子 →2

単　体（1種類の原子からなる）

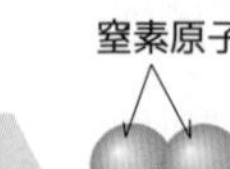
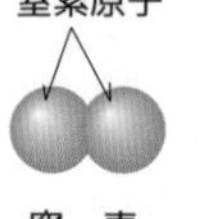
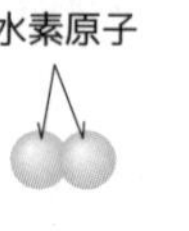
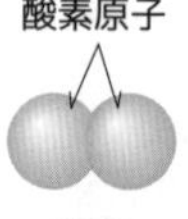

化合物（2種類以上の原子からなる）

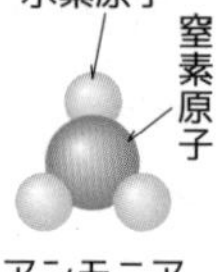

1 原　子 ☆☆

1 原　子…物質をつくっている最小の粒子（りゅうし）。化学変化によって分けることはできない。
（↳ドルトンの原子説）
（↳現在では，原子核と電子からなりたっていることがわかっている。）

2 原子の性質

①物質はすべて原子からできている。

②同じ種類の原子は，すべて同じ**大きさ**，同じ**質量**であり，原子の種類によって決まっている。原子の性質を整理した表を**周期表**（しゅうきひょう）という。

③化学変化では，原子はその結合が変わるだけで，原子そのものが**新しくできたり**，**変化したり**，**なくなったり**しない。
（質量保存の法則↲）

④化合物はある原子と他の原子が，決まった**数の割合**で結合することでできる。
（↳定比例の法則）

・コレ重要・

原子の性質
☞ それ以上分けられない。　☞ 質量が決まっている。
☞ なくなったり新しくできたり，変化したりしない。

3 原子の大きさ…原子の種類によって決まっている。大きさは直径約 0.00000001 cm（1億分の 1 cm）ぐらい，最も軽い**水素**原子は 約 6×10^{23} 個で 1 g。
（↳アボガドロ数という）

注意 原子の種類

自然界の無数の物質は，無数の原子からつくられているのではなく，約 110 種類の原子とその結びつきによってつくられている。

発展 原子の質量

原子の質量を原子量といい，炭素原子の質量を 12 として，それと比べた相対質量で表す。

① 原子の性質をその意味を考えて理解しよう。
② 分子の性質を原子との違いを比較しながら覚えよう。
③ 主な分子の分子モデルを理解しておこう。

2 分　子 ☆☆☆

1 分　子…いくつかの原子が結合していて，物質の性質を決める安定した最小単位の粒子。
↳決まった種類と数の原子が結びついてできている

コレ重要
☞ 物質をつくっている最小の粒子は原子で，物質としての性質をもつ最小の粒子は分子である。

すいすい暗記　最小の　粒子は原子　性質は分子
性質をもつのは分子

2 分子の種類…1種類の原子からなる**単体**，2種類以上の原子からなる**化合物**がある。

①**単体**→酸素，水素，塩素など
↳酸素，水素，塩素はいずれも二原子分子

②**化合物**→二酸化炭素，水，アンモニア，ブドウ糖など
↳炭素原子と酸素原子 ↳水素原子と酸素原子

③**大きな分子**→ポリエチレン，デンプン，タンパク質などで，数千～数万個の原子からなる。

3 分子の性質…同じ種類の分子は，形・大きさ・質量が**同じ**である。

4 分子をつくらない物質…純粋な物質のうち，分子をつくらないものについても，単体と化合物に分けることができる。**単体**は，1種類の原子がたくさん集まってできていて，鉄，銅，アルミニウムなどがある。**化合物**は，2種類以上の原子がたくさん集まってできていて，食塩，酸化銅などがある。
ナトリウム原子と塩素原子↲　↳銅原子と酸素原子

参考 単　体
多くの金属は分子をつくらない。酸素や水素は分子でできている。

注意 原子の結びつき
化合物によって原子の結びつく数が決まっているのは，それぞれの原子は決まった数の手をもっているためと考えるとよい。
例　水素：1本
　　酸素：2本
　　炭素：4本

テストに出る 要点チェック

□ 1．物質をつくる最小の粒子を何といいますか。
□ 2．原子は分割したり，新しく(①　　)たり，(②　　)したり，(③　　)たりしません。また，種類によって大きさや質量が決まっています。
□ 3．1種類の原子からなる物質を何といいますか。
□ 4．2種類以上の原子が結合してできている物質を何といいますか。
□ 5．物質としての性質をもつ最小単位の粒子を何といいますか。

解答
1．原　子
2．①生まれ(でき)
②変化
③なくなっ(消滅し)
3．単　体
4．化合物
5．分　子

月　日

化学変化の表し方

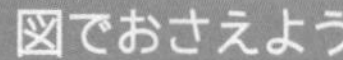

◎主な元素記号 → 1

元素記号は，アルファベット1文字または2文字で表される。

	元素	記号		元素	記号
金属	アルミニウム	Al	非金属	水　素	H
	マグネシウム	Mg		酸　素	O
	ナトリウム	Na		炭　素	C
	カルシウム	Ca		窒　素	N
	亜　鉛	Zn		塩　素	Cl
	銀	Ag		ヨウ素	I
	銅	Cu		硫　黄	S
	鉄	Fe		ヘリウム	He

◎主な物質の化学式

物質を元素記号で表したものを**化学式**という。

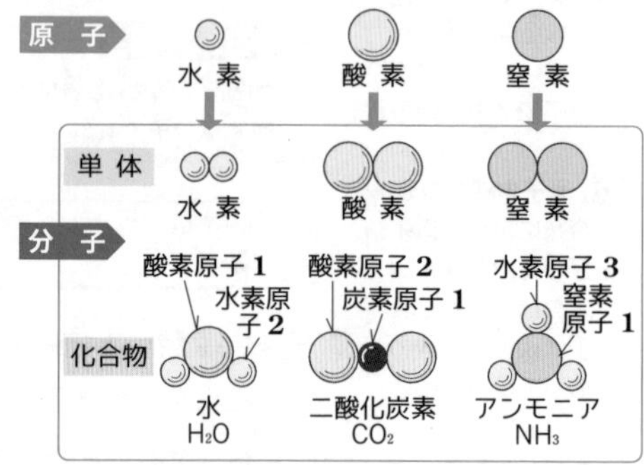

1 化学式

☆☆☆

参考　周期表
原子の構造に基づいて，科学的性質の似た原子を縦に並ぶように配列したものを**周期表**という。

① **元素記号**…原子の種類をアルファベットで表した記号をいう。
アルファベットの大文字1文字か，大文字と小文字の2文字で表す
原子の種類を表すほか，原子1個や一定の原子の集団を表すときにも使われる。

② **化学式**…物質を元素記号で表したものを**化学式**といい，元素記号と原子の個数で物質をつくっている成分元素の種類，結びつき，量的な関係を表す。原子の個数が2個以上のときは，元素記号の右下に数字を小さく書いて表す。
単体であるか化合物であるかは化学式からわかる

③ **化学式のつくり方**

①分子をつくる物質を元素記号で表す。

例　O_2，H_2，H_2O など

②分子をつくらない物質を元素記号で表す。

マグネシウム，銅などの固体は1種類の原子が，塩化ナトリウムは，ナトリウム原子と塩素原子がたくさん集まってできている。

例　Mg，NaCl など

すいすい暗記　化学式(かがくしき)は物質(ぶっしつ)で，反応式(はんのうしき)は化学変化(かがくへんか)なり
化学反応式

① 主な元素記号は必ず書けるようにしよう。
② 化学式の意味を理解し，正しく書けるようにしておこう。
③ 代表的な化学反応式の書き方を覚え，順序にしたがって理解しよう。

社会 理科 数学 英語 国語

2 化学反応式

☆☆☆

注意 化学反応式
化学反応式の両辺の原子の数と種類は一致し，係数は分数や小数にはならない。

参考 化学反応式と量的関係
化学式や化学反応式は反応する物質と生成する物質の量的な関係を示すので，必要量を計算で求めることができる。

注意 物質の名称(めいしょう)
塩素 Cl を分子中に含むとき，物質の名称は多くの場合「塩化～」とよばれる。
O は「酸化～」，
O_2 は「二酸化～」，
CO_3 は「炭酸～」，
S は「硫化」
SO_4 は「硫酸～」となる。

1 化学反応式…**化学式**を使って**化学変化を表す式**のことをいう。

2 化学反応式の書き方

①左辺に反応させる物質(反応物)の化学式を，右辺に反応によってできた物質(生成物)の化学式を書いて，左辺と右辺を**矢印**で結ぶ。

例 $NaOH + HCl \longrightarrow NaCl + H_2O$（**中和**）
（NaCl：塩化ナトリウム）

$Zn + 2HCl \longrightarrow H_2 + ZnCl_2$（**水素の発生**）
（Zn：亜鉛，$ZnCl_2$：塩化亜鉛）

②両辺の原子の種類と数が等しくなるように，分子や原子の数を**整数倍**する。化学式の前につける数字を**係数**といい，分子や金属原子などの数を表す。ただし，係数 1 のときは書かないで，省略する。

例 $2Ag_2O \longrightarrow 4Ag + O_2$（**酸化銀の熱分解**）
（Ag_2O：酸化銀）

コレ重要
☞ 化学反応式では左辺と右辺の原子の種類と数はつねに等しい。

3 化学反応式が表す事がら

①反応する物質の名称(めいしょう)と生成する物質の名称。

例 $CuO + H_2 \longrightarrow Cu + H_2O$（**酸化銅の還元**）
（CuO：酸化銅，Cu：銅）

②反応する物質と生成する物質の量的な関係。

例 $2Ag_2O \longrightarrow 4Ag + O_2$（**酸化銀の熱分解**）
（Ag_2O：酸化銀）

③反応する物質に 2 種類以上の気体が関係するときの体積比の関係。

例 $2H_2O \longrightarrow 2H_2 + O_2$（**水の電気分解**）
（水素：酸素＝2：1(体積比)）

テストに出る 要点チェック

☐ 1．元素記号(原子の種類をアルファベットで表した記号)を用いて物質を表す式を何といいますか。
☐ 2．化学式を用いて化学変化のようすを表す式を何といいますか。
☐ 3．化学反応式では左辺と右辺の原子の(①　　)と(②　　)は等しくなります。
☐ 4．化学式 NaCl で表される物質は何ですか。
☐ 5．酸化銀の熱分解を化学反応式で表しなさい。

解答
1．化学式
2．化学反応式
3．①種類　②数
（①，②は順不同）
4．塩化ナトリウム
5．$2Ag_2O \longrightarrow 4Ag + O_2$

月　日

酸化・還元

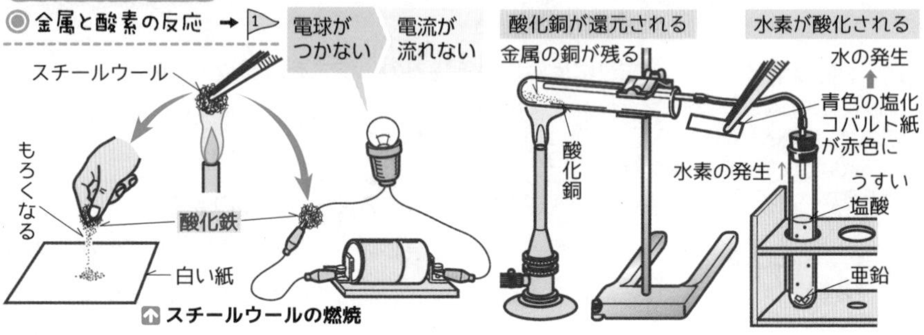

スチールウールの燃焼

1 酸化 ☆☆☆

注意 有機物の酸化
有機物が酸化すると二酸化炭素と水ができる。

発展 酸化の定義
さらに広い意味での酸化は，原子，分子，イオンから電子が奪われることをいう。

① **酸化**…マグネシウムを空気中で加熱すると，酸素と結びついて**酸化マグネシウム**ができるように，**物質が酸素と結びつく**化学変化(化学反応)を**酸化**という。
（↳金属光沢を失い，白い物質になる，$2Mg + O_2 \longrightarrow 2MgO$）

② **酸化物**…酸化によってできた物質を**酸化物**という。

③ **いろいろな酸化(燃焼とさび)**…酸素と結びつく反応のうち，熱や光を出しながら激しく反応することを**燃焼**という。炭素と水素を含む化合物(有機化合物)が燃焼するとき，**二酸化炭素**と**水**ができる。
（酸素が不十分であれば一酸化炭素が生じる）

さびは，金属がおだやかにゆっくりと酸化してできた酸化物である。

例
$S + O_2 \longrightarrow SO_2$
（硫黄　酸素　二酸化硫黄）
$C_2H_5OH + 3O_2 \longrightarrow 2CO_2 + 3H_2O$ (燃焼)
（エタノール　酸素　二酸化炭素　水）
$2Fe + O_2 \longrightarrow 2FeO$ (さび)
（鉄　酸素　酸化鉄）

コレ重要
☞ 酸化には，熱や光を出しながら短時間での激しい反応(燃焼)とおだやかでじょじょに進んでいく反応(さび)がある。

④ **広い意味での酸化**（↱高校での学習）…物質の酸化とは，酸素と結びつく反応だけでなく，水素を含んだ化合物から水素が奪われる反応のことでもある。

例
$2HI + H_2O_2 \longrightarrow I_2 + 2H_2O$
（ヨウ化水素　過酸化水素　ヨウ素　水）

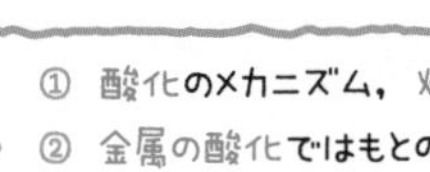

① 酸化のメカニズム，燃焼の定義を理解しよう。
② 金属の酸化ではもとの金属，できた酸化物を化学式とともに覚えよう。
③ 酸化と還元は酸素をやりとりする互いに逆向きの反応であることを理解しよう。

2 還　元 ☆☆☆

注意 酸化と還元

酸化銅は還元され，炭素は酸化される。このように１つの化学変化の中で酸化と還元は同時に起こる。

参考 精　錬

還元を利用したものに，精錬がある。精錬は金属の酸化物が含まれている鉱石から金属をとり出すことをいう。

酸化銅と炭素の粉末を反応させると，銅と二酸化炭素ができ，酸化銅から酸素が奪われる。酸化物から酸素をとり除く化学変化を還元といい，**酸化**と**還元**は**正反対の化学変化**である。

（金属光沢をもった赤色の物質／還元剤（酸化物から酸素を奪う物質）／石灰水を白く濁らせる／炭素と結びつく）

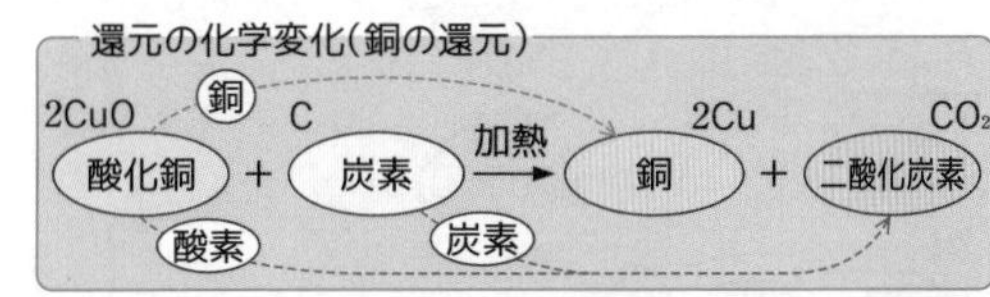

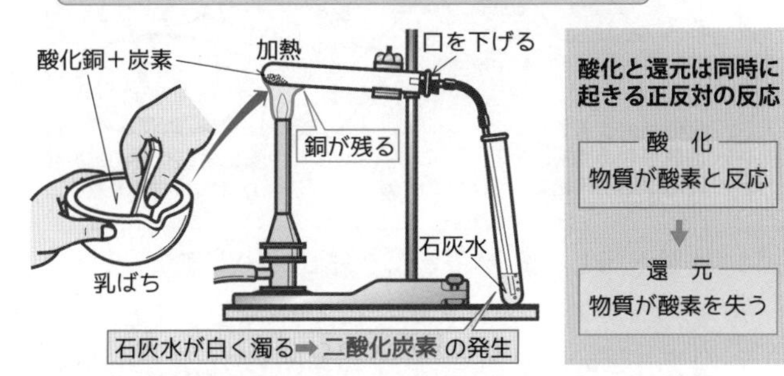

酸化と還元は同時に起きる正反対の反応

酸　化
物質が酸素と反応

↓

還　元
物質が酸素を失う

酸化銅を水素で還元すると，次のような反応式となる。

$$CuO + H_2 \longrightarrow Cu + H_2O$$

（酸化銅　水素　銅　水）

コレ重要

☞ 酸化と還元は同時に起きる正反対の反応である。

すいすい暗記　酸化銅　銅は還元　炭素は酸化
（酸化銅→銅 炭素→二酸化炭素）

テストに出る要点チェック

- □ 1．物質が酸素と結合することを何といいますか。
- □ 2．1のうち，マグネシウムのように，加熱すると熱や光を出しながら激しく反応することを何といいますか。
- □ 3．有機物が燃焼するときに生じるものは，(①　　)と(②　　)です。
- □ 4．金属がゆっくり酸化してできる酸化物を何といいますか。
- □ 5．銅を酸化するとできるものは何ですか。
- □ 6．酸化物から酸素をとり除く化学変化を何といいますか。

解答

1. 酸化
2. 燃焼
3. ① 二酸化炭素　② 水　（①・②は順不同）
4. さび
5. 酸化銅
6. 還元

月　日

化学変化と熱

図でおさえよう

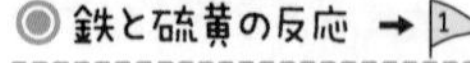

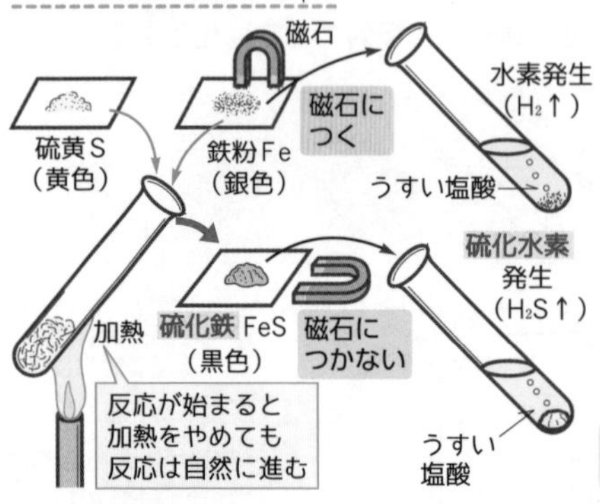

温度が下がる化学変化 → 2

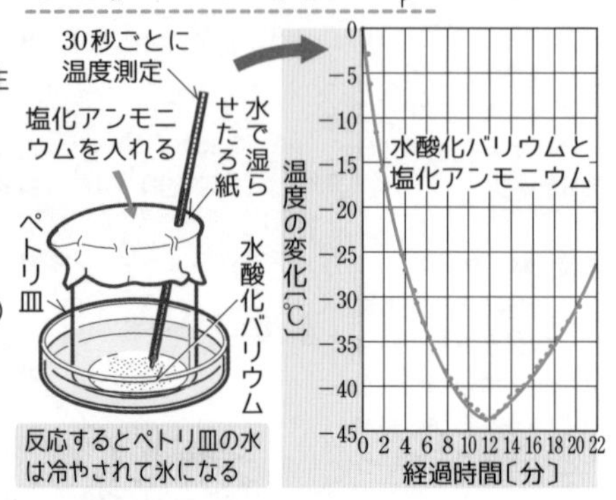

1 物質どうしが結びつく化学変化 ☆☆☆

参考 化学変化と熱

化学変化させるときには，一般(いっぱん)に加熱することが多い。

注意 反応前後の物質の性質

鉄は磁石(じしゃく)に引きつけられるが，硫化鉄(りゅうかてつ)は引きつけられない。また，鉄を塩酸に入れると**水素**が発生するが，硫化鉄を塩酸に入れると有毒な**硫化水素**が発生する。

1 物質どうしが結びつく化学変化…2種類以上の物質が**化学変化**(**化学反応**)によって結びつくと，別の新しい物質ができる。

2 化合物…2種類以上の物質が化学変化により結びついてできた物質を化合物という。**化合物**(純粋な物質ともいう)は純物質であり，混合物ではない。

3 さまざまな化合物

①**鉄と硫黄**(いおう)→銀白色の鉄粉に黄色の**硫黄**を混合して加熱すると，(反応が始まると加熱しなくても反応が続く)**黒**色の**硫化鉄**(りゅうかてつ)ができる。Fe＋S ⟶ FeS

②**銅と硫黄**→赤色の銅板(やわらかくよく曲がる)の上に硫黄の粉末をのせて加熱するか，試験管の中で硫黄の粉末に加熱した銅線を入れると(激しく反応する)，**黒色**の**硫化銅**(りゅうかどう)(もろくおれやすい)ができる。Cu＋S ⟶ CuS

③**銅と塩素**→黄緑色の塩素の気体の中に加熱した銅線を入れると，**塩化銅**ができ，水を加えると**青色**の**塩化銅水溶液**になる。
$Cu + Cl_2 \longrightarrow CuCl_2$

④**窒素と水素**→窒素と**水素**を混合し，高温・高圧で**触媒**(しょくばい)を用いて反応させると**アンモニア**ができる。$N_2 + 3H_2 \longrightarrow 2NH_3$（ハーバー法というアンモニア製造法）

コレ重要
☞ 化合物は，結びつく前の物質とは性質がまったくちがう。

すいすい暗記
硫化鉄(りゅうかてつ)　塩酸(えんさん)加えて　腐卵臭(ふらんしゅう)
鉄と硫黄の化合物　卵の腐ったようなにおい，硫化水素

① 化学反応式にはエネルギーの出入りがあることを理解しよう。
② 燃焼(ねんしょう)するときに発生する熱と利用法を理解しておこう。
③ 発熱反応・吸熱反応(きゅうねつはんのう)とその利用法を理解しよう。

2 化学変化(化学反応)と熱 ☆☆

参考 反応したときの熱の利用
発熱反応は携帯(けいたい)用カイロに利用される。吸熱(きゅうねつ)反応は携帯用冷却(れいきゃく)パックに利用される。

1 化学変化(化学反応)と熱…化学変化(化学反応)が起こると，反応する物質の原子などの粒子(りゅうし)の結びつき(組み合わせ)が変化する。そのとき，**熱が発生**したり，まわりから**熱を吸収**したりする。このような熱の出入りを**反応熱**という。

2 発熱反応(はつねつはんのう)…化学変化が起こるとき，まわりに熱を**放出**する反応を**発熱反応**という。

例 $CaO + H_2O \longrightarrow Ca(OH)_2$
酸化カルシウム　水　水酸化カルシウム

3 吸熱反応…化学変化が起こるとき，まわりから熱を吸収しながら反応するものを**吸熱反応**という。

例 $Ba(OH)_2 + 2NH_4Cl \longrightarrow BaCl_2 + 2H_2O + 2NH_3$
水酸化バリウム　塩化アンモニウム　塩化バリウム　水　アンモニア

4 化学変化とエネルギー…化学変化の前後で，熱が発生したり，光が出たりするが，これらは**反応に関係する物質のもつエネルギー**に関係がある。

①**発熱反応**→反応物がもつエネルギーの総和が生成物のもつエネルギーの総和よりも**大きい**。

反応物のもつエネルギーの総和 > 生成物のもつエネルギーの総和 ⇨ 熱や光の発生

②**吸熱反応**→反応物がもつエネルギーの総和が生成物のもつエネルギーの総和よりも**小さい**。

反応物のもつエネルギーの総和 < 生成物のもつエネルギーの総和 ⇨ 熱や光を吸収

テストに出る 要点チェック

- [ ] 1. 硫化鉄(りゅうかてつ)ができるようすを表した次の化学反応式を完成させなさい。
  Fe +(　①　)⟶(　②　)
- [ ] 2. 1のFeと②は，それぞれ磁石につきますか，つきませんか。
- [ ] 3. 硫化銅は何と何の化合物ですか。
- [ ] 4. マグネシウムが燃焼するとき，熱が(　　　)します。

解答
1. ①S　②FeS
2. Fe：つく。②：つかない。
3. 銅と硫黄(いおう)
4. 発生

月　日

化学変化と物質の量

図でおさえよう

◎スチールウールの燃焼と質量 → 1

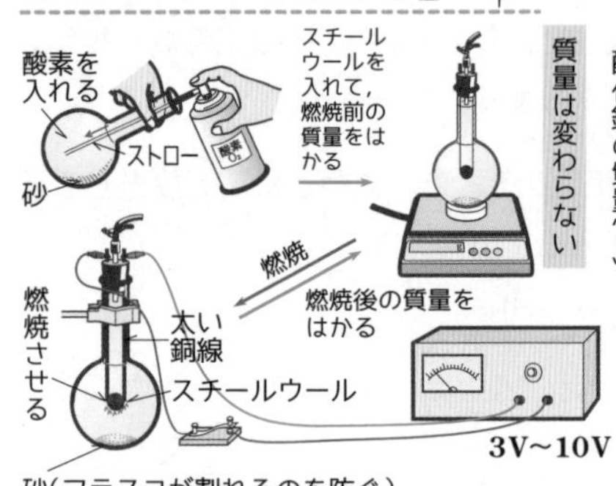

◎銅と酸素が結びつく割合 → 2

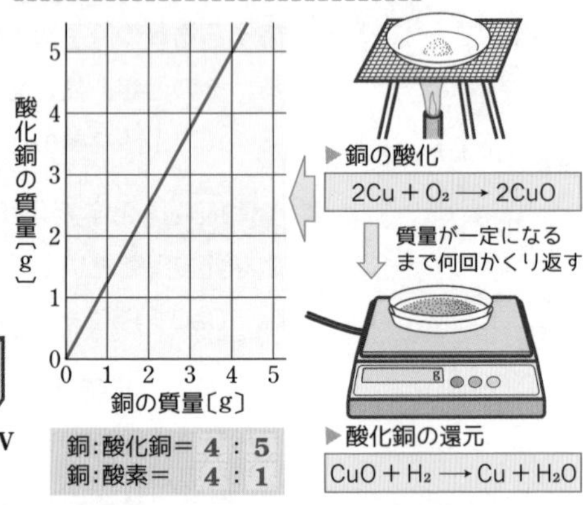

銅：酸化銅＝ 4 ： 5
銅：酸素＝ 4 ： 1

1 質量保存の法則 ☆☆☆

参考　質量保存の法則の発見
ラボアジエにより発見された。

注意　化学変化と物理変化
質量保存の法則は，化学変化だけでなく，状態変化や溶解(ようかい)など，物質に起こるすべての変化についてなりたつ。

① **質量保存の法則**…化学反応の前後において，反応前の物質の全質量と，反応後の生成物の全質量とは同じである。

コレ重要
☞ 質量が保存されるとは，物質の状態が変化したり，反応したりしても反応前後の全質量に増減のないことをいう。

例　A：炭酸水素ナトリウム水溶液に塩化カルシウム水溶液を混ぜ合わせると炭酸カルシウムの白い沈殿(ちんでん)ができる。（↳水に溶けない）

$NaHCO_3 + CaCl_2 \longrightarrow CaCO_3 + NaCl + HCl$

B：一定量の水を冷やして氷にすると体積はふえるが，質量は変わらない。（↳約1.1倍になる）

C：一定量の水と食塩を混ぜると，食塩は見えなくなるが，その水溶液の質量は，水と食塩の質量の総和になる。（↳水に溶ける）

② **金属の酸化と質量**…金属は空気中で酸素と反応すると金属の酸化物のほうがもとの金属より質量が大きくなる。（密閉容器内での反応では反応の前後で質量は変わらない）

金属＋酸素 ⟶ 金属の酸化物

③ **水溶液中での反応**…気体が発生しない反応の場合，質量は変わらない。

④ **気体が発生する反応**…密閉(みっぺい)しない状態での反応では，気体は放出されて，反応後の質量は小さくなる。（密閉容器内での反応では反応の前後で質量は変わらない）

得点アップUP

① 質量保存の法則を理解し，実験データから考えられるようにしよう。
② 密閉容器内での反応では質量が変化しないことを理解しておこう。
③ 化学変化での質量の保存と原子は不変であることをしっかりと理解しておこう。

2 化合物の組成 ☆☆

注意 反応する物質の量

化学反応式は化学変化する分子や原子の個数の関係を表し，物質の組み合わせによって，質量の比は一定になる。反応する一方の物質の量が多くても，相手の物質がなければ，それ以上反応は進まない。

発展 アボガドロの法則

同一温度・同一圧力・同一体積では，すべての種類の気体に含(ふく)まれる分子の数は同じである。

1 化合物の組成…2種類以上の原子が結びついてできた化合物のそれぞれの原子を成分といい，どのような割合でつくられているかを組成という。

コレ重要
☞ 物質は，ある一定の質量の比で化合したり，分解したりする。

2 定比例の法則…化合物中の成分原子の質量の比はつねに一定。
同じ化合物であれば，それぞれの成分は一定の割合で化合する

例　**銅** 0.4 g を酸化させると，**酸化銅** 0.5 g となり，**銅** 2 g を酸化させると**酸化銅** 2.5 g となる。
↳銅：酸化銅＝4：5(質量比)
↳銅：酸素＝4：1(質量比)

$2Cu + O_2 \longrightarrow 2CuO$

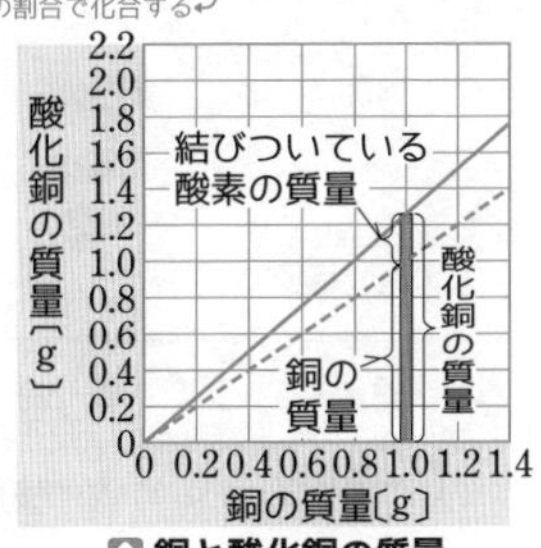

銅と酸化銅の質量

3 気体反応の法則…気体が反応するとき，互(たが)いに反応する気体の体積と反応してできる**気体の体積**は簡単な**整数比**になっている。
↳分子の数に比例する

例　**水素** 10 cm^3 と**酸素** 5 cm^3 を反応させると**水蒸気** 10 cm^3 となり，その体積比は **2：1：2** となる。
↳水素：酸素：水蒸気の体積比

$2H_2 + O_2 \longrightarrow 2H_2O$

すいすい暗記　化学変化(かがくへんか)　密閉内(みっぺいない)では　保存(ほぞん)され
反応前と反応後　質量保存の法則

化学反応式からわかるように，原子が何個どうしで反応するかがそれぞれ決まっているよ。

テストに出る要点チェック

- [ ] 1．スチールウールを空気中で燃焼(ねんしょう)させると燃焼後の質量はどうなりますか。
- [ ] 2．一定量の水を凍(こお)らせたとき，質量は(　　　)。
- [ ] 3．密閉(みっぺい)容器内でスチールウールを燃焼させると，反応前後の密閉容器全体の質量は(　　　)。
- [ ] 4．化学反応の前後において，反応前の物質の質量と反応後の物質の質量が同じであることを，(　　　)の法則といいます。

解答
1．大きくなる。
2．変化しない
3．変化しない
4．質量保存

月　日

細胞のつくりと感覚器官

図でおさえよう

注 植物細胞には細胞壁・液胞・葉緑体がある。

◎細　胞 → 1

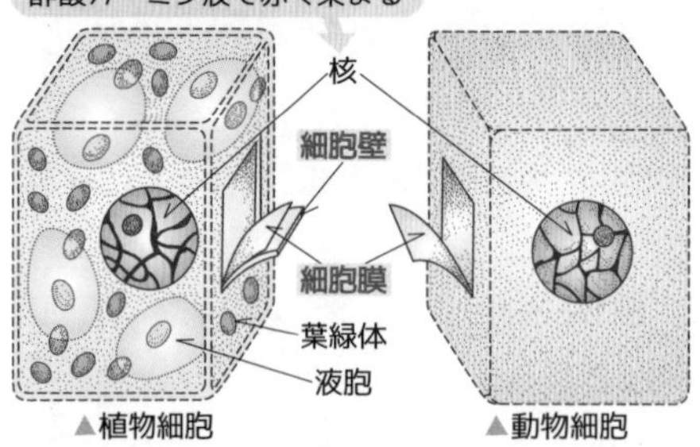

▲植物細胞　▲動物細胞

◎感覚器官 → 2

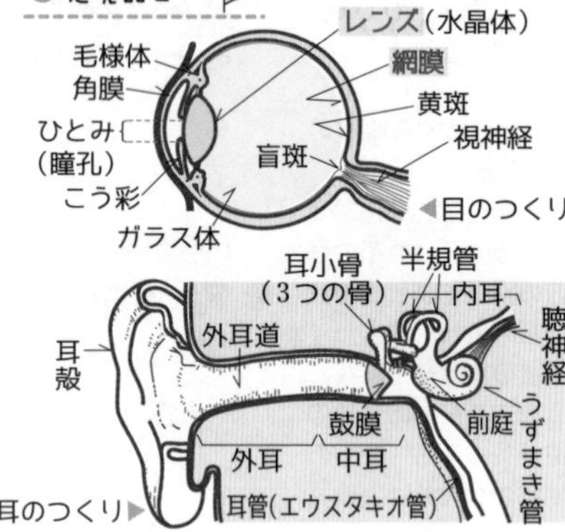

1 細胞のつくり ☆☆☆

注意 動物と植物の細胞

植物細胞には細胞膜の外側にじょうぶな**細胞壁**(さいぼうへき)，貯蔵物質を蓄(たくわ)える発達した**液胞**(えきほう)，緑色植物の**葉緑体**などがあるが，動物細胞にはそれらはない。

参考 タマネギの表皮の観察方法

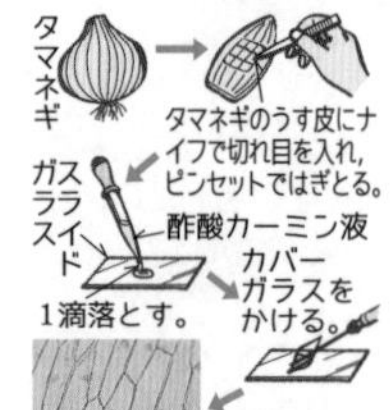

1 細胞(さいぼう)…すべての生物のからだを形づくる基本単位。

2 細胞の形と大きさ…生物の種類や細胞の違(ちが)いにより形はさまざまで，大きさは10〜100 μm程度である。動物の卵のように大きなものもある。
↳マイクロメートル(1 mm＝1000 μm)

コレ重要
☞植物細胞・動物細胞には核・細胞膜(さいぼうまく)が共通してある。

3 細胞のつくりとはたらき

①**核**→親から子に形や性質を伝える**遺伝**(いでん)に関係する。酢酸(さくさん)カーミン液または酢酸オルセイン液で赤色に染まる。
↳酢酸ダーリア液は青紫色

②**細胞質**→呼吸，物質の合成・分解を行う。
↳核のまわりの部分

③**細胞膜**→細胞の外から栄養分をとり入れ，外へ不要物を排出(はいしゅつ)する。
↳細胞質の最も外側

すいすい暗記 細胞(さいぼう)に　必(かなら)ずあるぞ　核(かく)と膜(まく)・質(しつ)
（膜：細胞膜　質：細胞質）

4 単細胞生物と多細胞生物

①**単細胞生物**→1つの細胞からからだがつくられている生物である。
↳ゾウリムシ，アメーバなど

②**多細胞生物**→多くの細胞からからだがつくられている生物である。同じはたらきをする細胞が集まって**組織**をつくり，組織が集まって**器官**となる。
↳器官が集まって個体がつくられる

得点UP
① 細胞のつくりや各部分の名称を覚えよう。
② 感覚器官のつくりとはたらきを理解しておこう。
③ 感覚器官と感覚の違いをしっかりと区別しておこう。

2 感覚器官 ☆☆☆

参考 平衡感覚器官
内耳に，うずまき管とともにある**前庭**は，傾きの向きや大きさ，**半規管**は，からだの回転の方向や速度を感じる**平衡感覚器官**である。

注意 刺激の伝わり方
刺激→感覚器官→感覚神経→脳の順に伝わる。

環境の情報を得るための**刺激**(光，音，熱，化学物質など)を受け入れる**器官**(目，耳，鼻，舌，皮膚)を総称して**感覚器官**という。

1 目(視覚)…光の刺激を**網膜**で受けとる。網膜は光を感じる**視細胞**と**神経細胞**が集まった眼球の内側の膜で，ここに倒立した像を結び，**視神経**を伝わり，大脳に伝達される。（目はカメラのつくりに似ている）

2 耳(聴覚)…音の刺激を受けとる。**鼓膜**の振動が**耳小骨**，**うずまき管**，**聴神経**，**大脳**の順に伝達される。（空気などの振動）

3 鼻(嗅覚)…においを感じる。鼻の粘膜に**嗅細胞**が分布し，においを含んだ空気が入るとその刺激が**嗅神経**によって**大脳**に伝達される。（空気中の化学物質）（鋭敏な細胞であるが，疲労もしやすい）

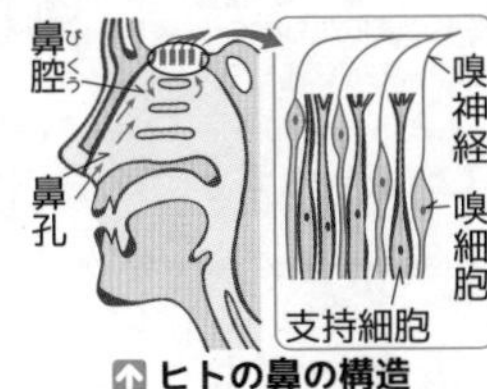

ヒトの鼻の構造

4 舌(味覚)…味を感じる。舌の表面の乳頭の側面の**味覚芽**(**味蕾**)の中に味細胞がある。味の刺激を受けとると，味神経により大脳に伝達される。（水中の化学物質による）（ヒトは甘味，塩味，苦味，酸味，うま味の5種類）

5 皮膚(触覚)…温点，冷点，圧点，痛点の4種類の感覚点がある。温点は**温覚**，冷点は**冷覚**，圧点は**触覚**，痛点は**痛覚**をそれぞれとらえる。（機械的刺激）

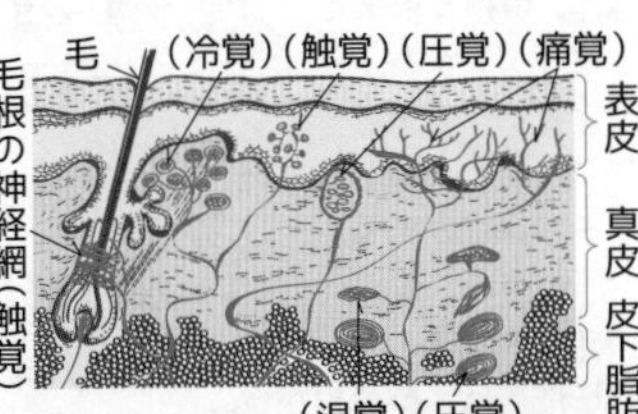

皮膚におけるいろいろな感覚神経

テストに出る 要点チェック

- [ ] 1．生物のからだをつくる基本単位を何といいますか。
- [ ] 2．植物細胞と動物細胞に共通なつくりを2つあげなさい。
- [ ] 3．ゾウリムシのような1つの細胞からなる生物を何といいますか。
- [ ] 4．目や耳など情報を得るための刺激を受けとる器官を何といいますか。
- [ ] 5．実際に音の振動を受けとる耳の部分はどこですか。
- [ ] 6．光の刺激を受けとる目の部分はどこですか。

解答
1. 細胞
2. 核，細胞膜
3. 単細胞生物
4. 感覚器官
5. 鼓膜
6. 網膜

月　日

植物のからだのつくり

図でおさえよう

◎根のつくりとはたらき ➡ 1

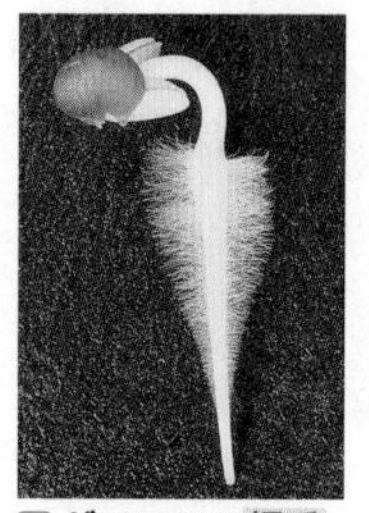

ダイコンの根毛
発芽後の若い根では，根毛が観察しやすい。

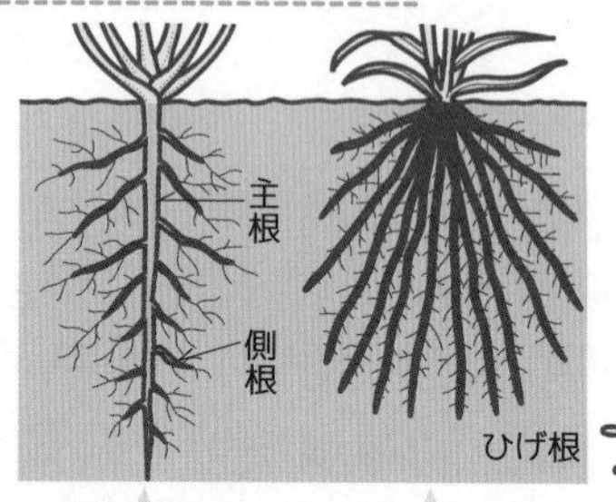

被子植物の双子葉類や裸子植物に見られる。

被子植物の単子葉類に見られる。

根の種類

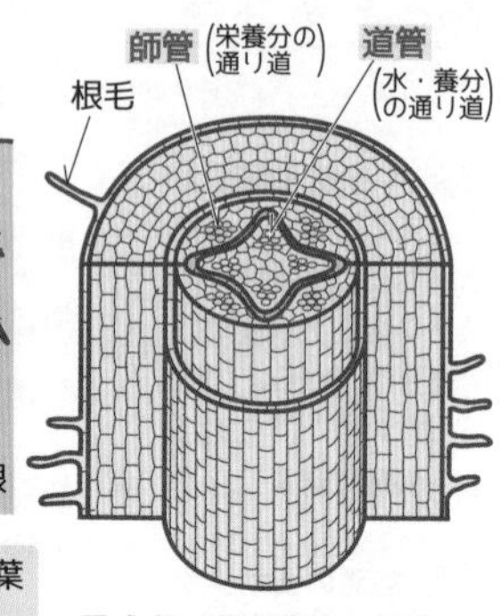

主根と側根をもつ植物の根の内部のつくり

1 根や茎のつくり ☆☆

注意 根の維管束
根の維管束は道管と師管が交互に並ぶ。

参考 植物と栄養分
ダイコンやサツマイモなど，栄養分を一時的にたくわえる貯蔵根をもつ植物がある。

発展 形成層
形成層は，幹や根が太くなるような植物に見られる。ここでは，細胞の数をふやして，茎や根を肥大させるはたらきをしている。木の**年輪**ができるのも，形成層のはたらきによる。

1 根…からだを支え，**水・養分**を吸収する。根の先端（せんたん）はじょうぶな根冠（こんかん）というつくりで，この先端近くの成長点が**細胞分裂**をして根を伸（の）ばす。
（水・養分：植物の成長に必要な無機養分）（根の先端近くの表面に細かい毛のような根毛がある）（成長点：根端分裂組織ともいう）

①**双子葉類の根のつくり**→太い**主根**（しゅこん）を中心に，そこから**側根**（そっこん）が枝分かれしている。

②**単子葉類の根のつくり**→太さが一様で本数の多い**ひげ根**からなる。

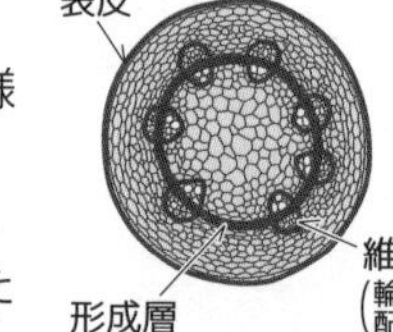

双子葉類の茎の断面

2 茎（くき）…からだを支え，根で吸収された**水・養分**を運び，光合成でつくられたあと，水に溶けやすい状態になった**栄養分**を送る。
（水・養分：水に溶けた無機養分）（栄養分：葉でつくられたデンプンなどの有機物（有機養分））

①**双子葉類の茎のつくり**→**維管束**は**環状**に配列する。木部と師部の間の形成層は茎を太くする。
（木部→道管）（師部→師管）

②**単子葉類の茎のつくり**→**維管束**（いかんそく）は茎全体に**散在**する。

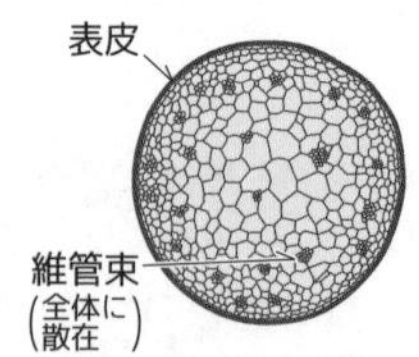

単子葉類の茎の断面

コレ重要
☞ 維管束は水・養分を根から葉などへ送る道管と，光合成でつくられた栄養分を運ぶ師管からなる。

得点UP（アップ）

① 主根や側根，ひげ根をもつ植物の特徴を理解しよう。
② 維管束のつくりとはたらきを覚えよう。
③ 茎・葉の断面図の各部分の名称を覚えよう。

2 葉のつくり ☆☆

1 葉…**光合成**と**蒸散**を行う。

①**つくり**→平らな葉身と**葉柄**からなる。

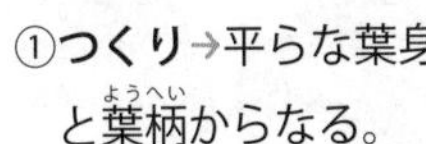

網目状 → **網状脈**

平行 → **平行脈**

②**葉　脈**→葉の**維管束**である。

▶ 単子葉類の葉は細長く，**平行脈**になっている。
　↳イネやトウモロコシ

▶ 双子葉類の葉は幅広く，**網状脈**になっている。
　↳アサガオやサクラ

すいすい暗記　維管束(茎)　中に水あり　内に道管
　　　　　　　　　　　　　　　　　　　　水の通り道

2 内部のつくり…葉の内側には多くの細胞があり，緑色の粒がたくさん含まれている。この緑色の粒を**葉緑体**という。葉緑体があることにより，葉全体が緑色に見える。多くの植物では，裏側の表皮に**孔辺細胞**に囲まれた**気孔**が多く分布している。気孔は水蒸気などの気体が出入りする通り道である。

（↱表側にも存在，表裏の気孔の数に差のない植物もある。）
（気孔：気体が出入りする↲）
（水蒸気など：ほかに二酸化炭素，酸素↲）

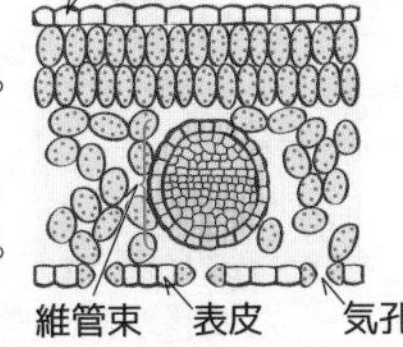

・コレ重要・

☞ 道管→茎では内側，葉では上(表)側
☞ 師管→茎では外側，葉では下(裏)側

参考　葉のつき方

光合成を行うために多くの日光を受けられるようなつき方になっている。

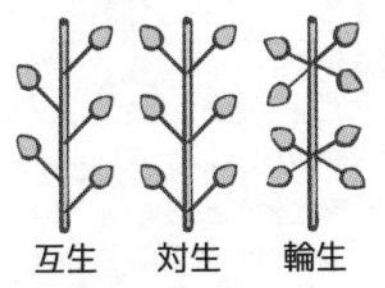

注意　葉と葉緑体

表皮には葉緑体がない。

参考　スイレンの気孔

水面に浮かぶスイレンの葉の裏面には気孔はない。また，オオカナダモやキンギョモの葉の裏面にも気孔はない。

テストに出る要点チェック✓

	問題	解答
□	1．太い根を中心に枝分かれした根を何といいますか。	1．側根
□	2．1のような根をもつ植物は(　　　)類です。	2．双子葉
□	3．葉脈が網目状になっているものを何といいますか。	3．網状脈
□	4．根から吸収された水を通す管を何といいますか。また，葉では葉の上側と下側のどちら側に分布しますか。	4．(名称)道管　(分布)上側
□	5．葉などでつくられた栄養分を通す管を何といいますか。また，茎では内側と外側のどちらに分布しますか。	5．(名称)師管　(分布)外側
□	6．道管と師管の2つの管を合わせて何といいますか。	6．維管束
□	7．孔辺細胞に囲まれた葉のすきまを何といいますか。。	7．気孔

月　日

光合成・蒸散

図でおさえよう

◎光合成のしくみとできるもの ➡ 1

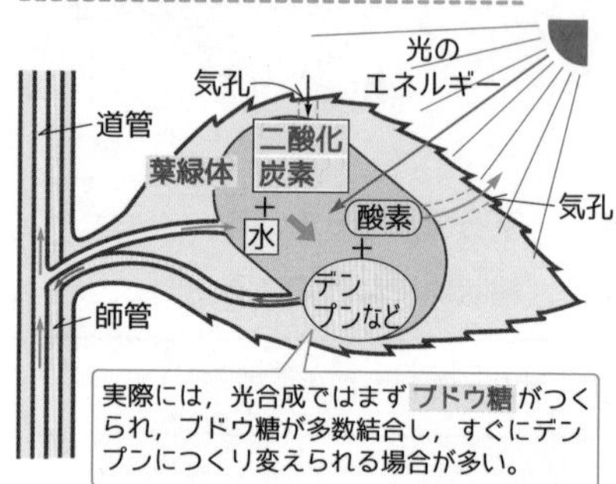

◎葉の蒸散の実験 ➡ 2　　蒸散量➡ア＞イ＞ウ＞エ

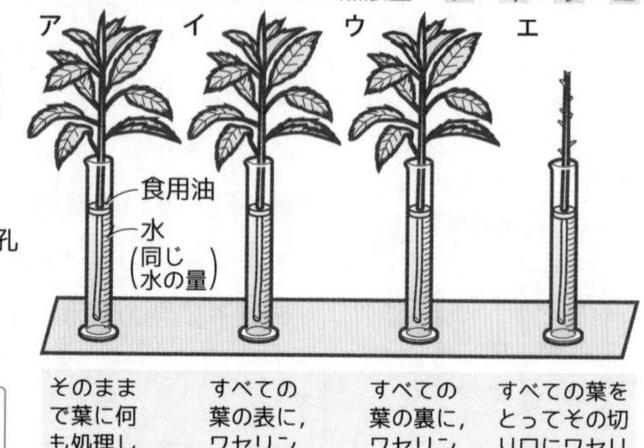

ア	イ	ウ	エ
そのままで葉に何も処理しなかった。	すべての葉の表に，ワセリンを塗った。	すべての葉の裏に，ワセリンを塗った。	すべての葉をとってその切り口にワセリンを塗った。

1 光合成 ☆☆☆

注意 ヨウ素デンプン反応

デンプンができたことを確かめるには，エタノールで緑色を脱色(だっしょく)してヨウ素デンプン反応を行う。

参考 二酸化炭素の吸収

二酸化炭素が使われたことを確かめるには，青色のＢＴＢ液を加えた水に二酸化炭素を吹(ふ)きこんで緑色にしたものに，オオカナダモを入れ，色の変化を確認する。

1 光合成…**緑色の植物**が，**光のエネルギー**を利用して，細胞内(さいぼうない)の**葉緑体**で**根**から吸収した**水**と**気孔**(きこう)から吸収した**二酸化炭素**（無機物）から**糖**（**有機物**）を合成するはたらきをいう。

①このとき，酸素を気孔から放出する。

②多くの植物で糖は**デンプン**に変えられ，葉緑体内にたまる。
（↳ネギ，ユリはデンプンに変えない）

③夜になると水に溶(と)けやすい糖に変えられ，**師管**を通って植物の各部へ移動する。

- ▶細胞が生きるエネルギー源となる。
- ▶糖の一部は細胞の中で根から吸収した窒素(ちっそ)化合物と結合してタンパク質に合成されたり，脂肪につくり変えられたりして植物の細胞をつくる。
- ▶**根**（サツマイモ，ダイコン），**地下茎**（タマネギ／ジャガイモ，ハス），**葉**，**種子**（イネ，ダイズ）に，**デンプン**（サツマイモ），**タンパク質**（ダイズ），**脂肪**(しぼう)（ゴマ）などの形で貯蔵される。

・コレ重要・

☞ 光合成のしくみ　水＋二酸化炭素 ⟶ デンプン＋酸素

2 植物と呼吸…植物も生物であるので，動物と同様に酸素をとり入れ，**二酸化炭素**を出す**呼吸**を行っている。
（↳日中は光合成と呼吸の両方を行う）

すいすい暗記　光合成(こうごうせい)　呼吸(こきゅう)に勝(まさ)れば　酸素(さんそ)多量
（酸素）

得点UP（アップ）

① 光合成の実験の方法を理解しておこう。
② 光合成でできたデンプンが糖に変化し，移動する経路をおさえておこう。
③ 蒸散の実験の方法を理解しておこう。

2 蒸　散 ☆☆☆

参考 蒸散のはたらき
蒸散は温度上昇を防ぎ，植物の体温調節にも役立つ。

注意 気　孔
気孔は水分を水蒸気として出すだけでなく，酸素や二酸化炭素の出入り口にもなる。これらの見かけの出入りは呼吸と光合成の量によって決まる。

1 蒸　散

蒸　散…根で吸収した水が茎を通り，葉から水蒸気として放出されるはたらきをいう。
（茎：道管を通る／水蒸気：塩化コバルト紙で確認することができる）

①**気　孔**→孔辺細胞に囲まれた気孔を開閉することで植物の体内の水分量を調節している。（孔辺細胞：葉緑体をもつ）

閉じた気孔　開いた気孔　孔辺細胞　核　葉緑体

②蒸散は環境条件に左右される。
気孔が開いて蒸散量が多くなるのは，夜より日中である。

③多くの植物で気孔は葉の裏側に多い。そのため蒸散量は葉の裏側からのほうが多い。
（例外としてダイズ，トウモロコシは両面に分布，スイレンは表面に分布）

④**蒸散の役割**は，根からとり入れた水と水に溶けた養分の吸収を促進させることである。（からだ全体に行きわたる）

2 蒸散の実験

同じ枚数の葉をつけた4本の枝を用意し，㋐何もしない，㋑葉の表にワセリンを塗る，㋒葉の裏にワセリンを塗る，㋓葉をすべてとってその切り口にワセリンを塗る，という4つの条件で給水実験をすると，蒸散量は㋐>㋑>㋒>㋓となる。

コレ重要
☞ 植物のからだの中の水は，根から吸水されて道管を通り，葉の気孔から水蒸気として放出される。

テストに出る 要点チェック

- [ ] 1. 緑色の植物が，光エネルギーを利用して無機物から有機物をつくるはたらきを何といいますか。
- [ ] 2. 1によりできるものは，主に何と何ですか。
- [ ] 3. 夜になると，デンプンは水に溶けやすい(①　　)に変化して(②　　)を通り，植物の各部へと移動します。
- [ ] 4. 植物のからだから水分が水蒸気として放出されるはたらきを何といいますか。
- [ ] 5. 気孔を囲み，その開閉に関係する細胞は何ですか。

解答
1. 光合成
2. デンプンと酸素
3. ①糖　②師管
4. 蒸散
5. 孔辺細胞

刺激と運動

図でおさえよう

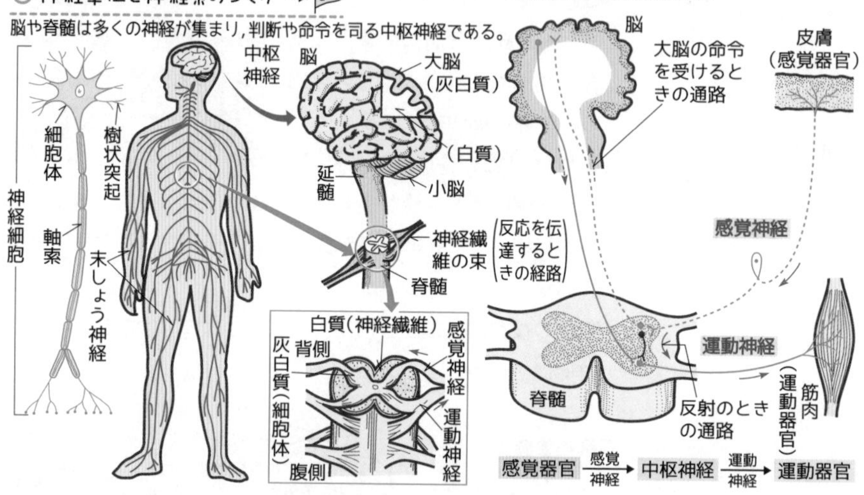

1 神経系 ☆☆

参考 自律神経(じりつ)

内臓に分布する末しょう神経の自律神経には**交感神経**と**副交感神経**があり，内臓のはたらきを調節し，自分の意思とは無関係に活動が行われる。

注意 反 射

刺激に対して脳に刺激の信号が到達する前に，脊髄が命令を出す**反射**は，大脳が命令を出す意識的行動より，反応時間がはやい。

1. **刺激(しげき)の伝わり方**…**感覚器官**で受けとった刺激は**感覚神経**によって**大脳**に伝達される。
2. **中枢神経**…**大脳**，**小脳**，**間脳**，**中脳**，**延髄**(えんずい)，**脊髄**(せきずい)をさし，感覚神経を通って伝わった刺激の信号を**判断**し，必要に応じた反応の**命令**を出す。
   ↳知能の高い動物ほど大脳が大きく形も複雑
3. **末(まっ)しょう神経**…感覚器官が受けた刺激を中枢神経に伝える**感覚神経**，中枢神経からの命令を運動器官に伝える**運動神経**がある。
   ↳細かく枝分かれしてからだのすみずみまでに行きわたっている
4. **神経系**…中枢(ちゅうすう)神経や末しょう神経をもとめて**神経系**といい，**神経細胞**(さいぼう)(ニューロン)が基本の単位となる。
5. **神経細胞**…核をもつ**細胞体**(さいぼう)(神経細胞体)が本体で，**細胞体**から伸びる**樹状突起**(じゅじょうとっき)，さやで包まれた**軸索**(じくさく)からなる。
6. **反　射**…刺激に対して意識とは関係なく起こる反応をいう。

コレ重要

☞ 刺　激→感覚器官→感覚神経→脊髄→脳(中枢神経)
反　応←筋　肉←運動神経←脊髄←脳(中枢神経)

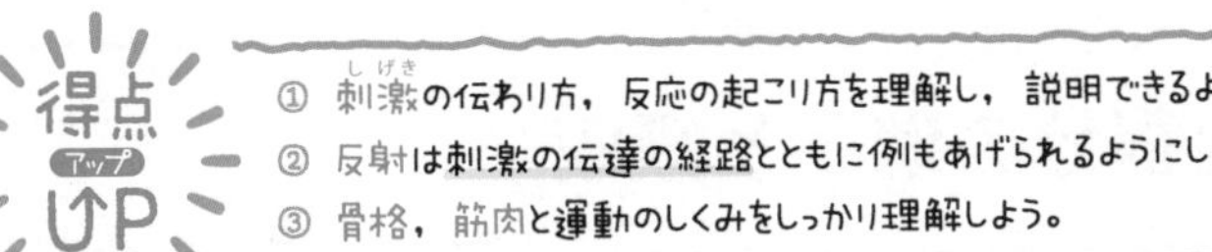

2 運動のしくみ ☆☆☆

参考 ヒトの骨格図

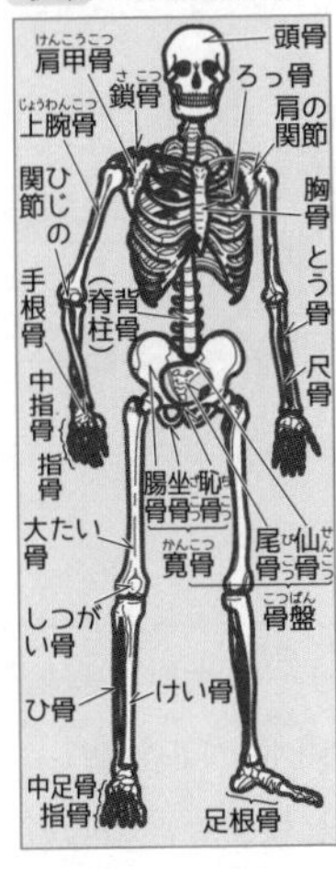

1 運動のしくみ…骨格をもつ動物の運動は敏速に複雑な運動をすることができる。運動は**感覚器官**で受けた刺激が，**脳**へ伝達され感覚となり，**脳**からの命令が**運動神経**を経て**筋肉**へ伝達され，筋肉が収縮して起きる。

2 内骨格と外骨格…セキツイ動物には，内部にある骨格を外にある筋肉でとり巻く**内骨格**がある。昆虫などは，からだの外側に殻（**外骨格**）をもち，内部に筋肉がある。

3 いろいろな動物の運動

①**内骨格をもつ動物**→セキツイ動物は**内骨格**をもち，筋肉の両端の**けん**は，**関節**をはさんで骨につき，対になっている。

②**外骨格をもつ動物**→昆虫などは**外骨格**をもち，内部の筋肉で動かす。

③**骨格をもたない動物**→ミミズなどは**筋肉の伸縮**だけで運動する。

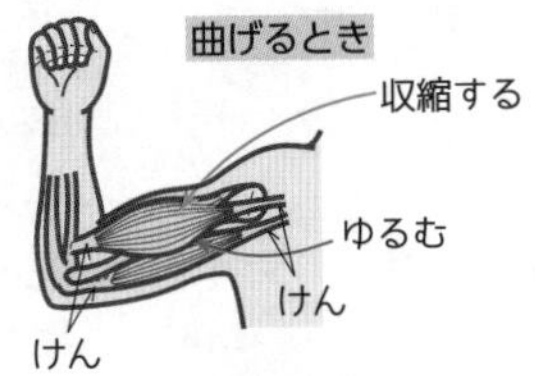

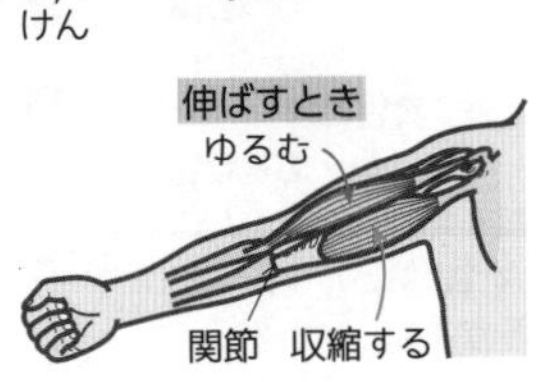

4 単細胞生物…仮足，べん毛，繊毛で動くものがある。
（仮足：アメーバ，べん毛：ミドリムシ，繊毛：ゾウリムシ）

すいすい暗記 暗い中　ひとみ開く　反射なり
（反射：無意識に起こる反応）

テストに出る 要点チェック

□ 1．刺激の伝わり方を，矢印の順に示しなさい。
刺激→(①　　)→(②　　)→脊髄→脳

□ 2．神経系には脳や脊髄などの(①　　)と，それ以外の(②　　)があります。

□ 3．刺激に対して意識とは関係なく起きる反応を何といいますか。

□ 4．セキツイ動物において，手足の屈伸を可能にしているのは，(①　　)をはさんで筋肉が(②　　)の骨についているからです。

解答

1．①感覚器官　②感覚神経
2．①中枢神経　②末しょう神経
3．反射
4．①関節　②2つ

月　日

栄養分の消化と吸収

図でおさえよう　◎ヒトの消化器と消化 ➜ 1　◎小腸のつくり ➜ 2

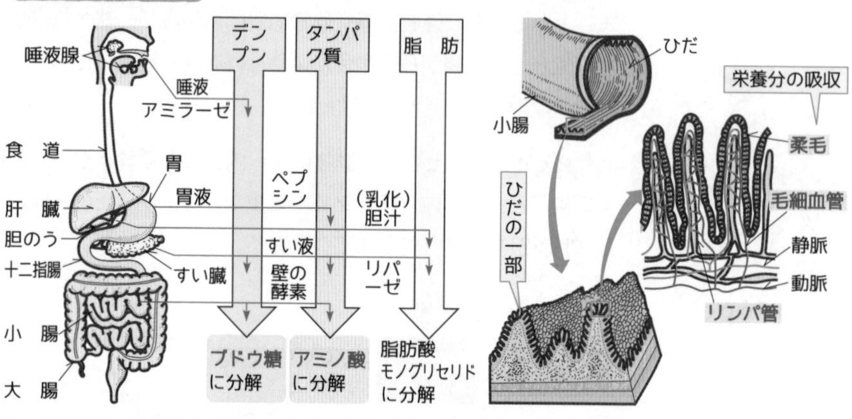

1 消　化 ☆☆☆

参考 食性と歯
草食動物，肉食動物，雑食動物，それぞれの食性にあった歯，消化器官をもっている。

① **消　化**…デンプン，タンパク質，脂肪(しぼう)など分子の大きい有機物を，口でかみくだいて小さくし，消化酵素(こうそ)を使って分解し，糖(ブドウ糖)，アミノ酸，**脂肪酸**，**モノグリセリド**などの吸収(きゅうしゅう)しやすい小さい分子にすることをいう。

② **ヒトの消化器官**…口→食道→胃→十二指腸→小腸→大腸→肛門(こうもん)と続く長い管(消化管)と**肝臓**(かんぞう)，**胆のう**(たん)，**すい臓**がある。

③ 口，胃，すい臓，肝臓などから消化液が分泌(ぶんぴつ)される。
唾液(口の唾液腺)，胃液(胃)，すい液(すい臓)，胆汁(肝臓)が分泌される

④ **消化酵素**…胆汁以外の消化液に含まれる**タンパク質**で，生物のからだの中でつくられる。消化酵素自身は変化しないが，**少量で多量の物質を変化させる**ことができる。
触媒のはたらき
37℃～40℃で最もよくはたらく

2 栄養分の吸収 ☆☆☆

① **栄養分の吸収**(きゅうしゅう)…分解された栄養分は小腸で吸収される。
ブドウ糖やアミノ酸，脂肪酸とモノグリセリド　消化も吸収も行う

② **小腸のつくり**…ヒトの小腸は5～7 m の長い管で，表面には多数のひだがあり，さらに柔毛とよばれる突起がある。
肉食動物は体長の約4倍。草食動物は体長の10倍以上である
長さ1 mm 程度，総表面積は約200 m^2

③ **柔毛**(じゅうもう)**のつくり**…柔毛の中心部に**リンパ管**があり，そのまわりを毛細血管がとり巻いている。

コレ重要
☞ ブドウ糖とアミノ酸は毛細血管に，脂肪酸とモノグリセリドは脂肪になってリンパ管に吸収される。

得点アップUP

① ヒトの消化管の名称とはたらきを解剖図とともに理解しよう。
② デンプン，タンパク質，脂肪の消化と吸収の過程をおさえておこう。
③ 排出のしくみをしっかり理解しておこう。

3 排出器官 ☆☆

1 栄養分の移動と利用…ブドウ糖とアミノ酸は柔毛の毛細血管に吸収され，肝臓に運ばれる（小腸から肝門脈を通る）。ブドウ糖の一部は肝臓でグリコーゲンに合成・貯蔵され（必要に応じてブドウ糖にもどされる），残りは全身の細胞に送られ，エネルギー源となる。アミノ酸は細胞をつくる種々のタンパク質に合成される。脂肪酸とモノグリセリドは再び脂肪に合成され，柔毛のリンパ管に吸収される。一部はリンパ管を通って血液中に（リンパ管→胸管→左鎖骨下静脈），一部は皮下脂肪として貯蔵される。

2 無機物・ビタミン…エネルギー源にはならないが，少量でからだをつくったり，からだに重要なはたらきがある。

3 尿素…有害なアンモニア（刺激臭のある気体で水によく溶ける）は肝臓で無害な尿素に変えられる。

4 腎臓のしくみ…血液中の不要物をこし出して尿をつくる（栄養分など必要なものは血液にもどす）。尿は輸尿管を通り，ぼうこうにためられて排出される。

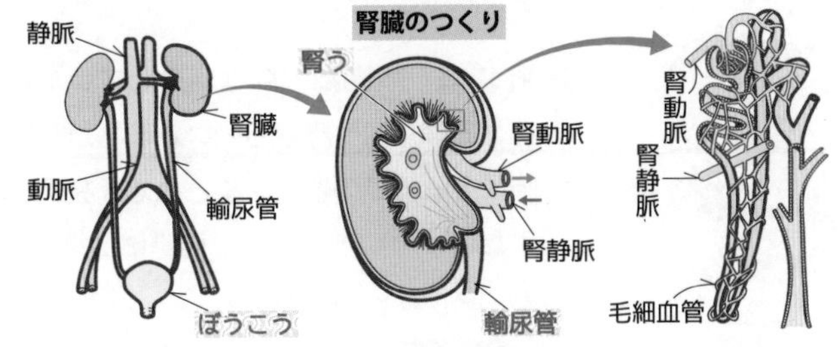

すいすい暗記
アンモニア　尿素退治は　かんじんだ
（肝臓）アンモニア→尿素　（腎臓）尿素は体外へ　肝臓・腎臓

参考 肝臓のはたらき
肝臓は，内臓の中で最も大きい器官で，①～④などのはたらきをする。
①胆汁をつくる。
②ブドウ糖をグリコーゲンとして蓄える。
③タンパク質の分解で生じたアンモニアを毒性の弱い尿素につくり変える。
④解毒作用を行う。

テストに出る 要点チェック

- □ 1. ヒトの消化管は口→食道→(①　　)→小腸→(②　　)→肛門 と続きます。
- □ 2. 消化液に含まれるタンパク質を何といいますか。
- □ 3. 柔毛の毛細血管から吸収される栄養分は何ですか。
- □ 4. 再び合成された脂肪は，柔毛のどの部分に入りますか。
- □ 5. ブドウ糖をグリコーゲンにつくり変え，貯蔵する器官は何ですか。
- □ 6. 尿素をつくる器官はどこですか。
- □ 7. 血しょうから不要物をこし出す器官は何ですか。

解答
1. ①胃　②大腸
2. 消化酵素
3. ブドウ糖，アミノ酸
4. リンパ管
5. 肝臓
6. 肝臓
7. 腎臓

月　日

呼吸とそのしくみ

図でおさえよう

◎ヒトの肺のしくみ → 1

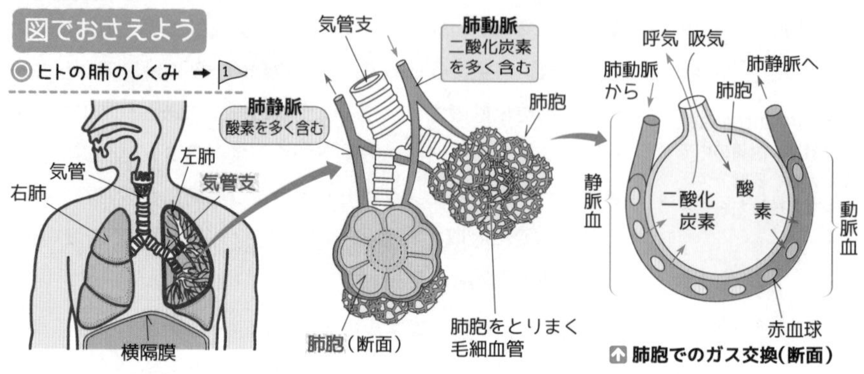

⬆ 肺胞でのガス交換(断面)

1 呼　吸 ☆☆

参考 呼気と吸気の成分

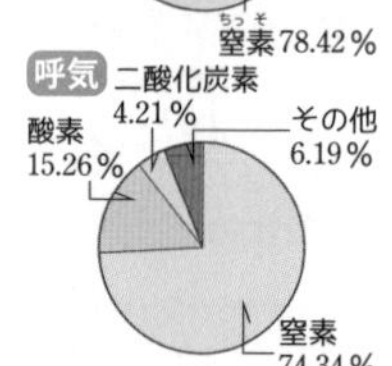

（水蒸気を除いた空気中の気体の体積の割合）

注意 肺　胞

肺胞が無数にあることにより，肺の表面積を大きくして，効率よくガス交換できる。

1 呼　吸…動物が生きていくために必要な**酸素**（吸う息に含まれている）をとり入れ，不要な**二酸化炭素**（はく息とともに放出される）を排出することをいう。陸上生活をする多くのセキツイ動物は**肺呼吸**，水中生活をする多くのセキツイ動物は**えら呼吸**をする。

2 肺呼吸…ホ乳類の肺は発達していて胸腔内に左右 1 対ある。**ヒト**では，口や鼻から吸いこまれた空気が**気管・気管支**を通り，肺に入るまでの器官をまとめて**呼吸系**（それぞれを呼吸器官という）という。気管支（軟骨質の管）の先に小さな袋状の**肺胞**があり，肺胞には網目状に**毛細血管**が分布し，ガス交換が行われる。

・コレ重要・

☞ 酸素と二酸化炭素のガス交換は，肺胞の毛細血管でやりとりされる。

3 細胞の呼吸（細胞呼吸ともいう）

からだを構成している細胞は，酸素を使って栄養分（小腸で吸収された）からエネルギーをとり出し，二酸化炭素を放出している。

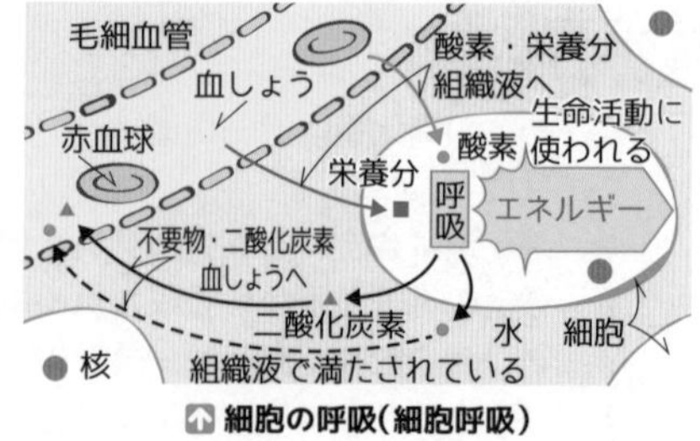

⬆ 細胞の呼吸(細胞呼吸)

すいすい暗記　血しょうが　血管出たら　組織液
しみ出して栄養分や酸素をわたす

得点アップUP

① 肺のつくりとはたらきを図とともにしっかり理解しよう。
② ヒトの肺呼吸のしくみを理解しておこう。
③ ヒトの細胞の呼吸(細胞呼吸)を理解しておこう。

2 呼吸器官と呼吸運動 ☆☆☆

参考 呼吸のしかた
横隔膜を上下させる腹式呼吸と，主にろっ骨をはたらかせて胸をふくらませるような動きの胸式呼吸がある。

1 動物の呼吸器官のつくり

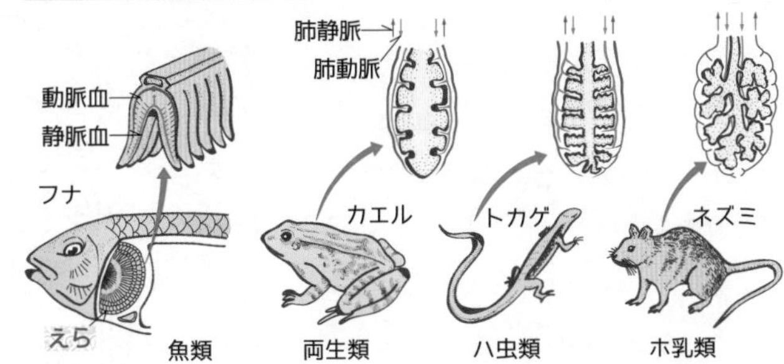

2 ヒトの呼吸運動

ヒトの呼吸運動…肺が入っている**胸腔**(胸部の空間)は，**ろっ骨と，ろっ間筋，横隔膜**(筋肉でできている)に囲まれている。肺には**筋肉**がなく，肺自身は伸縮できないため，呼吸は，この胸腔を広げたり(息を吸う)，縮めたり(息をはく)する運動で行われる。

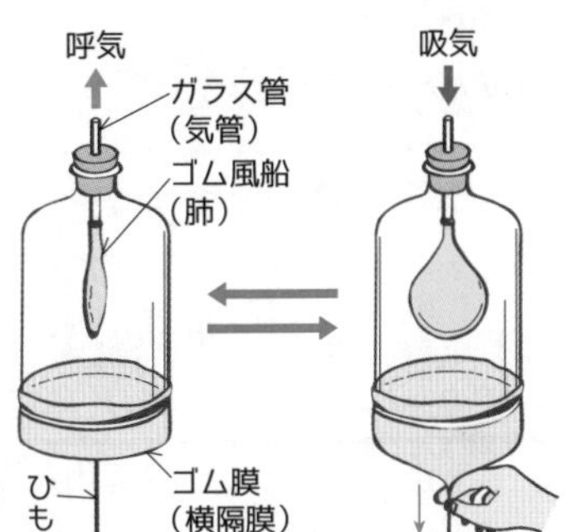

コレ重要
☞ 息をはくとき…ろっ骨が下がり，横隔膜が上がる。
☞ 息を吸うとき…ろっ骨が上がり，横隔膜が下がる。

テストに出る 要点チェック

- □ 1. 細胞の呼吸(細胞呼吸)とは，生活活動に必要な(①　　)を，(②　　)内でつくり出すはたらきです。
- □ 2. ヒトの肺にある小さな袋状のものを何といいますか。
- □ 3. 酸素と二酸化炭素のガス交換は，肺胞と(　　)でやりとりされます。
- □ 4. ヒトの肺呼吸は(①　　)と(②　　)の運動によって行われます。
- □ 5. 肺から出ていく血液は動脈血ですか，静脈血ですか。
- □ 6. 吸気と呼気を比べたとき，酸素を多く含むのはどちらですか。

解答
1. ①エネルギー ②細胞
2. 肺胞
3. 毛細血管
4. ①ろっ骨 ②横隔膜 (①・②は順不同)
5. 動脈血
6. 吸気

月　日

血液とその循環

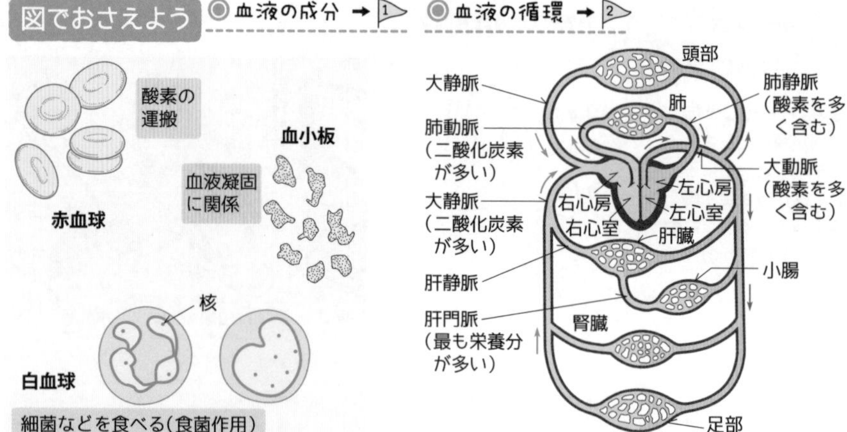

1 血液の成分

☆☆☆

注意 血流の観察

メダカの尾びれの部分を顕微鏡(けんびきょう)で観察すると，赤血球は赤ではなく黄色みを帯びた粒子(りゅうし)として，一定の方向に流れているのが観察できる。

注意 リンパ管とリンパ液

組織液の一部はリンパ球を含(ふく)んだリンパ液としてリンパ管を流れる。リンパ管はからだ中にはりめぐらされ，首の下で静脈と合流する。

① **血液の成分**…液体成分の**血しょう**と固形成分の**赤血球**，**白血球**，**血小板**からなる。
（血しょう：採血して置いておくと液体と分かれてくる）

② **血しょう**…黄色みを帯びた透明(とうめい)な液体で，**栄養分**を細胞に運んだり，**二酸化炭素**や**老廃物(ろうはいぶつ)**を運び出すはたらきをする。血管の外に出たものを**組織液**という。

組織液は細胞のまわりを満たしているよ。

③ **赤血球**…ヒトの赤血球は，**核をもたない**直径約 7 µm の中央がへこんだ円盤状(えんばんじょう)の 1 つの細胞からなる。骨髄(こつずい)でつくられ，**鉄**を含(ふく)む**ヘモグロビン**という色素をもち，酸素の**多い**所では酸素と結びつき，酸素が**少ない**全身の細胞(さいぼう)では酸素を放出する。
（赤血球：酸素と結合するとよりあざやかな赤色になるため，動脈血のほうが静脈血より赤く見える）
（骨髄：骨の内部のやわらかい組織）
（µm：10～25 マイクロメートル(1 ミリメートル=1000 マイクロメートル)）

④ **白血球**…ヒトの白血球は骨髄でつくられ，**核(かく)をもち**赤血球より大きく不定形で，アメーバ運動をして体内に侵入(しんにゅう)した**細菌(さいきん)**や**異物**をとらえてとり除く。リンパ節やひ臓でつくられる**リンパ球**は，白血球より小型で**ウイルス**をとらえる。
（とり除く：食菌作用）

⑤ **血小板**…骨髄内の細胞が切れてできた 1～3 µm の不定形のもので，**出血**したとき，**止血**のはたらきに関与(かんよ)する。

コレ重要

☞ 赤血球は酸素の運搬(うんぱん)をし，白血球は体内に侵入した細菌などを食べる。

得点アップ UP

① 血液の成分とはたらきをおさえておこう。
② 心臓のつくりと血管のつくりを理解しておこう。
③ 血液の循環(じゅんかん)の経路を各器官，血管の名称(めいしょう)とともに覚えよう。

2 心臓のつくりと血管 ☆☆

参考 心臓のつくり

魚類は1心房1心室，両生類とハ虫類は心室が2心房1心室，鳥類，ホ乳類は2心房2心室である。

注意 動脈と静脈

動脈の壁は厚くてじょうぶである。

静脈の壁はうすく，血液の逆流を防ぐ弁がある。

1 心臓のつくり（握りこぶし大で胸部中央左寄り）…ヒトの心臓の内部は壁(かべ)と弁で**2心房2心室**に分かれる。**心房**(しんぼう)と**心室**を交互(こうご)に収縮(しゅうしゅく)させ，**血液を循環**(じゅんかん)させるポンプとしてはたらく。（拍動という）

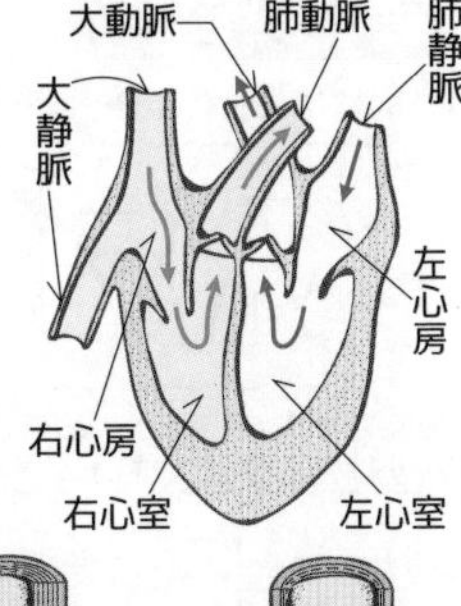

①**右心房**→全身から**静脈血**がもどる。
②**右心室**→右心房からの**静脈血**（二酸化炭素を多く含む）を肺へ送る。
③**左心房**→肺から**動脈血**がもどる。
④**左心室**（筋肉の壁が厚い）→左心房からの**動脈血**（酸素を多く含む）を全身へ送る。

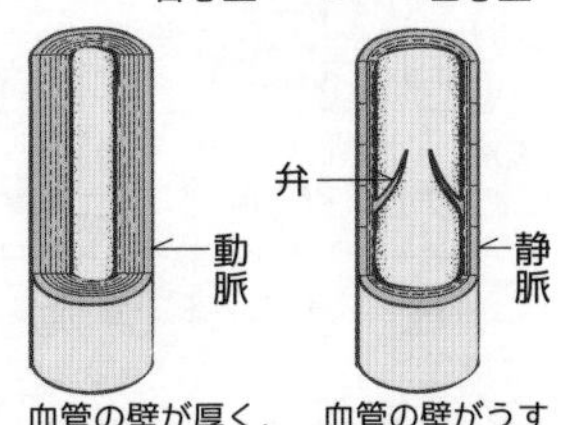

血管の壁が厚く，弾力性がある。
血管の壁がうすく，弁がある。

2 肺循環（右心室→肺→左心房）…体内の**二酸化炭素**を放出し，**酸素**をとり入れる。

3 体循環（左心室→全身→右心房）…からだの各細胞に**酸素**や**栄養分**を与(あた)え，**二酸化炭素**や**老廃物**(ろうはいぶつ)を運び出す。

4 血　管…**動脈**は，心臓から送り出される血液が，**静脈**は，からだの各部から心臓へもどる血液が流れる。**毛細血管**は，動脈と静脈をつなぎ，網目(あみめ)状で壁(かべ)は非常にうすく（1層の細胞からなる），血液中の液体成分(血しょう)の一部がしみ出して細胞をひたす**組織液**（栄養分，老廃物の交換を行う）になる。

すいすい暗記　肺静脈(はいじょうみゃく)　流れる(なが)血液(けつえき)　動脈血(どうみゃくけつ)
肺から心臓へつながる静脈　酸素を多く含んだ血液

テストに出る 要点チェック

□ 1．血液には液体成分の(①　　)と固形成分の(②　　)，白血球，血小板があります。
□ 2．赤血球と白血球のはたらきはそれぞれ何ですか。簡潔に答えなさい。
□ 3．ヒトの心臓のつくりは何心房(しんぼう)何心室ですか。
□ 4．心臓から送り出される血液が流れる血管は何ですか。
□ 5．心臓→肺以外の全身→心臓という血液の循環(じゅんかん)を何といいますか。

解答

1．①血しょう　②赤血球
2．(赤血球)酸素を運ぶ。(白血球)細菌(さいきん)をとらえてとり除(のぞ)く。
3．2心房2心室
4．動脈
5．体循環

圧力と大気圧

図でおさえよう

◎面にはたらく力 → 1

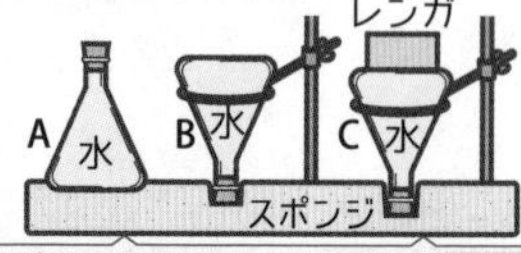

おす力が大きいほど，おす面積が小さいほど，おすはたらきは大きい。

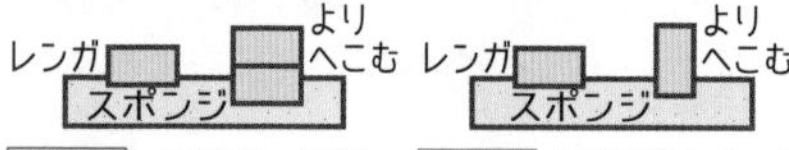

◎圧　力 → 1

圧　力 → 単位面積あたりの面を垂直におす力

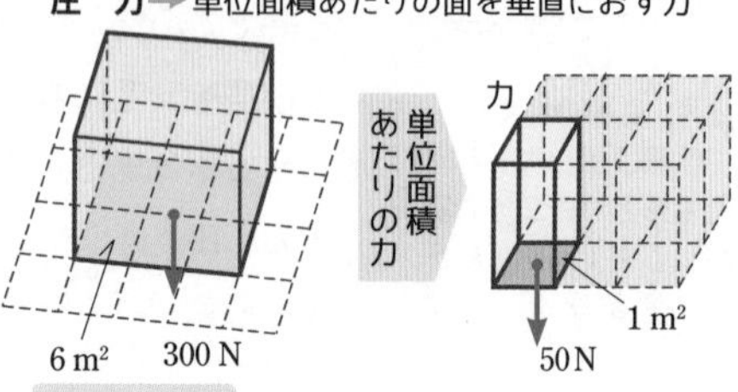

圧　力	$\frac{300\ \mathrm{N}}{6\ \mathrm{m^2}}=50\ \mathrm{N/m^2}(=50\ \mathrm{Pa})$
底面全体を垂直におす力	$50\ \mathrm{N/m^2}\times 6\ \mathrm{m^2}=300\ \mathrm{N}$

1 圧　力 ☆☆☆

注意 面積と圧力

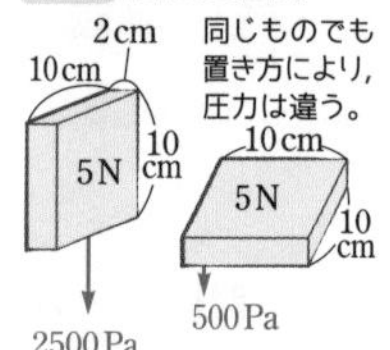

物体全体での重力の大きさは同じであるが，それを受ける面積が異なる。

1 面をへこませるはたらき…スポンジや粘土（ねんど）に力をくわえると面がへこみ，スポンジや粘土は変形する。

①**おす力が一定のとき**→おす面積が小さいほど，へこみが深くなる。（小さい→力を受ける面積が小さい）

②**おす面積が一定のとき**→おす力が大きいほど，へこみが深くなる。（大きい→面を垂直におす力が大きい）

・コレ重要・

☞ おす力が大きいほど／おす面積が小さいほど ｝面をおすはたらきが大きい。

2 圧　力…面をおす力のはたらきの大小を比べるのに圧力を用い，$1\ \mathrm{m^2}$ あたりの面を垂直におす力の大きさで表す。（あたり→単位面積あたり）

・コレ重要・

☞ $圧力〔\mathrm{Pa},\ \mathrm{N/m^2}〕=\dfrac{面を垂直におす力〔\mathrm{N}〕}{力を受ける面積〔\mathrm{m^2}〕}$

3 圧力の単位…$\mathrm{N/m^2}$，Pa（パスカル），$\mathrm{N/cm^2}$ などがある。（$\mathrm{N/m^2}$→ニュートン毎平方メートル）（$1\ \mathrm{N/m^2}=0.0001\ \mathrm{N/cm^2}$）

$1\ \mathrm{N/m^2}=$ **1** Pa。100 Pa＝**1 hPa**（ヘクトパスカル）（→ほかに $\mathrm{N/cm^2}$ も使われる）

すいすい暗記	ニュートンを 広（ひろ）さで割（わ）れば パスカルに
	N(力の大きさ)　面積($\mathrm{m^2}$)　圧力(Pa，$\mathrm{N/m^2}$)

得点UP
① 圧力の計算ができるようにしておこう。
② ニュートン，パスカルという力に関する単位を理解しておこう。
③ 大気圧の特徴をしっかりつかみ，圧力との関係を理解しておこう。

2 大気圧 ☆☆

注意 気圧と変化
大気圧は大気の重さによってはたらき，標高が高くなるほど大気圧は小さくなる。高い山の山頂で，持って行った菓子袋がふくらむのは，まわりの気圧が山のふもとに比べ，小さくなったためである。

1 空気の重さを測定する…スプレーのあき缶の質量をはかったあと，自転車用空気入れであき缶に空気をおしこむ。空気をおしこんだあき缶の質量を（空気を入れすぎないように気をつける）はかると，初めより重くなっている。このことから，空気には重さがあることが（0℃，1気圧で約 1.3 kg/m³）わかる。

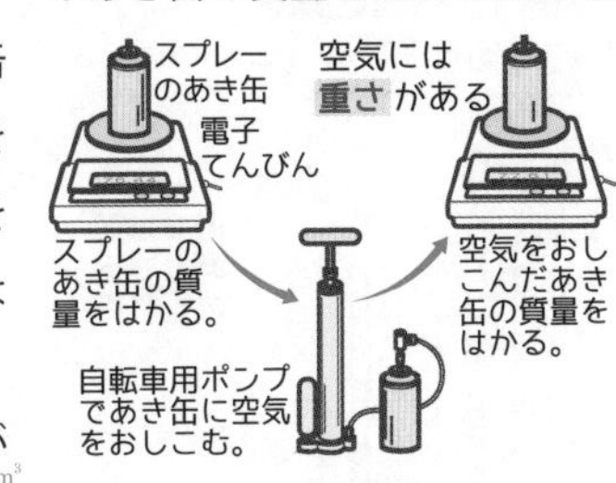

2 大　気…地球をとりまいている気体の層を**大気**といい，地表から高くなるほどうすくなる。地表に近い所の大気を特に空気という。

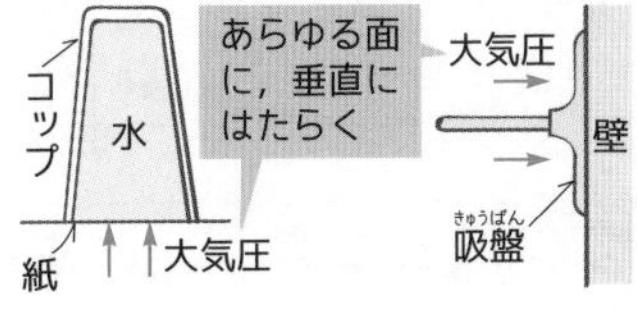

3 大気圧…大気の重さによって生じる圧力を**大気圧**（気圧ともいう）という。大気圧は，物体のあらゆる面に**垂直**（吸盤が壁にくっつく）にはたらく。

4 大気圧の大きさ…地表付近（海面）の大気圧は，約**1**気圧である。

1 気圧＝1013 hPa

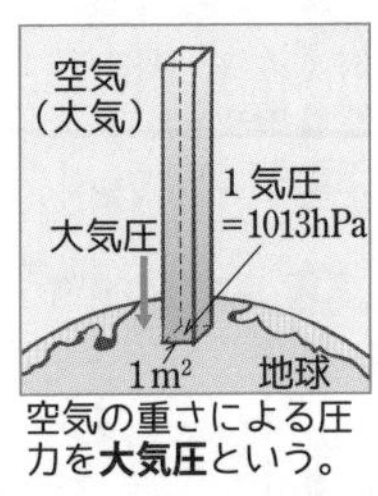

空気の重さによる圧力を**大気圧**という。

テストに出る 要点チェック

□ 1．面をおす力が同じとき，おす面積が大きいほど，面のへこみはどのようになりますか。
□ 2．圧力の単位を1つ答えなさい。
□ 3．物体を水平面上に置いたとき，物体が水平面をおす力の大きさは，物体の何に等しいですか。

□ 4．空気にはたらく重力により，地上にある物体などにかかる圧力を何といいますか。
□ 5．一般に，4は，上空にいく（標高が高くなる）ほどどのようになりますか。

解答
1．小さくなる。
2．Pa，N/m² など
3．重さ
4．大気圧（気圧）
5．小さくなる。

気象の観察と天気図

図でおさえよう

◎気象の観察 → 1

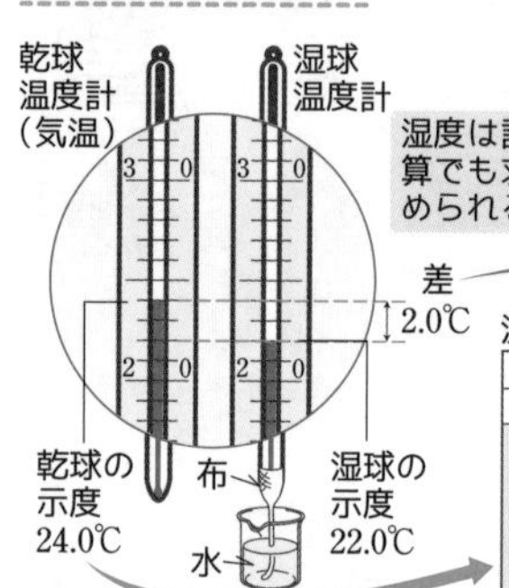

湿度は計算でも求められる。

差 2.0℃

湿度表の一部

		乾球と湿球との示度の差〔℃〕						
		0.0	0.5	1.0	1.5	2.0	2.5	3.0
乾球の示度〔℃〕	28	100	96	92	88	85	81	77
	27	100	96	92	88	84	81	77
	26	100	96	92	88	84	80	76
	25	100	96	92	88	84	80	76
	24	100	96	91	87	83	79	75
	23	100	96	91	87	83	79	75

湿度 83%

16方位

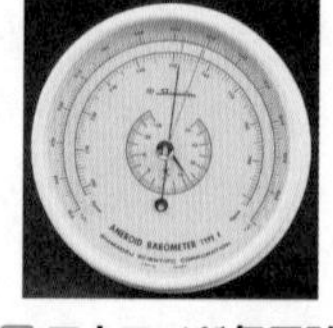
アネロイド気圧計

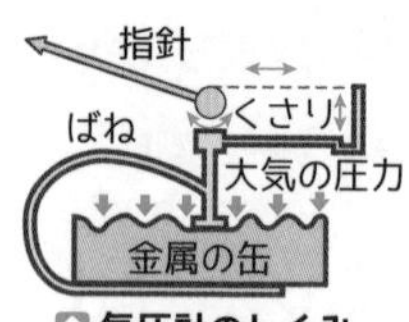

気圧計のしくみ

受水器
35°
ろうと
外壁
バケツ
貯水びん
雨量計

1 気象の観察 ☆

1 気　象…風，雲，雨，気温の変化や，風向・風力などの大気中で起こるさまざまな現象を**気象**という。現在は，**アメダス**（AMeDAS（地域気象観測システム））により，気象観測が行われている。（全国約1300地点のデータは，天気予報などに利用されている）

2 雲　量…空全体に占（し）める雲の割合を**11段階**で分類したもの。

3 気温の観測…**温度計**を用いる。

4 湿度（しつど）の観測…空気の湿（しめ）り具合を**乾湿計**を使って求める。（湿度表から読みとる）

5 気圧の観測…大気の層による圧力を**大気圧（気圧）**という。（単位はヘクトパスカル（記号 hPa））（アネロイド気圧計や水銀気圧計を用いる）

6 雨量の観測…**雨量計**を用いて一定面積の場所に降った雨水をため，一定時間に降った雨量をはかる。

7 風向・風力の観測…風向計で，風の吹く方向を**16方位**で表す。風力計で，風速（m/s）を表すか，**風力階級**を使う。

◆風力階級

階級	風速〔m/s〕	陸上の状態
0	0〜0.2	煙がまっすぐ上昇。
1	0.3〜1.5	煙がなびく。
2	1.6〜3.3	顔に風を感じる。木の葉がゆれる。
3	3.4〜5.4	木の葉や細い枝がたえず動く。
4	5.5〜7.9	砂ぼこりがたつ。小枝が動く。
5	8.0〜10.7	葉の茂った木がゆれ，池や海に波頭がたつ。
6	10.8〜13.8	大枝が動く。電線が鳴る。
7	13.9〜17.1	木全体がゆれ，風に向かって歩きにくい。
8	17.2〜20.7	小枝が折れ，風に向かって歩けない。
9	20.8〜24.4	建物に少し損害が起こる。
10	24.5〜28.4	木が根こそぎ倒れる。
11	28.5〜32.6	めったにないほどの大損害が起こる。
12	32.7以上	被害は大きくなる。

注意 雲量と天気

雲量0，1…快晴
雲量2〜8…晴れ
雲量9，10…くもり

注意 温度計の観測

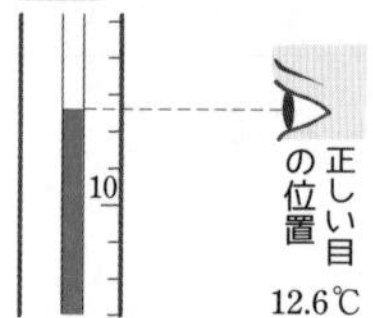

参考 百葉箱

百葉箱は，温度計などを入れておき，直射日光を避（さ）け，空気の流れをよくするようにされている。

百葉箱

得点アップUP

① 乾湿計と湿度表を用いた湿度の求め方を覚えよう。
② 天気や風向・風力を記号で表すことができるようにしよう。
③ 気圧・気温・湿度の変化による天気のようすをおさえよう。

2 天気図 ☆☆

注意 天気図記号の描き方

例 北東の風 風力7 晴れ

1 天気図記号…天気は**雲量**と**降水**のようすによって区別する。
↳p.88 参照

コレ重要
☞ 快晴◯　晴れ⦶　くもり◎　雨●　雪⊗　霧⊙

2 高気圧・低気圧…同じ気圧を示す地点を結ぶ閉じた曲線（等圧線）の中に，**高**または**低**の文字で示す。
（高気圧：↳周辺より気圧が高い　低気圧：↳周辺より気圧が低い）
↳高はH，低はLと書くこともある

3 前　線…一般に前線付近の天気は**悪い**。
↳性質の異なる気団が接する面が地面と交わるところ

4 等圧線…気圧の等しい地点をなめらかな曲線で結んだものを**等圧線**という。
↳ふつう1000 hPaを基準として，4 hPaごとにひき，20 hPaごとに太い線で引く

3 気象の変化と天気 ☆☆

1 気圧の変化と天気…一般に，気圧が高くなると**晴れる**ことが多く，気圧が低くなると，**くもり**や**雨**になることが多い。

2 気温・湿度の変化と天気…晴れた日は，明け方に最低気温，午後2時ごろに**最高気温**となる。気温が**上がる**と湿度が**下がり**，気温が**下がる**と湿度が**上がる**。雨やくもりの日は**湿度が高く**，気温や湿度の変化は**少ない**。
↳雲によって，太陽光や地面からの放熱がさえぎられるため

注意 気温と湿度の変化と天気

晴れた日には，太陽の光による熱が，まず地面に伝わり，地面の熱が空気に伝わって気温が上がる。

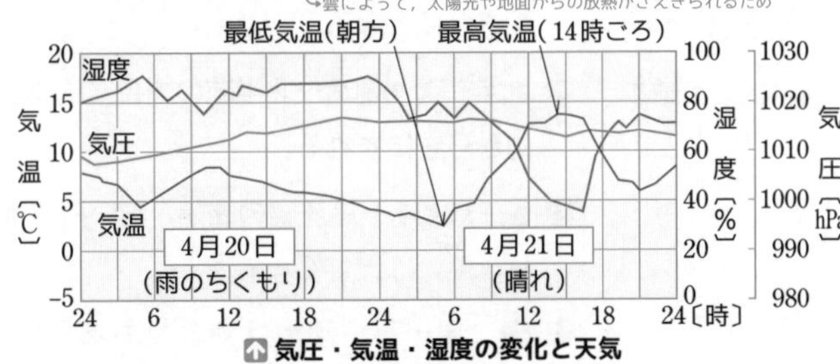

↑ 気圧・気温・湿度の変化と天気

すいすい暗記　雲の量は 0，1 快晴　9 くもり
（雲量）

テストに出る要点チェック

☐ 1．右の天気図記号が示す天気は何ですか。
☐ 2．右図が示している風向と風力をそれぞれ答えなさい。
☐ 3．天気図で，気圧の等しい地点を結んだ曲線を何といいますか。

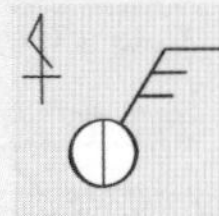

解答
1．晴れ
2．（風向）北東　（風力）3
3．等圧線

月　日

気圧と風

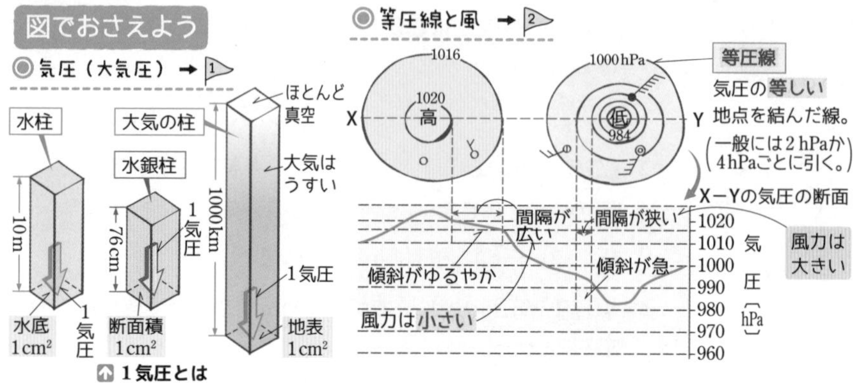

1気圧とは

1 気　圧 ☆

1 気　圧…大気の重さによる圧力を**気圧**という。地表面の気圧の大きさは約 **1013** hPa であり，これを **1 気圧**という。
（気圧：または大気圧）（1気圧：水銀の柱では，76 cm の高さになる）

2 高さと気圧の変化…海面からの高さが高くなればなるほど，その上にある空気の量は**減り**，気圧は**低く**なる。
（海面から 3 km くらいまでは，100 m 高くなるにつれて，10〜12 hPa の割合で低くなる）

2 気圧と風の吹き方 ☆☆

注意　等圧線の間隔（かんかく）
►狭い→風力大
►広い→風力小

1 風の吹き方…大気は気圧の**高い**所から**低い**所に移動する。この動きが風となる。

2 北半球での風向…北半球の場合，風向きは，等圧線に垂直な方向から**右**にずれる。

3 等圧線と風…等圧線の間隔（かんかく）が**狭い所**では，気圧の変化が急になり，風力は**大きく**なる。

4 海（うみ）　風（かぜ）…昼，陸地は海よりもあたたまりやすいので，陸地で上向きの大気の流れが，海上で下向きの大気の流れが起こる。
（海風：海から陸上に吹く風）（上向きの大気の流れ：上昇気流）（下向きの大気の流れ：下降気流）

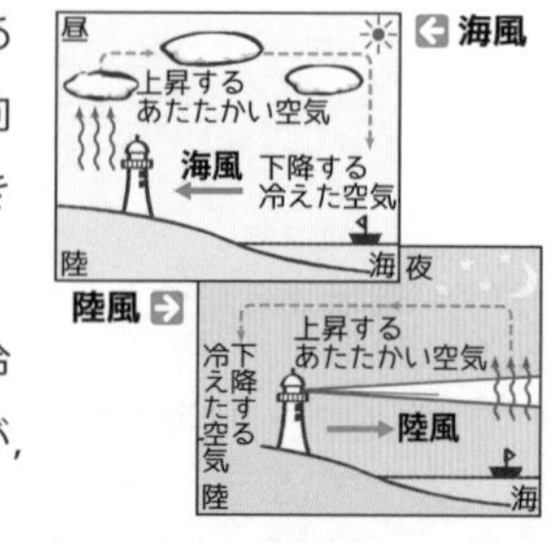

5 陸（りく）　風（かぜ）…夜，陸地は海よりも冷めやすいので，陸地で下降気流が，海上で上昇気流が起こる。
（陸風：陸上から海へ吹く風）

すいすい暗記　温度差（おんどさ）と　気圧（きあつ）の変化（へんか）が　風（かぜ）を産（う）む
（高圧部（高気圧）から低圧部（低気圧）へ）

① 北半球での風の吹き方や風の強さは，しっかり理解しよう。
② 高気圧・低気圧の中心付近の風や気流については，整理しておこう。
③ 高気圧・低気圧の中心付近の天気についてその理由をおさえておこう。

3 高気圧と低気圧 ☆☆☆

注意 気圧と風の吹き方

➡ 高気圧

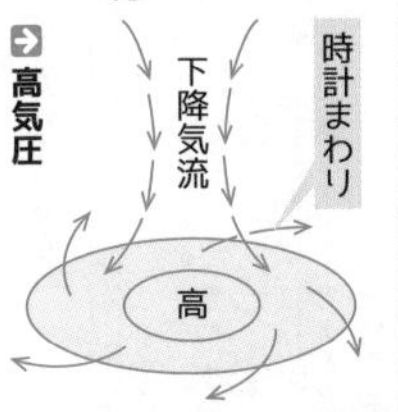

➡ 低気圧

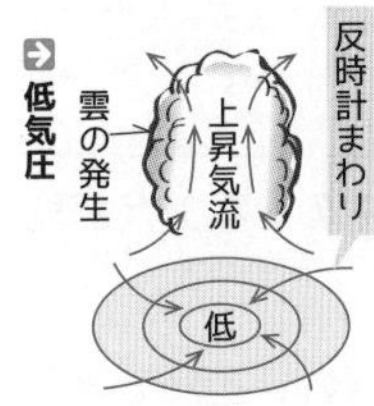

参考 南半球の高気圧と低気圧

南半球では，高気圧は，左まわりに風が吹き出し，低気圧では，右まわりに風が吹きこむ。

1 高気圧…中心にいくほど気圧が高くなっている所を**高気圧**といい，中心付近では**下降気流**（空気が上空から地上へ向かって移動する）が生じている。高気圧の下の地表面では，中心から**右まわり（時計まわり）**に風が吹き出しており（吹き出す風は弱い），一般に天気は晴れになることが多い。

2 低気圧…中心にいくほど気圧が低くなっている所を**低気圧**といい，中心付近では**上昇気流**（空気が地上から上空へ向かって移動する）が生じている。低気圧の下の地表面では，中心から**左まわり（反時計まわり）**に風がふきこんでおり（吹きこむ風は強い），雲が発達しやすい（くもりや雨になることが多い）。高気圧から低気圧へ向かって風が吹く。

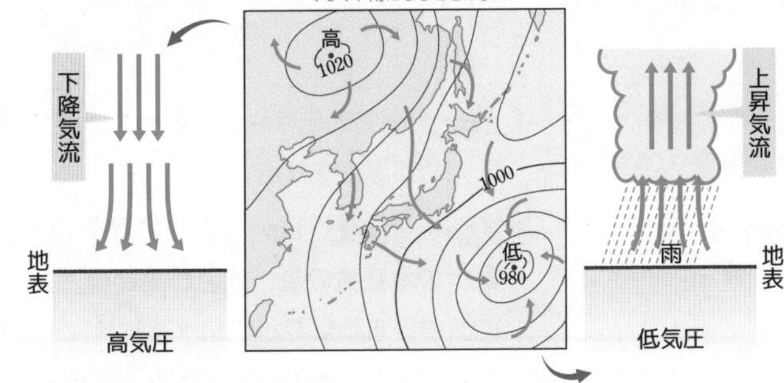

コレ重要

☞ 高気圧…地表では下降気流で雲を消滅させ，晴れることが多い。
☞ 低気圧…地表では上昇気流で雲を発生させ，くもりや雨になりやすい。

空気は，気圧の高いところから低いところへ移動して風を生じるよ。

テストに出る要点チェック

- [ ] 1．大気の重さによる圧力のことを何といいますか。
- [ ] 2．1気圧は，およそ何 hPa ですか。
- [ ] 3．中心にいくほど，気圧が高くなっていく所を何といいますか。
- [ ] 4．3 の下の地表面においては，風は中心からどう吹いていますか。
- [ ] 5．低気圧付近では，天気はどのようになっていますか。

解答

1．気圧（大気圧）
2．1013 hPa
3．高気圧
4．右回りに吹き出している。
5．くもりまたは雨

月　日

雲の発生と水の循環

図でおさえよう

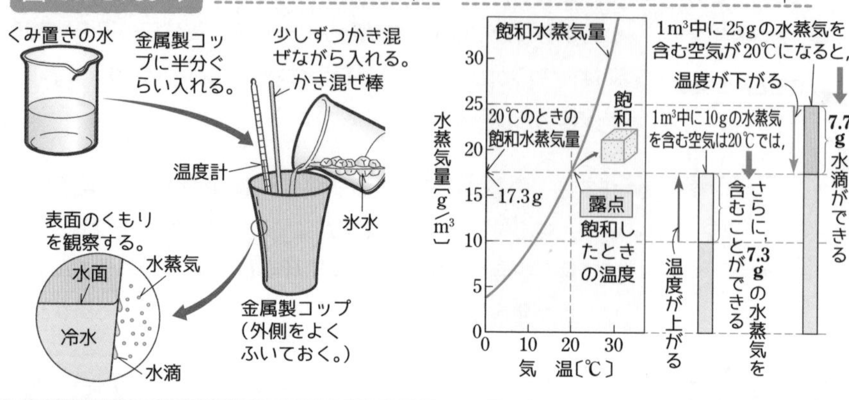

1 飽和水蒸気量と湿度 ☆☆

参考 湯気

沸騰した水の入ったやかんの口からでる湯気は，高温の水蒸気が冷やされて水滴に変化したものである。

① **露点**…空気を冷やしていったとき，空気中の水蒸気が凝結し始める温度を**露点**という。

② **飽和水蒸気量**…1 m³ 中の空気がその気温で含むことができる**最大の水蒸気の量**。気温が高いほど，飽和水蒸気量は**大きく**，空気中の水蒸気量が飽和水蒸気量に達したときの温度が**露点**（湿度が100%）である。気温が**露点以下**になると，空気中に含みきれなくなった**水蒸気**が**水滴**になって出てくる（凝結という）。

③ **湿度**（相対湿度）…その気温での飽和水蒸気量に対する空気中の**水蒸気量の割合**を表す。

・コレ重要・

☞ $$\text{湿度}[\%]=\frac{1\,\text{m}^3\text{の空気中に含まれている水蒸気の量}[\text{g/m}^3]}{\text{その気温での飽和水蒸気量}[\text{g/m}^3]}\times 100$$

2 雲のでき方 ☆☆☆

注意 雲のでき方

上昇する空気が膨張し，まわりの空気と熱のやりとりがなく，温度が下がる。

① **雲のでき方**…上昇気流により空気が上昇し，気圧が**低く**なって**膨張**する（よって，低気圧では，雲ができやすい。）。空気の温度が**下**がり，露点以下で水滴，0℃以下で氷の粒になる（上空の場合は雲，地表付近の場合は霧）。

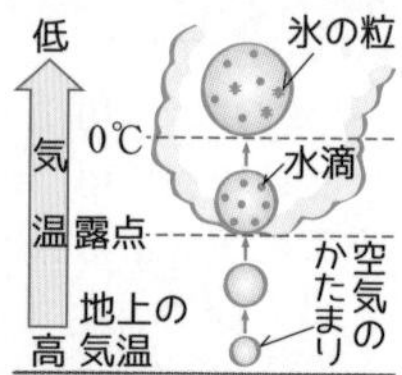

すいすい暗記
水蒸気 露点に達し 雲できる
（空気中に含まれる 上昇して 水滴や氷となる）

① 湿度の計算ができるようになろう。
② 雲のでき方を，雲をつくる実験と合わせて理解しよう。
③ 大気の間を循環する水について，説明できるようになろう。

注意 雲をつくる実験
ピストンを引くと，空気が膨張する。
→温度が下がる。
→白くくもる。
ピストンをおすと，空気が圧縮する。
→温度が上がる。
→白いくもりが消える。

② **雲をつくる実験**…ピストンを引いてフラスコ内の空気を**膨張**させると，温度が**下がり**，水蒸気が水滴に変わる。
↳空気が膨張して，まわりの空気との熱のやりとりがなくなる

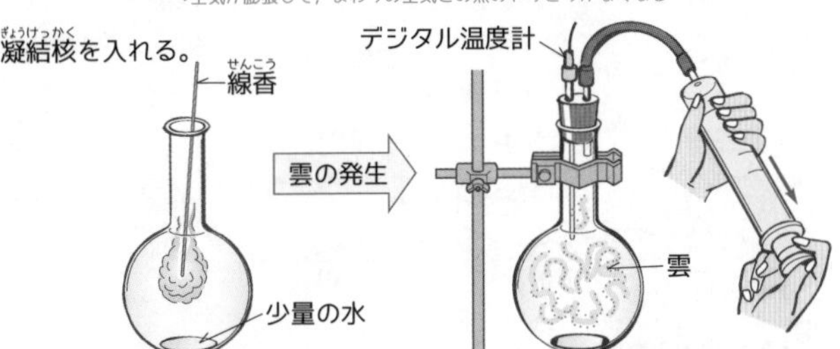

フラスコに少量の水と線香の煙を入れる(水と煙は，雲ができるための水分と凝結核)。

注射器のピストンを急に引くと，温度が下がり，フラスコの中に雲が発生。

3 降水と水の循環 ☆

参考 雨粒の大きさ
雨粒の大きさにはいろいろあるが，霧雨で直径が0.1〜0.5 mm，中程度の雨の粒の大きなもので2〜3 mm，雷雨で4〜5 mmぐらいである。

① **降 水**…雲をつくっている**水**滴や氷の**結晶**が成長し，雨や雪となって，地上に降ってきたものを**降水**という。
↳液体から固体
↱雨や雪

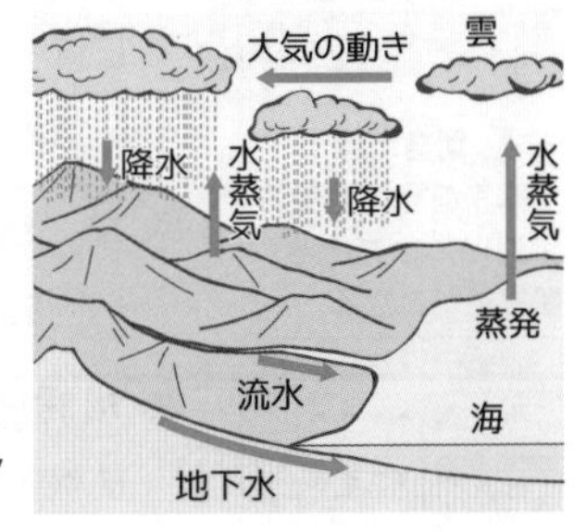

② **水の循環**…海から蒸発した**水蒸気**が，冷やされて**雲**をつくり，大気の動きによって，陸地で**雨**や雪となって**降水**が起こる。地上に降った雨は，川や地下水となって海に流れていく。このようにして，地球上で水は**循環**し，天気が変化していく。その水や大気の循環の源は，すべて**太陽のエネルギー**による。
↳液体から気体
気体から液体・固体↵

テストに出る 要点チェック

☐ 1．飽和水蒸気量は，気温が下がるとどのように変化しますか。

☐ 2．15℃で湿度60％の空気1 m^3中には，水蒸気が何g含まれていますか。ただし，15℃の飽和水蒸気量は12.8 g/m^3です。

☐ 3．雲をつくっている水滴や氷の結晶が大きくなり，地上に落下してきたものをまとめて何といいますか。

☐ 4．地球上の水の循環は何のエネルギーによりますか。

解答

1．小さくなる。
2．7.68 g
(＝12.8×0.6)
3．降 水
4．太 陽

前線と天気の変化

図でおさえよう

◎ 温暖前線 → 1

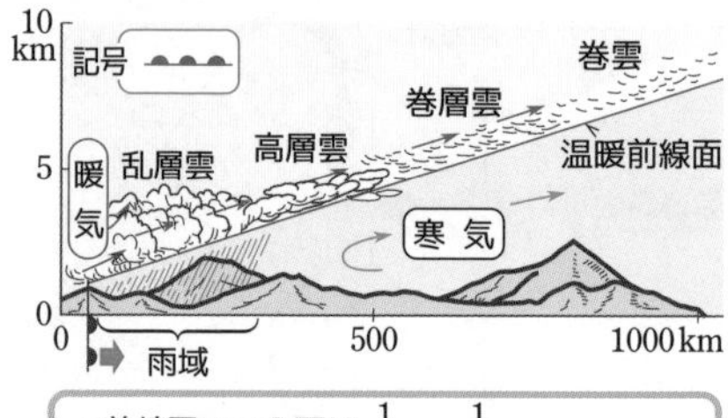

◎ 寒冷前線 → 1

巻雲
10 km
記号
積乱雲
高積雲
寒冷前線面
層積雲
5
積雲
寒気
暖気
寒気の鼻
0
600 km　200　100　0
雨域

・前線面のこう配は$\frac{1}{50}$～$\frac{1}{100}$

1 気団と前線

☆☆☆

注意 閉塞(へいそく)前線

寒冷前線が温暖前線に追いついたときに，閉塞前線となる。

前線名	記号	進む向き
温暖前線		↑
寒冷前線		↓
停滞前線		
閉塞前線		↑

前線の記号

1 **気　団**…大陸や海洋などで広い範囲(はんい)にわたり，気温・湿度(しつど)がほぼ一様なかたまりができる。これを**気団**という。気温の低い**寒気団**と気温の高い**暖気団**がある。

2 **前　線**…性質の違(ちが)う気団が接したときの境界面を**前線面**といい，前線面が地表に接しているところを**前線**という。

3 **温暖前線**…**暖気**が**寒気**の上にはい上がり，寒気をおし進める前線を，**温暖前線**という。
↳雨域は，東側 300 km くらい

4 **寒冷前線**…寒気が暖気の下にもぐりこみ，暖気をおし上げるようにして進むときにできる前線を**寒冷前線**という。
雨域は，西側 70 km くらい↩

5 **温帯低気圧**…寒気団と暖気団の間の前線上にうずができると
↳中緯度・高緯度で発生する低気圧をいう
温帯低気圧が発生し，南東に**温暖前線**が，南西に**寒冷前線**が延(の)びることが多い。

6 **停滞(ていたい)前線**…寒気と暖気の勢力がほぼ同じくらいのときはほとんど動かない**停滞前線**となる。**梅雨**(ばいう(つゆ))や９月の**秋雨**(あきさめ)をもたらす。
↳前線の北側が雨域になる

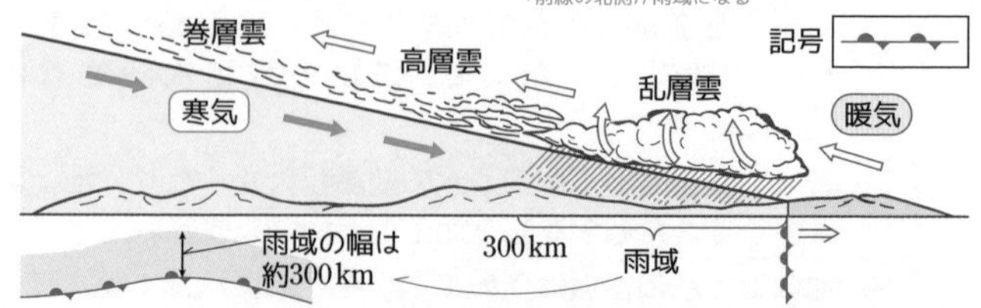

得点UP（アップ）

① 前線の種類とその特徴（とくちょう）を覚えよう。
② 寒冷前線，温暖前線の構造と前線付近の天気の変化は熟知しよう。
③ 温帯低気圧の移動のようすと天気の移り変わりを理解しよう。

2 天気の変化 ☆☆

注意 日本の天気と風
日本付近の上空を**偏西風**（へんせいふう）が吹いているために，低気圧や高気圧は，その流れに沿って，西から東に移動する。そのために，日本の天気は**西から東へ**変わることが多い。

1 温暖前線による天気の変化…前線面に沿って**乱層雲**（おだやかな上昇気流）が生じて，長時間にわたり**雨が降り続く**。通過後は，風が**南より**に変わり，暖気におおわれる（寒気から暖気に入れかわる）ために気温が**上がる**。

2 寒冷前線による天気の変化…前線面に沿って**積乱雲**（強い上昇気流）が生じて，激しい**にわか雨**が**雷**（かみなり）や**突風**（とっぷう）とともに降ることもある。通過後は，風が**北より**に変わり，寒気におおわれる（暖気から寒気に入れかわる）ために気温が急に**下がる**。

（X－Yの垂直断面図）

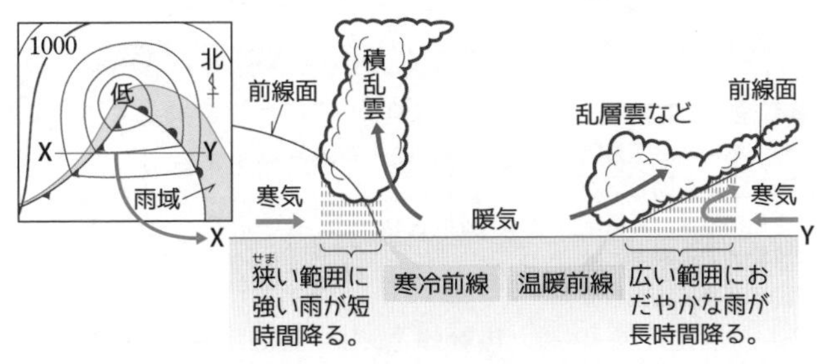

すいすい暗記
要注意（ようちゅうい） 雨と突風に 寒冷前線
雷雨になったりする 急激な変化

コレ重要
☞ 温暖前線→長雨，風が南よりに変わり，前線の通過後気温が上がる。
☞ 寒冷前線→にわか雨，風が北よりに変わり，前線の通過後気温が下がる。

テストに出る 要点チェック

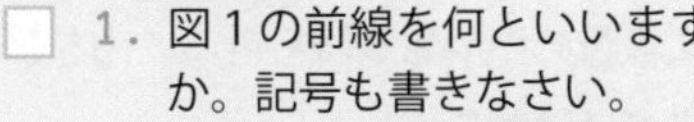
1. 図1の前線を何といいますか。記号も書きなさい。

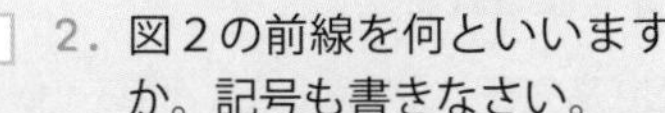
2. 図2の前線を何といいますか。記号も書きなさい。

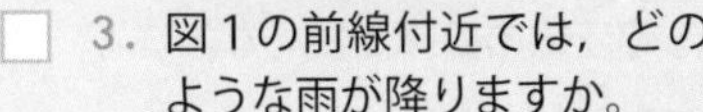
3. 図1の前線付近では，どのような雨が降りますか。

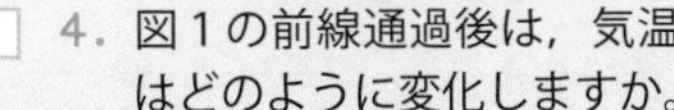
4. 図1の前線通過後は，気温はどのように変化しますか。

5. 図2の前線の通過後は，気温はどのように変化しますか。

図1 図2

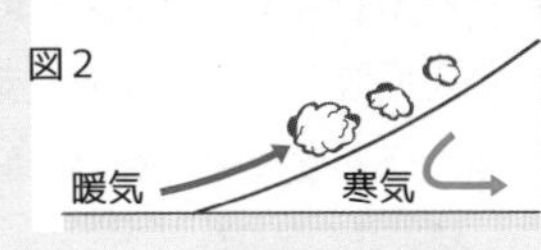

解答
1. (名称)寒冷前線 (記号)▼▼▼
2. (名称)温暖前線 (記号)●●●
3. 狭い範囲で，強い（激しい）雨が降る。
4. 下がる。
5. 上がる。

月　日

日本の四季と天気，気象と災害

図でおさえよう

◎四季と天気 → 2 3

冬の天気(西高東低の気圧配置)

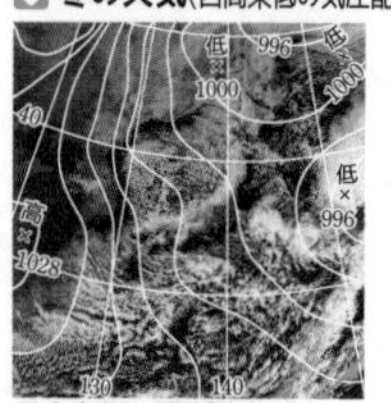

日本海側で雪が降り続く。

夏の天気(南高北低の気圧配置)

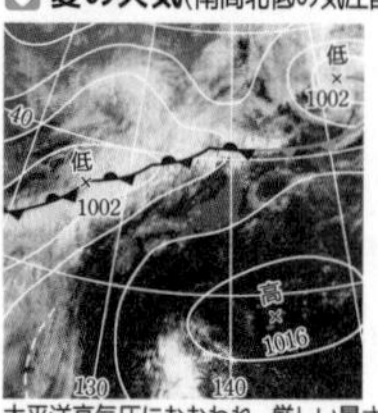

太平洋高気圧におおわれ，厳しい暑さ。

春の天気

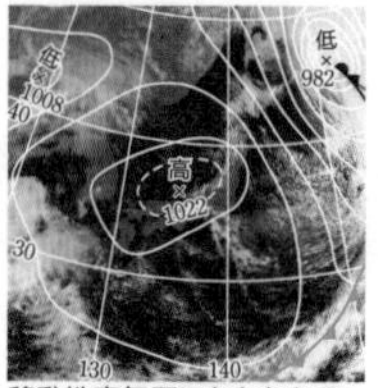

移動性高気圧におおわれる。

梅　雨

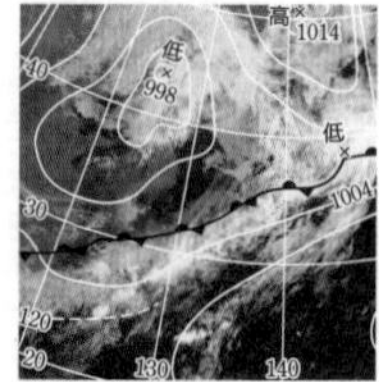

梅雨前線が停滞。

1 日本周辺の気団 ☆☆

参考 移動性高気圧

春・秋に発達する気団を揚子江気団ということもあるが，高気圧は移動性で，厳密には気団の定義に該当しない。

1 **シベリア気団**…気温が**低く**，**乾燥**している。冬に発達する。
（ユーラシア大陸が冷える）

2 **オホーツク海気団**…気温が**低く**，湿度が**高い**。オホーツク海上ででき，**梅雨**のころに発達する。

3 **小笠原気団**…気温が**高く**，湿度も**高い**。**夏**に発達する。

4 **移動性高気圧**…気温が**高く**，**乾燥**している。**春・秋**に発達する。
（中国の揚子江流域で発達）

2 夏・冬の天気 ☆☆

注意 フェーン現象

山越えした空気が温度が上がって，乾燥する現象をフェーン現象という。

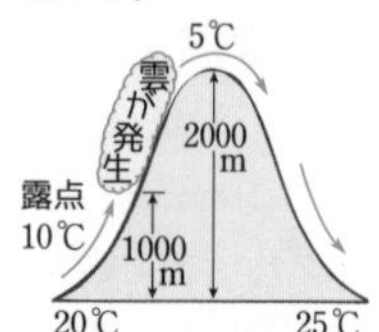

雲ができるまで100mにつき1℃，雲ができ始めると0.5℃の割合で気温が変化する。

1 **夏の天気**…日本列島は，**小笠原気団の太平洋高気圧**におおわれ，湿った**南東**の季節風が吹いて，**蒸し暑い日**が続く。
（空気が熱されて，にわか雨や雷が発生しやすい）

2 **夏の気圧配置**…北のユーラシア大陸に低気圧，南の太平洋上に高気圧が張り出し，**南高北低**の気圧配置となる。
（ユーラシア大陸があたためられる）

3 **冬の天気**…**シベリア気団**から吹き出した**北西**の季節風が多量の湿気を含み，日本海側の山脈に沿って上昇するときに**雲**を発生させる。その雲は日本海側に多量の雨や**雪**を降らせる。山を越えた**乾燥した**空気で，太平洋側は**晴れる**。
（寒冷で乾燥）（日本海の水蒸気を多く含むため）

4 **冬の気圧配置**…シベリア気団(高気圧)が発達して，**西高東低**の気圧配置となる。南北に走る等圧線の**間隔**が**狭く**なるほど，**北西**の**季節風**が強くなり，寒さも**厳しくなる**。

コレ重要

☞ 冬は西高東低の気圧配置で，日本海側は雪，太平洋側は晴れ。

① 西高東低の冬の気圧配置と天気との関係を理解しよう。
② 移動性高気圧の天気の変化や梅雨・台風のときの天気の特徴を覚えよう。
③ 大気の動きを理解しよう。

社会 理科 数学 英語 国語

3 春・秋の天気 ☆☆☆

参考 台風

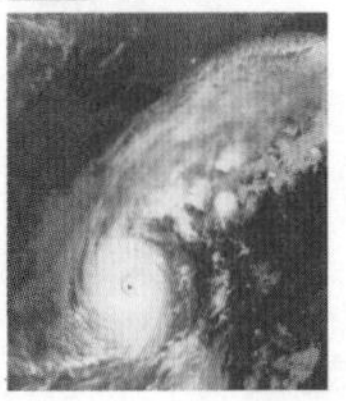

1 移動性高気圧…揚子江付近の高気圧からその一部が**移動性高気圧**となって，西から東に日本列島を周期的に通り過ぎる。また，高気圧と高気圧の間に**気圧の谷**ができ，低気圧を生じる。そのために，数日の周期で天気の変化が起きる。

2 梅　雨…**オホーツク海気団**と**小笠原気団**が接する所に，**停滞前線**ができる。沖縄地方では5月ごろ，本州では6月ごろに発生する。**停滞前線が北上**すると，梅雨が明ける。
（停滞前線：梅雨のころは梅雨前線）（6月ごろ：北海道では，ほとんど梅雨はない）（北上：小笠原気団の勢力が増す）

3 台　風…熱帯の太平洋上で発生した**熱帯低気圧**が発達したものを**台風**という。台風の等圧線は，同心円状になり，7月から10月ごろにかけて日本に近づくことが多い。
（熱帯低気圧：最大風速が約17.2 m/s以上を台風という）（台風は気象災害の1つであるが，地球上の生命に恵みももたらす）

4 大気の動き ☆

参考 **地球規模での大気**
地球全体で見ると，赤道付近ではあたたかくて気圧が低く，極地方では寒くて気圧が高い。

1 大気の厚さ…500 km～600 kmであり，地球の半径(6400 km)と比べると，1割以下である。

2 偏西風とジェット気流…中緯度に位置する日本列島の天気は，**偏西風**の影響を大きく受けている。偏西風の上層部には，秒速100 m以上の**ジェット気流**も吹いている。
（台風が日本に近づくのは，偏西風の影響である）

すいすい暗記
偏西風で　天気の変化　西東
（偏西風の影響で）（西から東へ）

テストに出る 要点チェック

1. 右の図で，日本の天気に影響を与えるA～Cの気団の名称を書きなさい。
2. 6月ごろにBとCの気団がぶつかって，その境目にできる前線は何ですか。
3. 日本の天気に強く影響をおぼしている，地球規模の大きな風を何といいますか。
4. 冬の代表的な気圧配置を何といいますか。

解答
1. Aシベリア気団
Bオホーツク海気団
C小笠原気団
2. 停滞前線(梅雨前線)
3. 偏西風
4. 西高東低

月　日

式の計算

1 単項式と多項式 ☆

① **単項式と多項式**…数や文字の乗法だけからできている式を**単項式**，単項式の和の形で表される式を**多項式**という。多項式をつくる1つ1つの単項式を，多項式の**項**という。数だけの項を**定数項**という。

例 $2a$，x^2y は単項式，$3a+b$，$2x^2-6y+5$ は多項式で，$3a$，b，$2x^2$，$-6y$，5 をこの多項式の項，5 を定数項という。

② **単項式の次数**…かけ合わされている文字の個数。

例 $5xy$ の次数は 2，$-3xy^2$ の次数は 3

③ **多項式の次数**…各項の次数のうち，もっとも大きいもの。

例 $4a-7b$ の次数は 1，$3x^2+5x-4$ の次数は 2

次数が 1 の式を 1 次式，次数が 2 の式を 2 次式という。

注意 $-3xy^2$
$=-3\times x\times y\times y$
であるから，かけ合わせている文字の個数は，x，y，y の 3 個である。

2 単項式や多項式の計算 ☆☆☆

① **多項式の加法と減法**

・コレ重要・

☞ 同類項をまとめる。

例 $2(3x+y)-5(x-6y)=6x+2y-5x+30y=x+32y$

$4a^2-a+3a^2+8a-1=7a^2+7a-1$

▶ここがポイント
かっこをはずして，**同類項**をまとめる。かっこをはずすときには，**符号**に注意する。

注意 a と a^2 は同類項でないので，まとめられない。

② **単項式の乗法**…それぞれの**係数**の積に**文字**の積をかける。

例 $4a\times(-3a^2)=4\times(-3)\times a\times a^2=-12a^3$

③ **単項式の除法**…係数どうし，同じ文字どうしで**約分**する。

例 $\frac{5}{3}x^2y^2\div\frac{5}{4}xy^2=\frac{5x^2y^2}{3}\times\frac{4}{5xy^2}=\frac{4}{3}x$

（$\frac{4}{5xy^2}$ は $\frac{5}{4}xy^2$ の逆数）

▶ここがポイント
除法で，同じ文字は数と同じように**約分**する。乗法になおして計算してもよい。

3 式の値 ☆☆

① **式の値の計算**…式を簡単にしてから**代入**するほうが計算しやすいことが多い。

例 $a=-3$，$b=4$ のとき，$2a^2b^3\div(-8ab)$ の値は，

$2a^2b^3\div(-8ab)=-\frac{1}{4}ab^2$ だから，$-\frac{1}{4}\times(-3)\times4^2=12$

注意 式の値の計算で，負の数を代入するときは，(　)をつけて代入するなど，注意が必要である。

① 多項式の加法や減法では，同類項をまとめる。
② 単項式の乗法や除法では，同じ文字の積は指数を使って書く。
③ 式の値の計算では，式を簡単にしてから代入するなど工夫しよう。

例題 1 多項式の加法と減法

次の計算をしなさい。

(1) $3(2a-5b)-2(-a+4b)$　　(2) $\dfrac{2x+4y}{3}-\dfrac{5x-3y}{4}$

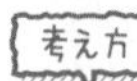

(1) かっこは分配法則を利用してはずす。
(2) 通分して，分子は分配法則を利用して計算する。

(1) $3(2a-5b)-2(-a+4b)$
$=6a-15b+2a-8b=8a-23b$

(2) $\dfrac{2x+4y}{3}-\dfrac{5x-3y}{4}$
$=\dfrac{4(2x+4y)-3(5x-3y)}{12}$
$=\dfrac{8x+16y-15x+9y}{12}=\dfrac{-7x+25y}{12}$

例題 2 単項式の乗法と除法

次の計算をしなさい。

(1) $(-2xy)^2$　　(2) $\dfrac{2}{3}a^2b^2\div\dfrac{1}{3}ab$　　(3) $81x^2y\div(-3x)\div9y$

考え方

(1) 係数と文字に分けて計算する。
(2) 係数と文字のそれぞれで約分する。
(3) 先に符号を決めるとよい。

(1) $(-2xy)^2=(-2xy)\times(-2xy)$
$=(-2)\times(-2)\times x\times x\times y\times y=4x^2y^2$

(2) $\dfrac{2}{3}a^2b^2\div\dfrac{1}{3}ab=\dfrac{2a^2b^2}{3}\times\dfrac{3}{ab}=2ab$

(3) $81x^2y\div(-3x)\div9y=-\dfrac{81x^2y}{3x\times9y}=-3x$

例題 3 式の値

$x=-2$，$y=4$ のとき，$(7x-4y)-(2x+5y)$ の値を求めなさい。

考え方

式を簡単にしてから，x，y の値を代入する。

$(7x-4y)-(2x+5y)$
$=5x-9y$
これに $x=-2$，$y=4$ を代入して，
$5\times(-2)-9\times4=-10-36=-46$

月　日

式の計算の利用

1 文字式の利用（1）（整数の問題）☆☆☆

1 偶数と奇数（ぐうすう・きすう）

・コレ重要・
☞ 偶数は，m を整数として，$2m$ で表すことができる。奇数は，n を整数として，$2n+1$ で表すことができる。

> 注意 **偶数**を n として，**奇数**は $n+1$ のように表すと，偶数は2の倍数であることがうまく表されていない。

2 倍　数…例えば，3の倍数は，m を整数として，$3m$ で表すことができる。3でわって1余る整数は，n を整数として，$3n+1$ で表すことができる。

3 3けたの自然数…百の位の数を a，十の位の数を b，一の位の数を c として，$100a+10b+c$ と表すことができる。

> 注意 3けたの自然数を abc とすると，$a\times b\times c$ のことになるので，誤りである。

2 文字式の利用（2）（図形の問題）☆☆☆

1 文字式を利用した説明…右の図において，内側にある円の半径の比が1：2であるとき，外側の円周の長さと，内側の2つの円周の長さの和が等しいことが，文字を使って説明できる。

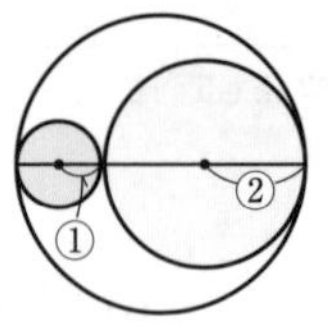

（説明）　内側のいちばん小さい円の半径を r とすると，内側のもう1つの円の半径は $2r$ だから，外側の円の半径は $3r$ と表される。このとき，外側の円の円周の長さは
$2\pi\times3r=6\pi r$，内側の2つの円の円周の長さの和は
$2\pi r+2\pi\times2r=6\pi r$ と表され，これらは等しい。

> ▶ここがポイント
> 2の1では，円の半径が具体的な数で与えられていない。内側の円の半径の比しかわからないので，内側の円の半径を1，2と定めて説明するのは適切でない。**文字**を使って一般的に説明する必要がある。

3 等式の変形 ☆☆

1 等式をある文字について解く…等式を変形し，ある文字について解くことができる。

例 $3x-5y=2$ を y について解く。

$3x$ を移項して，　$-5y=-3x+2$

両辺を -5 でわって，$y=\dfrac{3}{5}x-\dfrac{2}{5}$

> ▶ここがポイント
> **等式の変形**は，**等式の性質**にしたがって行う。1次方程式の解き方と同じである。
> y について解く場合，左辺は $y=$ の形にして，右辺に y が現れないようにする。

① 文字式を使って，偶数と奇数，ある数の倍数などの数の性質を表そう。
② 文字式を使って，図形の性質についての説明ができるようにしよう。
③ 等式の変形では，1 次方程式を解くときに利用した等式の性質を用いる。

例題 1 文字式の利用（1）

一の位が 0 でない 3 けたの正の整数がある。この整数の百の位の数と一の位の数を入れかえた整数ともとの整数の差は 3 の倍数となることを，文字を使って説明しなさい。

考え方　各位の数を a，b，c とすると，もとの整数は $100a+10b+c$，百の位の数と一の位の数を入れかえた整数は，$100c+10b+a$ と表される。

解答　もとの整数の百の位の数を a，十の位の数を b，一の位の数を c とすると，もとの整数は $100a+10b+c$，百の位と一の位の数を入れかえた整数は $100c+10b+a$ だから，その差は
$(100a+10b+c)-(100c+10b+a)$
$=99a-99c=3(33a-33c)$
$33a-33c$ は整数だから，差は 3 の倍数となる。

例題 2 文字式の利用（2）

底面の半径が r，高さが h の円柱 P の底面の半径を 2 倍にし，高さを半分にした円柱 Q をつくるとき，Q の体積は P の体積の何倍になるか求めなさい。

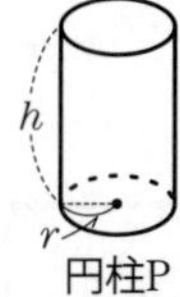

円柱P

円柱Q

考え方　2 つの円柱の体積を文字を使って表す。
円柱の体積
＝半径×半径×π×高さ

解答　P の体積 $=\pi r^2 h$

Q の体積 $=\pi\times(2r)^2\times\dfrac{1}{2}h=2\pi r^2 h$

だから，$2\pi r^2 h\div\pi r^2 h=2$（倍）

例題 3 等式の変形

等式 $S=\dfrac{(a+b)h}{2}$ を a について解きなさい。

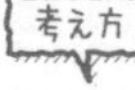
考え方　**1 次方程式**を解くときに用いた等式の性質を利用する。

解答　両辺を 2 倍すると，$2S=(a+b)h$

両辺を h でわると，$\dfrac{2S}{h}=a+b$

両辺を入れかえると，$a+b=\dfrac{2S}{h}$

b を移項して，$a=\dfrac{2S}{h}-b$

連立方程式 ①

1 連立方程式とその解 ☆

❶ **連立2元1次方程式**…2つの文字をふくむ1次方程式を2元1次方程式といい，これを組にしたものを連立2元1次方程式という。

❷ **連立方程式の解**…組にしたどの方程式も成り立たせるような文字の値の組を連立方程式の解という。

▶ここがポイント

$3x+4y=12$ などは2元1次方程式で，この方程式を成り立たせる x，y の組は無数にある。

$\begin{cases}3x+4y=12\\x+y=5\end{cases}$ などは連立方程式で，この方程式を成り立たせる x，y の組は1組に定まる。

2 連立方程式の解き方 ☆☆☆

❶ **加減法**…2つの方程式の**左辺**どうし，**右辺**どうしをたしたりひいたりして，1つの文字を消去して，方程式を解く。

・コレ重要・

☞どちらの文字を消去しても解くことはできるが係数を見て計算しやすいほうを選ぶ。また，1つの方程式では，左辺と右辺の両方に同じ数をかけるように注意する。

例 $\begin{cases}2x+3y=4 & \cdots\cdots ①\\-3x+7y=17 & \cdots\cdots ②\end{cases}$ は次のようにして解く。

①×3　　$6x+9y=12$

②×2　$+)\ -6x+14y=34$

x を消去する→ $23y=46$　$y=2$

これを①に代入して，

$2x+3\times2=4$　$x=-1$　　よって，$x=-1$，$y=2$

注意　そのままたしたりひいたりしても文字が**消去**できない場合は，それぞれの方程式を**何倍**かして1つの文字の**係数**の絶対値をそろえてから，方程式をたしたりひいたりして解く。

❷ **代入法**…一方の式を他方の式に代入することによって1つの文字を消去して，方程式を解く。

例 $\begin{cases}3x-y=-11 & \cdots\cdots ①\\x=-2y+1 & \cdots\cdots ②\end{cases}$ は次のようにして解く。

②を①に代入して，

$3(-2y+1)-y=-11$　←x を消去する

$-7y=-14$　$y=2$

これを②に代入して，

$x=-2\times2+1=-3$　　よって，$x=-3$，$y=2$

注意　連立方程式の**解**は，両方の方程式を成り立たせる値であるから，方程式に**代入**して，正しいことを確かめるとよい。

① 連立方程式では，両方の方程式を成り立たせる x，y の値を求めよう。
② 連立方程式は，加減法や代入法で 1 つの文字を消去してから解こう。
③ 加減法と代入法のうち，式の形によって計算しやすいほうを選ぼう。

例題 1 連立方程式の解き方（1）（加減法）

次の連立方程式を解きなさい。

(1) $\begin{cases} 2x+5y=8 & \cdots\cdots① \\ 7x+4y=1 & \cdots\cdots② \end{cases}$

(2) $\begin{cases} 4(x+y)-7=9 & \cdots\cdots① \\ 3x-4y=5 & \cdots\cdots② \end{cases}$

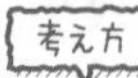

2 つの式それぞれの両辺に同じ数をかけて得られた式をたしたりひいたりすることで，1 つの文字を消去して解く。

(1) ①を 4 倍，②を 5 倍して，①から②をひくと，y が消去できる。

(1) ①×4　　$8x+20y=32$
②×5　$-)\ 35x+20y=5$
$-27x\qquad=27$　$x=-1$
これを①に代入して，$-2+5y=8$
$5y=10$　$y=2$
よって，$x=-1$，$y=2$

(2) ①より，$4x+4y=16$ ……③
②　　$3x-4y=5$
③ $+)\ 4x+4y=16$
$7x\qquad=21$　$x=3$
これを③に代入して，$y=1$
よって，$x=3$，$y=1$

例題 2 連立方程式の解き方（2）（代入法）

次の連立方程式を解きなさい。

(1) $\begin{cases} 4x+y=9 & \cdots\cdots① \\ x+5y=7 & \cdots\cdots② \end{cases}$

(2) $\begin{cases} y=2x-3 & \cdots\cdots① \\ y=-x+6 & \cdots\cdots② \end{cases}$

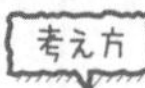

一方の式から「$x=$」または「$y=$」の式をつくり，他方の式の文字に代入して解くことができる。

(1) ①より，$y=9-4x$ ……③
②に代入して，$x+5(9-4x)=7$
$-19x=-38$　$x=2$
これを③に代入して，
$y=9-4\times2=9-8=1$
よって，$x=2$，$y=1$

(2) ①を②に代入して，
$2x-3=-x+6$　$3x=9$　$x=3$
これを②に代入して，$y=3$
よって，$x=3$，$y=3$

月　日

連立方程式 ②

1 いろいろな連立方程式 ☆☆

① 係数に分数や小数のある連立方程式

・コレ重要・

☞ 係数を整数になおしてから解く。

例 $\begin{cases} \dfrac{x}{5}-\dfrac{y}{4}=3 & \cdots\cdots① \\ 2x+y=2 & \cdots\cdots② \end{cases}$ は，①×20（4×5）　$4x-5y=60$　……③

②×5+③ より，　$14x=70$　$x=5$

これを②に代入して，$2\times5+y=2$　$y=-8$

よって，$x=5$，$y=-8$

② $A=B=C$ の形の連立方程式…連立方程式 $\begin{cases} A=B \\ B=C \end{cases}$ として解けばよい。

例 $x+3y=7x-5y=3x+1$ は，$\begin{cases} x+3y=7x-5y \\ 7x-5y=3x+1 \end{cases}$ の形に書きなおし，整理して解くと，$x=4$，$y=3$

▶ここがポイント

係数に分数や小数のある連立方程式の問題では，両辺を何倍かして，係数が**整数**になるように，式を整理してから解くのがよい。
方程式にかっこがついている場合は，かっこをはずす。

注意

$\begin{cases} A=B \\ A=C \end{cases}$ や $\begin{cases} A=C \\ B=C \end{cases}$ としてもよい。

2 連立方程式の活用 ☆☆☆

① 割合についての問題…解き方が簡単になるように，どの数量を文字を使って表すかを考える。

例 あるコンクールの昨年の応募者数（おうぼしゃすう）は 1000 人，今年の応募者数は男性が 10%，女性が 5%増え，全体としては 7%増えた。今年の男女別応募者数を求めなさい。

昨年の応募者のうち，男性を x 人，女性を y 人とすると，

$\begin{cases} x+y=1000 \\ 1.1x+1.05y=1.07\times1000 \end{cases}$ ←増えた分に着目して $0.1x+0.05y=0.07\times1000$ としてもよい

これを解いて，$x=400$，$y=600$

今年の応募者数は，

男性 $1.1\times400=440$(人)，女性 $1.05\times600=630$(人)

▶ここがポイント

2の①の例では**今年**の応募者数ではなく，**昨年の**応募者数をもとに**方程式**をつくるほうが解きやすい。
次のように整理する。

	男性	女性
昨年	x	y
今年	$1.1x$	$1.05y$

合計
1000
1.07×1000

注意

求めるのは，**今年**の応募者数なので，x, y の値をそのまま答えない。

① 連立方程式でも，式を簡単な形に整理してから解こう。
② 等しい数量の関係を見つけて，２つの方程式をつくろう。
③ 連立方程式を解いたら，解が正しいか確かめよう。

社会
理科
数学
英語
国語

例題 1 いろいろな連立方程式

次の連立方程式を解きなさい。

(1) $\begin{cases} \dfrac{2}{3}x+\dfrac{3}{2}y=10 & \cdots\cdots① \\ 0.5x-0.25y=2 & \cdots\cdots② \end{cases}$

(2) $5x-4y=x-4=-y+1$

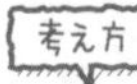

(1) 係数に**分数**や**小数**があるときは，係数が**整数**の方程式になおす。

(2) 2つの方程式に分けて**連立方程式**になおす。式を簡単にしてから解くとよい。

(1) 係数を整数になおす。

①×6　$4x+9y=60$ ……③

②×4　$2x-y=8$ ……④

③−④×2　$11y=44$　$y=4$

これを④に代入して，$x=6$

よって，$x=6$，$y=4$

(2) $\begin{cases} 5x-4y=x-4 & \cdots\cdots① \\ x-4=-y+1 & \cdots\cdots② \end{cases}$

①から，$4x-4y=-4$ ……③

③÷4　$x-y=-1$ ……④

②から，$x+y=5$ ……⑤

④，⑤を解いて，$x=2$，$y=3$

例題 2 連立方程式の活用（速さの問題）

A君は，家から駅まで2800 mの道のりを，はじめは分速80 mで歩き，途中(とちゅう)からは分速200 mで走ったところ，家を出てから23分後に駅に着いた。歩いた道のりと走った道のりをそれぞれ求めなさい。

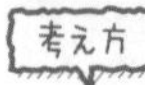

道のりとかかった時間について，x，y を用いた**連立方程式**をつくる。

時間＝$\dfrac{道のり}{速さ}$

歩いた道のりを x m，走った道のりを y m とすると，歩いた時間は $\dfrac{x}{80}$ 分，走った時間は $\dfrac{y}{200}$ 分と表すことができるので，

$\begin{cases} x+y=2800 \\ \dfrac{x}{80}+\dfrac{y}{200}=23 \end{cases}$

これを解いて，

$x=1200$，$y=1600$

答 歩いた道のり 1200 m，走った道のり 1600 m

月　日

1 次関数 ①

1 1 次関数 ☆☆

① **1 次関数**… y が x の関数で，y が x の **1 次式**で表されるとき，y は x の 1 次関数であるという。y が x の 1 次関数であるとき，$y=ax+b$（a，b は定数）と表される。

例 1 本 50 円の鉛筆（えんぴつ）x 本と 80 円の消しゴム 1 個を買うとき，合計金額を y 円とすると，$y=50x+80$ と表され，y は x の 1 次関数である。

▶ここがポイント

比例は，**1 次関数**の特別な場合である。

$y=\underline{ax}+\underline{b}$

x に比例する部分　定数の部分

$b=0$ の場合，$y=ax$ となり，y は x に**比例**する。

2 1 次関数の値の変化 ☆☆

① **変化の割合**… x の増加量に対する y の増加量の割合を，変化の割合という。

・コレ重要・

☞ 変化の割合＝$\dfrac{y\text{ の増加量}}{x\text{ の増加量}}$

▶ここがポイント

1 次関数 $y=ax+b$ の変化の割合は，x の係数 a に等しい。

② **1 次関数の変化の割合**… 1 次関数では，変化の割合は一定である。

例 $y=3x-2$

x	…	-2	-1	0	1	2	…
y	…	-8	-5	-2	1	4	…

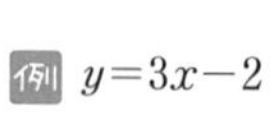

（x は 1 ずつ増加）

▶ここがポイント

$y=3x-2$ では，x の値が 1 だけ増加するとき，y の値は 3 だけ増加する。

また，x の**増加量**に対する y の**増加量**の割合は，つねに 3 である。

3 1 次関数 $y=ax+b$ のグラフ ☆☆

① **比例のグラフと 1 次関数のグラフ**… 1 次関数 $y=ax+b$ のグラフは，比例のグラフ $y=ax$ を，y 軸の正の方向に b だけ平行移動した直線で，直線 $y=ax+b$ という。

② **1 次関数のグラフ**… 1 次関数 $y=ax+b$ のグラフは，傾き（かたむ）が a，切片（せっぺん）が b の直線である。

・コレ重要・

☞ $y=ax+b$ で $a>0$ のとき，x の値が増加すると，y の値も増加する。グラフは右上がりの直線。

☞ $y=ax+b$ で $a<0$ のとき，x の値が増加すると，y の値は減少する。グラフは右下がりの直線。

▶ここがポイント

3 ②

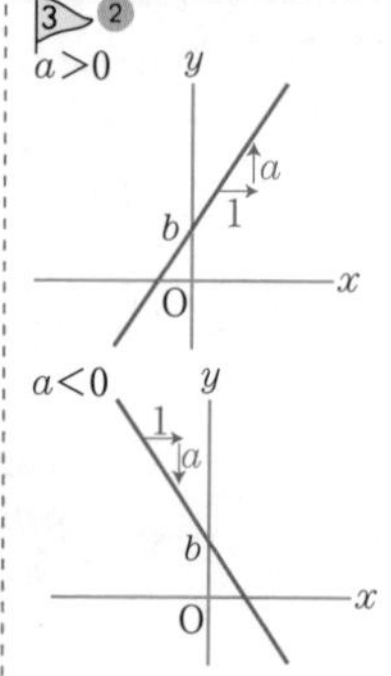

得点アップ UP

① y が x の 1 次関数であるとき，$y=ax+b$ と表される。
② x の増加量に対する y の増加量の割合を，変化の割合という。
③ 1 次関数 $y=ax+b$ のグラフは，傾き a，切片 b の直線である。

例題 1　1 次関数

水の入った水そうから，ポンプを使って毎分 9 L ずつ水を抜（ぬ）く。水をすべて抜くのに，ちょうど 16 分かかった。水を抜き始めてから x 分後の水そうの中の水の量を y L とするとき，y を x の式で表しなさい。ただし，$0 \leqq x \leqq 16$ とする。

考え方　$y=$（はじめの水の量）−（抜いた水の量）
抜いた水の量は x に比例する。

解答　はじめに水そうに入っている水の量は
$9 \times 16 = 144$（L）である。
また，毎分 9 L ずつ水を抜くから，水を抜き始めて x 分後には $9x$ L 減っている。
よって，求める式は
$y=144-9x$　すなわち，$y=-9x+144$

例題 2　1 次関数の変化の割合

1 次関数 $y=-2x+4$ で，x の値が -2 から 3 まで増加するとき，y の増加量を求めなさい。

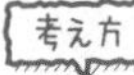

考え方　変化の割合は一定で -2 である。

解答　変化の割合が -2 で，x の値が，
$3-(-2)=5$ 増加しているから，y の増加量は，
$-2 \times 5 = -10$

例題 3　1 次関数のグラフ

1 次関数 $y=-\frac{1}{3}x+2$ のグラフをかきなさい。

考え方　傾き a は，x の値が 1 だけ増加したときの y の増加量である。
$y=ax+b$ のグラフが y 軸と交わる点の座標は（0，b）である。

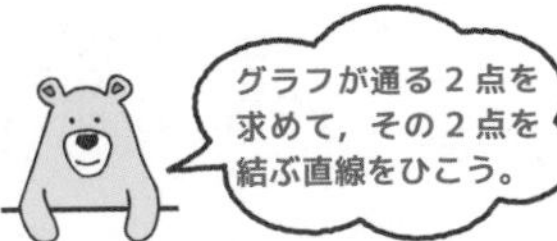

解答　グラフは傾きが $-\frac{1}{3}$ で，切片が 2 の直線である。切片が 2 だから，y 軸上の点（0，2）を通る。また，傾きが $-\frac{1}{3}$ だから，点（0，2）から，右へ 3，下に 1 だけ進んだ点（3，1）も通る。
よって，求めるグラフは，右の図のような，この 2 点を結ぶ直線になる。

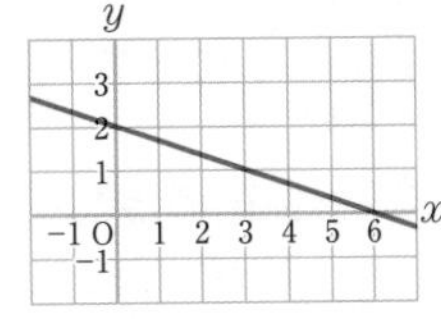

月　日

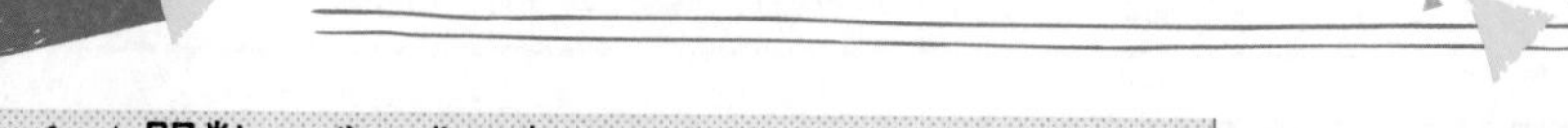

1 次関数 ②

1 1 次関数の式の求め方 ☆☆☆

① **傾きと通る 1 点の座標が与えられているとき**…$y=ax+b$ で a の値はわかっているので，通る 1 点の座標を x と y にそれぞれ代入して，b の値を求める。

② **通る 2 点の座標が与えられているとき**…$y=ax+b$ の x と y に通る 2 点の座標をそれぞれ代入し，**連立方程式**を解いて，a，b の値を求める。または，直線の傾きと変化の割合は等しいので，2 点の座標から，まず $\dfrac{y\text{の増加量}}{x\text{の増加量}}=a$ の値を求めて，①の方法で解いてもよい。

▶ここがポイント
2 直線が平行なとき，直線の傾きは等しい。

2 2 元 1 次方程式のグラフ ☆

① **2 元 1 次方程式 $ax+by+c=0$ のグラフ**…$b\neq0$ のとき，y について解くと $y=-\dfrac{a}{b}x-\dfrac{c}{b}$ だから，グラフは直線になる。
（b は 0 でない）

例 方程式 $4x+2y=6$ を y について解くと $y=-2x+3$ だから，グラフは，傾き -2，切片 3 の直線になる。

② **連立方程式の解とグラフ**…連立方程式 $\begin{cases} ax+by=c & \cdots① \\ a'x+b'y=c' & \cdots② \end{cases}$ の解は，直線①，②のグラフの交点の座標である。

▶ここがポイント
$ax+by+c=0$ において，
$a=0$ のとき，**x 軸**に平行な直線になる。
$b=0$ のとき，**y 軸**に平行な直線になる。

3 1 次関数の利用 ☆☆

① **身のまわりの関数**…x の変域（へんいき）に制限があるものや，変域を分けて式を考えるものが多い。

例 長方形 ABCD の辺上を，点 P が毎秒 1 cm の速さで点 A → D → C と動くとき，点 P が点 A を出発してから x 秒後の △PBC の面積を y cm² とすると，

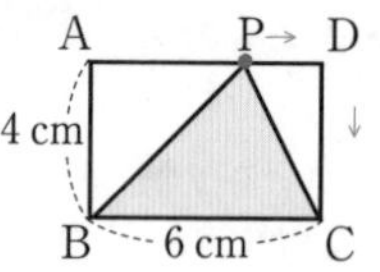

$0\leqq x\leqq6$ のとき，$y=\dfrac{1}{2}\times6\times4=12$

$6\leqq x\leqq10$ のとき，$y=\dfrac{1}{2}\times6\times(10-x)=-3x+30$
（$x=6$ を境に動きが変わるので，分けて考える）

▶ここがポイント
例の面積のようすを表すグラフは，下の図のような**折れ線**になる。

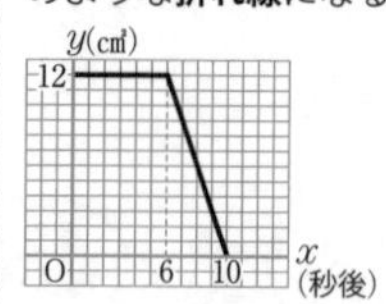

① グラフの傾きと通る1点，または通る2点から，1次関数の式を求めることができる。
② 連立方程式の解は，2つのグラフの交点の座標である。
③ 1次関数の利用では，x や y の変域にも注意しよう。

例題 1　1次関数の式の求め方

次のような1次関数の式を求めなさい。

(1) グラフが右の図の直線になる1次関数

(2) グラフが2点$(-3,\ 5)$，$(1,\ 7)$を通る直線になる1次関数

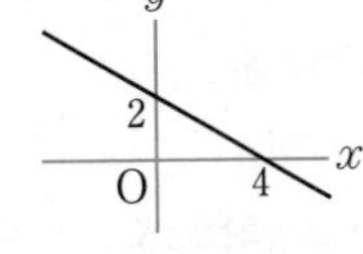

考え方 (1) グラフから通る2点の座標を読みとり，直線の傾きと切片を読みとる。

(2) 通る2点の座標がわかっているときは，$\boldsymbol{y=ax+b}$ に2点の座標を代入して，a，b についての連立方程式をつくる。

解答 (1) 2点$(0,\ 2)$，$(4,\ 0)$を通る直線の傾きは

$\dfrac{0-2}{4-0}=-\dfrac{1}{2}$，切片は2だから，

1次関数の式は，$y=-\dfrac{1}{2}x+2$

(2) $y=ax+b$ に2点の座標を代入すると，

$$\begin{cases}5=-3a+b\\7=a+b\end{cases}$$

これを連立方程式として解くと，

$a=\dfrac{1}{2}$，$b=\dfrac{13}{2}$　　よって，$y=\dfrac{1}{2}x+\dfrac{13}{2}$

例題 2　1次関数の利用

右の図のような台形ABCDの辺上を，点Pが毎秒1cmの速さで，点A→B→Cの順に動く。点Pが点Aを出発してからx秒後の△PCDの面積をy cm²とする。yをxの式で表しなさい。

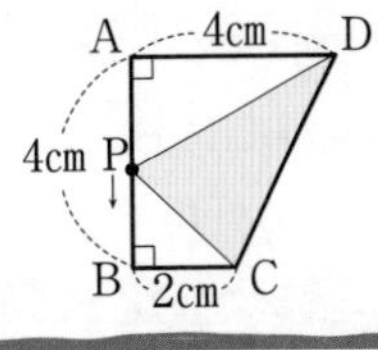

考え方 点Pが辺AB上にあるときと，辺BC上にあるときの2つに分けて考える。
$0 \leqq x \leqq 4$ のとき，点Pは辺AB上にある。
$4 \leqq x \leqq 6$ のとき，点Pは辺BC上にある。

解答 $0 \leqq x \leqq 4$ のとき，$\mathrm{AP}=x$ cm，$\mathrm{PB}=(4-x)$ cm

△PCD＝台形ABCD－△APD－△BPC だから，

$$y=\frac{1}{2}\times(4+2)\times4-\frac{1}{2}\times x\times4-\frac{1}{2}\times(4-x)\times2$$
$$=12-2x-(4-x)$$
$$=-x+8$$

$4 \leqq x \leqq 6$ のとき，

$\mathrm{PC}=(6-x)$ cm だから，

$$y=\frac{1}{2}\times(6-x)\times4$$
$$=-2x+12$$

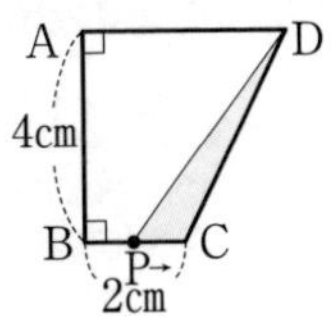

月　日

平行線と角

1 角と平行線の性質 ☆☆☆

① **対頂角**… 2 直線が 1 点で交わるとき，**対頂角**は等しい。
右の図で，$\angle a = \angle c$，$\angle b = \angle d$

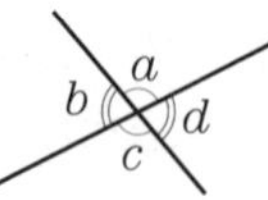

② **同位角と錯角**(どういかく・さっかく)… 2 直線が**平行**ならば，**同位角**，**錯角**は等しい。
また，**同位角**または**錯角**が等しいならば，2 直線は**平行**である。

同位角

錯角

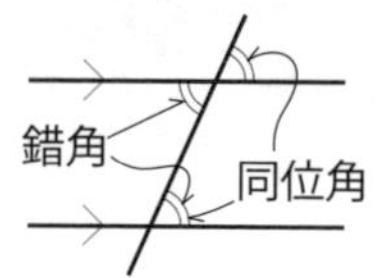

平行線の同位角と錯角

▶ここがポイント
左の図において，対頂角は $\angle a$ と $\angle c$，$\angle b$ と $\angle d$ である。

注意 2 直線が平行でなくても，**同位角**や**錯角**とよぶが，等しくなるのは 2 直線が**平行**なときだけである。

2 三角形の角 ☆☆

① **三角形の内角**…三角形の 3 つの内角の和は **180°** である。
△ABC において，$\angle A + \angle B + \angle C = 180°$

② **三角形の外角**…三角形の 1 つの外角は，それととなり合わない 2 つの**内角の和**に等しい。
△ABC において，
$\angle C$ の外角 $= \angle A + \angle B$

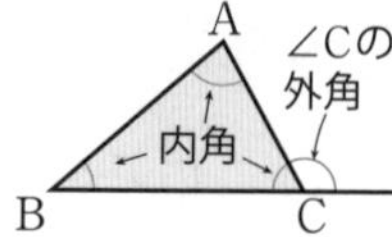

③ **三角形の分類**…三角形は，内角の大きさによって，次の 3 つに分類される。
㋐ **鋭角三角形**(えいかく)…3 つの内角がすべて**鋭角**である三角形
㋑ **直角三角形**… 1 つの内角が**直角**である三角形
㋒ **鈍角三角形**(どんかく)… 1 つの内角が**鈍角**である三角形

注意 0°より大きく 90°より小さい角を**鋭角**，90°より大きく 180°より小さい角を**鈍角**という。
鋭角三角形であるためには，3 つの内角がすべて**鋭角**でなければならない。

▶ここがポイント
下の図のように，n 角形は 1 つの頂点からひいた対角線によって，**$(n-2)$ 個**の**三角形**に分けることができる。

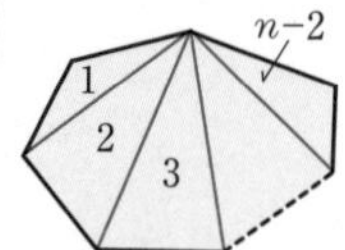

3 多角形の内角と外角 ☆☆

コレ重要
☞ ① n 角形の内角の和は $180° \times (n-2)$ である。
☞ ② 多角形の外角の和は $360°$ である。

① 2直線が平行ならば，同位角，錯角は等しい。
② 同位角または錯角が等しいならば，2直線は平行である。
③ 三角形の内角の和は180°，n 角形の内角の和は $180°\times(n-2)$

例題 1 平行線と角

次の図において，$\ell /\!/ m$ のとき，$\angle x$ の大きさを求めなさい。

(1)
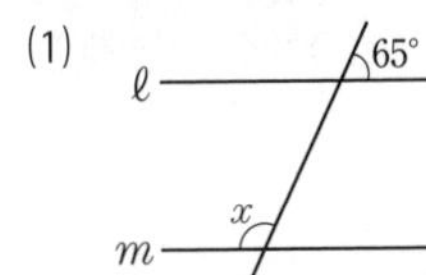

(2)
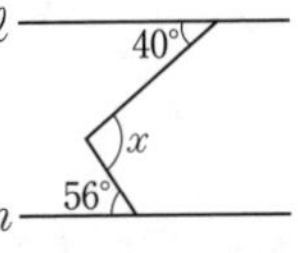

(3)
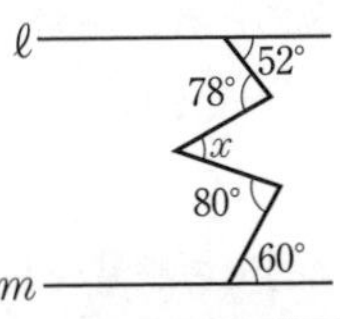

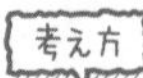

考え方

(1) 平行線の同位角が等しいことと一直線が 180° であることから求める。

(2)(3) ℓ や m に平行な直線をひいて，平行線の錯角をつくって考える。

解答

(1) 平行線の同位角は等しいので，
$\angle x+65°=180°$
$\angle x=180°-65°=115°$

(2) 平行線の錯角は等しいので，
$\angle x=40°+56°=96°$

(3) ℓ や m に平行な直線をひく。平行線の錯角は等しいので，等しい角度を考えると，右の図のようになる。

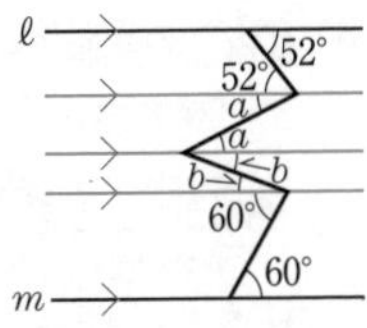

$\angle x=\angle a+\angle b=(78°-52°)+(80°-60°)$
$=46°$

例題 2 多角形の内角と外角

右の図において，$\angle x$ の大きさを求めなさい。
ただし，A，B，C の 3 点は一直線上にあるものとする。

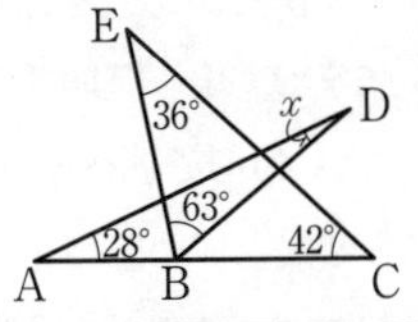

考え方

三角形の **3 つの内角の和**は 180° で，三角形の外角はそれととなり合わない **2 つの内角の和**に等しいことを利用する。

解答

△BCE において，内角と外角の関係より，
$\angle ABE=36°+42°=78°$
よって，$\angle ABD=78°+63°=141°$
△ABD の内角の和を考えると，
$28°+141°+\angle x=180°$ だから，
$\angle x=180°-28°-141°=11°$

月　日

合同な図形

1 合同な図形 ☆

❶ 合同な図形の表し方…2つの図形が合同のとき，記号≡を用いて，△ABC≡△A′B′C′ のように表す。

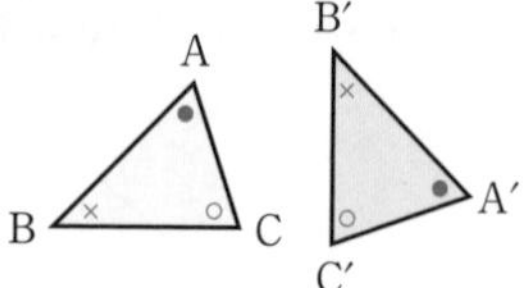

❷ 合同な図形の性質…合同な図形では，対応する辺の長さや角の大きさは等しい。

注意 合同の記号≡を使うときは，**対応する頂点**が同じ順序になるように書く。

2 三角形の合同条件 ☆☆☆

❶ 三角形の合同条件…次のどれかが成り立つとき，2つの三角形は合同である。

・コレ重要・

☞ ① 3組の辺がそれぞれ等しい。
☞ ② 2組の辺とその間の角がそれぞれ等しい。
☞ ③ 1組の辺とその両端の角がそれぞれ等しい。

▶ここがポイント

三角形の合同条件

①

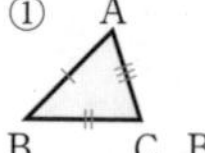

AB＝A′B′
BC＝B′C′
CA＝C′A′

②

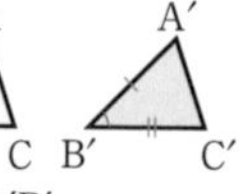

AB＝A′B′
BC＝B′C′
∠B＝∠B′

③

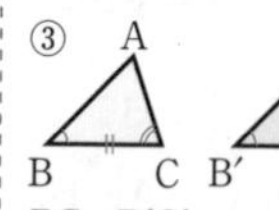

BC＝B′C′
∠B＝∠B′
∠C＝∠C′

3 証明のしくみ ☆☆

❶ 証　明…正しいと認められることがらを根拠(こんきょ)に，あることがらが正しいことを，すじ道を立てて明らかにすること。

❷ 仮定と結論…証明することがらを，「○○○ならば□□□である。」の形で述べるとき，○○○の部分を仮定，□□□の部分を結論という。

❸ 証明でよく用いられる図形の性質

㋐対頂角は等しく，平行な直線の同位角や錯角(さっかく)は等しい。
㋑三角形の内角の和は180°である。
㋒多角形の外角の和は360°である。
㋓合同な図形では，対応する辺や角は等しい。
㋔三角形の合同条件　など。

▶ここがポイント

証明においては，すでにわかっていることとこれから証明されるべきことをはっきり区別して，混乱しないように注意する。

① 三角形の3つの合同条件をしっかり覚えておこう。
② 証明では，仮定と結論を区別し，根拠となることがらを明らかにして，結論を導こう。
③ 証明の根拠としてよく用いられることがらをまとめておこう。

社会 理科 数学 英語 国語

例題 1 合同な図形

1辺の長さが6 cmである2つの正方形が右の図のように重なっているとき，色のついた部分の面積を求めなさい。

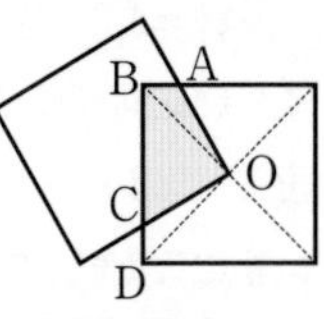

図の中から，色のついた部分と面積が等しく，面積が簡単に求められる図形を見つける。見つかれば，面積が等しいことを証明する。

解答 △OABと△OCDにおいて，
正方形の性質より，
OB＝OD ……①
∠OBA＝∠ODC＝45° ……②
∠AOB＝90°－∠BOC＝∠COD ……③
①，②，③より，1組の辺とその両端の角がそれぞれ等しいから，△OAB≡△OCD
色のついた部分の面積
＝△OAB＋△OBC
＝△OCD＋△OBC＝△OBD
つまり，色のついた部分の面積は△OBDの面積と等しい。

よって，$6\times6\times\frac{1}{4}=9(\mathrm{cm}^2)$

例題 2 三角形の合同条件

右の図において，△ABC≡△DEF で，4点B，F，C，Eは一直線上にある。このとき，△ABF≡△DEC であることを証明しなさい。

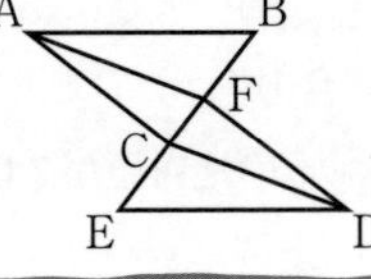

仮定からわかることをもとに，三角形の3つの合同条件のうち，どれが成り立つのか考える。
証明は、順序よく根拠をきちんと書いていく。

解答 △ABFと△DECにおいて，
△ABC≡△DEF より，
AB＝DE ……①
∠ABF＝∠DEC ……②
また，BC＝EF，BF＝BC－FC，
EC＝EF－FC であるから，BF＝EC ……③
①，②，③より，2組の辺とその間の角がそれぞれ等しいから，△ABF≡△DEC

月　日

三角形

1 二等辺三角形の性質 ✿✿✿

1 二等辺三角形の定義…2辺が等しい三角形。
等しい辺の間の角を頂角，頂角に対する辺を底辺，底辺の両端の角を底角という。

頂角
底角
底辺

2 二等辺三角形についての定理
二等辺三角形であれば，次のことがいえる。
①2つの底角は等しい。
②**頂角の二等分線**は，底辺を垂直に2等分する。

3 正三角形の定義と性質
(**定義**) 3辺が等しい三角形を正三角形という。
(**定理**)内角はすべて60°である。
↳正三角形は，二等辺三角形の特別な形である。

▶ここがポイント
用語や**記号**の意味をはっきりと述べたものを**定義**，**証明**されたことがらのうち重要なものを**定理**という。

▶ここがポイント
AB＝AC の二等辺三角形 ABC で，辺 BC の中点を M として，△ABM≡△ACM であることが証明できるので，∠B＝∠C である。

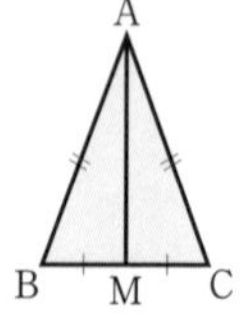

2 二等辺三角形になる条件 ✿✿

1 二等辺三角形になる条件(定理)…2つの角が等しい三角形は，**二等辺三角形**である。

2 逆…仮定（かてい）と結論（けつろん）を入れかえたもの。
「○○○ならば□□□」の逆は，「□□□ならば○○○」
例「△ABC で，AB＝AC ならば ∠B＝∠C」の逆は，
「△ABC で，∠B＝∠C ならば AB＝AC」

3 反　例…仮定にあてはまるもののうち，結論が成り立たない場合の例。
例 x の絶対値が3以上ならば，x は3以上
(反例) $x=-3$

注意 正しいことの**逆**は，いつでも正しいとは限らない。
例「△ABC≡△PQR ならば ∠A＝∠P，∠B＝∠Q，∠C＝∠R」は正しいが，逆は正しくない。

3 直角三角形の合同条件 ✿✿

1 直角三角形の合同条件(定理)…次のいずれかが成り立つとき，2つの直角三角形は合同である。

・コレ重要・
☞ ①斜辺（しゃへん）と1つの鋭角（えいかく）がそれぞれ等しい。
☞ ②斜辺と他の1辺がそれぞれ等しい。

▶ここがポイント
直角三角形で，直角に対する辺を**斜辺**という。

① 2辺が等しい三角形を二等辺三角形というのは，定義である。
② 2角が等しい三角形が二等辺三角形になるのは，証明された定理である。
③ 直角三角形の2つの合同条件をしっかり覚えておこう。

社会
理科
数学
英語
国語

例題 1 二等辺三角形の性質

右の図において，△ABC は AB＝AC の二等辺三角形で，AD＝AE であり，F は線分 DC と EB との交点である。∠DAE＝42°，∠DBF＝25° のとき，∠FCB の大きさを求めなさい。

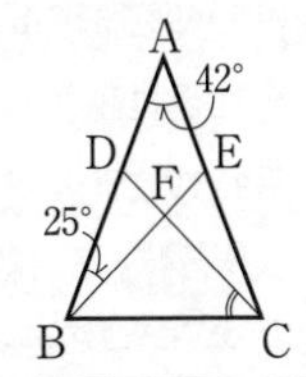

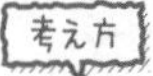

△ABC は二等辺三角形で，頂角が 42° だから，底角は
(180°－42°)÷2＝69° になる。

△ABE と△ACD において，仮定より，
AB＝AC ……①
AE＝AD ……②
∠A は共通 ……③
①，②，③より，2組の辺とその間の角がそれぞれ等しいから，△ABE≡△ACD
よって，∠ABF＝∠ACF＝25°
△ABC の頂角は 42° だから，底角は
(180°－42°)÷2＝69°
したがって，∠FCB＝69°－25°＝44°

例題 2 直角三角形の合同条件

右の図のような，AB＝AC である二等辺三角形 ABC の底辺 BC の中点 M から辺 AB，AC にそれぞれ垂線 MD，ME をひくと，MD＝ME となることを証明しなさい。

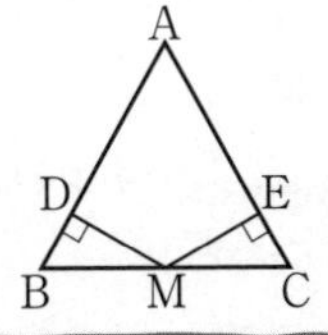

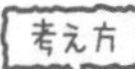

直角三角形の合同条件を用いて，△MDB と△MEC が合同であることを示す。

△MDB と△MEC において，仮定より，
MB＝MC ……①
∠MDB＝∠MEC＝90° ……②
二等辺三角形の底角は等しいから，
∠DBM＝∠ECM ……③
①，②，③より，直角三角形の斜辺と1つの鋭角がそれぞれ等しいから，
△MDB≡△MEC
よって，MD＝ME

平行四辺形

月　日

1 平行四辺形の性質 ☆☆☆

❶ **平行四辺形の定義**…2組の向かい合う辺がそれぞれ平行な四角形。

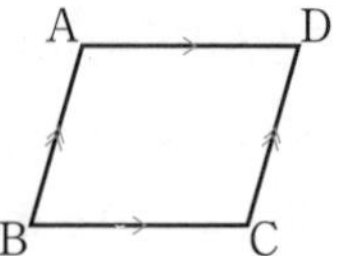

❷ **平行四辺形の性質(定理)**

・コレ重要・

☞ ①平行四辺形の2組の対辺はそれぞれ等しい。
☞ ②平行四辺形の2組の対角はそれぞれ等しい。
☞ ③平行四辺形の対角線はそれぞれの中点で交わる。

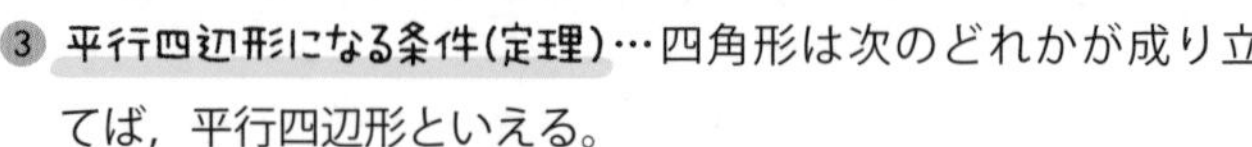

❸ **平行四辺形になる条件(定理)**…四角形は次のどれかが成り立てば，平行四辺形といえる。

①2組の対辺がそれぞれ平行である(**定義**)。
②2組の対辺がそれぞれ等しい。
③2組の対角がそれぞれ等しい。
④対角線がそれぞれの中点で交わる。
⑤1組の対辺が平行でその長さが等しい。

注意 向かい合う辺を**対辺**，向かい合う角を**対角**という。

▶ここがポイント

平行四辺形の性質

①

②
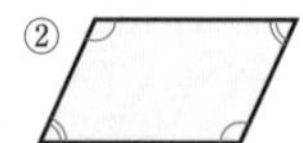

③
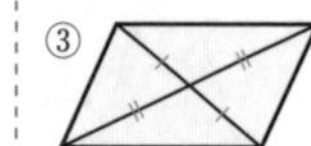

2 いろいろな四角形 ☆☆

❶ **長方形**…4つの角が等しい四角形(**定義**)。対角線は，長さが等しい。

❷ **ひし形**…4つの辺が等しい四角形(**定義**)。対角線は，垂直に交わる。

❸ **正方形**…4つの角が等しく，4つの辺が等しい四角形(**定義**)。対角線は，長さが等しく，垂直に交わる。

▶ここがポイント

長方形，**ひし形**は，平行四辺形の特別な形である。
正方形は，長方形，ひし形の特別な形である。

3 面積が等しい三角形 ☆☆☆

❶ **平行線と三角形の面積**

△ABC と △DBC が底辺BCを共有し，AD∥BC ならば，△ABC＝△DBC

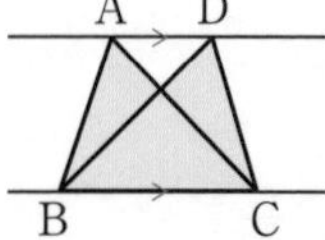

▶ここがポイント

3 の❶の定理を用いて，図形の面積を変えずに変形することができる。(**等積変形**)

注意 ＝は**面積が等しい**ことを表している。合同ではないので，注意すること。

① 四角形が平行四辺形になる条件を，辺や角に注目して整理しておこう。
② 平行四辺形，長方形，ひし形，正方形の関係を整理しておこう。
③ 平行線を用いて，面積の等しい三角形がかけるようにしよう。

例題 1 平行四辺形になる条件

右の図のような AB∥DC である四角形 ABCD において，AD の中点を E，CE の延長と BA の延長との交点を F とする。
四角形 ACDF が平行四辺形になることを証明しなさい。

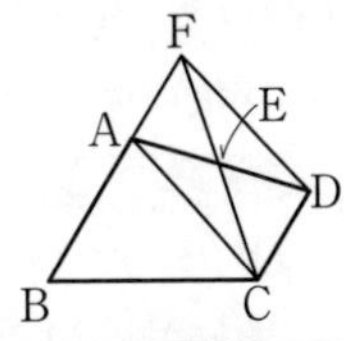

考え方 平行四辺形になる5つの条件のうち，どれが成り立つのかを考える。ここでは，1組の対辺が平行で，その長さが等しいことを示せばよい。

△AEF と △DEC において，仮定より，
AE＝DE ……①
∠AEF＝∠DEC（対頂角）……②
AF∥CD より，
∠FAE＝∠CDE（平行線の錯角）……③
①，②，③より1組の辺とその両端の角がそれぞれ等しいから，△AEF≡△DEC
よって，AF＝DC
1組の対辺 AF と CD が平行でその長さが等しいので，四角形 ACDF は平行四辺形である。

例題 2 いろいろな四角形

右の図のようなひし形 ABCD において，$\angle x$，$\angle y$，$\angle z$ の大きさを求めなさい。

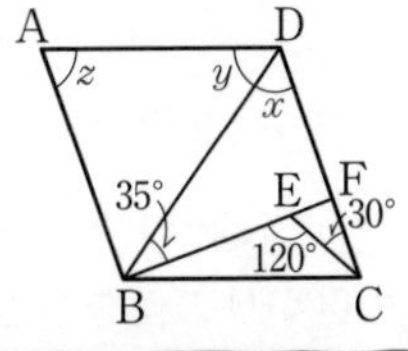

考え方 ひし形は4つの辺が等しいので，△ABD，△CBD は合同な二等辺三角形になることを利用する。

△BDF と △CEFの内角と外角の関係より，
$\angle \mathrm{BFC}=35°+\angle x$
$\angle \mathrm{BEC}=(35°+\angle x)+30°=120°$
よって，$\angle x=55°$
△ABD と △CBDで，ABCD はひし形なので，
AB＝CB　DA＝DC　BD は共通なので，
3組の辺がそれぞれ等しいから，
△ABD≡△CBD　よって，$\angle y=\angle x=55°$
△ABD は AB＝AD の二等辺三角形より，
$\angle \mathrm{BAD}=180°-55°\times 2=70°$
したがって，$\angle z=70°$

月　日

確率，データの分布

1 確　率 ☆☆

1 **確率の表し方**…それぞれの場合が起こることが**同様に確からしい**実験や観察などでは，確率を次の値によって表す。

・コレ重要・
☞ 起こりうるすべての場合が n 通りあり，ことがらAの起こる場合が a 通りあるとき，ことがらAの起こる確率 p は，$p=\frac{a}{n}$ である。

2 **確率の求め方**…確率を求めるとき，起こりうる場合を整理して，すべての場合の数と，確率を求めたいことがらの場合の数を調べる。

3 **確率の性質**

㋐かならず起こることがらの確率は1である。

㋑決して起こらないことがらの確率は0である。

㋒あることがらの起こる確率を p とすると，$0 \leqq p \leqq 1$ である。

4 **起こらない確率**…ことがらが起こらない確率は，

1−(起こる確率) で求めることができる。

▶ここがポイント
どの場合も起こることが同じ程度だと考えられるとき，それらの場合の起こることは**同様に確からしい**という。同様に確からしいと考えられなければ，**確率**を求めることはできない。

注意 例えば，3個のさいころを投げて**少なくとも1個は1の目が出る確率**を求めるとき，1から1の目が**1個も出ない確率**をひいて求めればよい。

2 四分位数と箱ひげ図 ☆☆

1 **四分位数**(しぶんいすう)…小さい順に並べたデータを4等分したとき，3つの区切りの値を小さい方から順に，第1四分位数，第2四分位数，第3四分位数という。第2四分位数は，**中央値**のことである。

2 **箱ひげ図**(はこひげず)…最小値，最大値，四分位数を1つの図にまとめたもの。

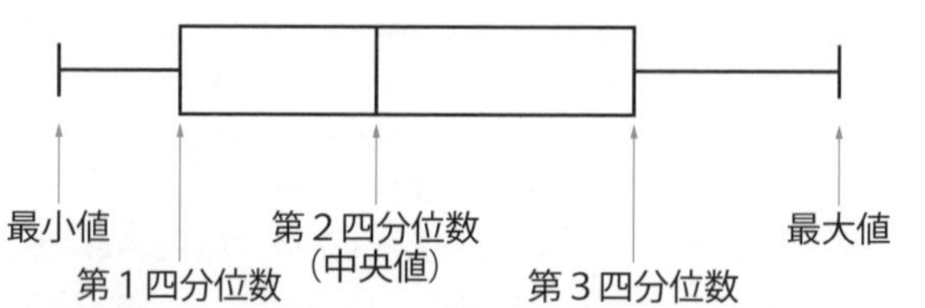

3 **四分位範囲**(しぶんいはんい)…(第3四分位数)−(第1四分位数)

▶ここがポイント
四分位数の求め方
①データの数が**奇数**
○○○○○○○
第1四分位数　中央値　第3四分位数
②データの数が**偶数**
○○○○ ○○○○
第1四分位数　中央値　第3四分位数

▶ここがポイント
箱ひげ図で，箱の横の長さは，四分位範囲を表している。

① くじ引きでは，先に引いても後に引いても，当たる確率は変わらない。
② あることがらが起こらない確率は，1−(起こる確率)で求められる。
③ 四分位数はデータを小さい順に並べ，中央値を境に前半と後半に分けて考える。

例題 1 確　率

2 個のさいころを同時に投げるとき，次の問いに答えなさい。

(1)　目の数の和が 10 になる確率を求めなさい。

(2)　目の数の積が偶数(ぐうすう)になる確率を求めなさい。

考え方

(1) 目の数の和が 10 になる場合の数を，もれや重複のないよう数え上げる。

(2) 目の数の積が**偶数**になる確率は，**偶数にならない(奇数になる)確率**を求め，1 からひけばよい。

(偶数)×(偶数)＝(偶数)
(偶数)×(奇数)＝(偶数)
(奇数)×(偶数)＝(偶数)
(奇数)×(奇数)＝(奇数)

解答

(1) 目の出方は全部で，6×6＝36(通り)
目の数の和が 10 になるのは，(4，6)，(5，5)，(6，4)の 3 通り
よって，求める確率は，$\frac{3}{36}=\frac{1}{12}$

(2) 目の数の積が奇数になるのは，2 個とも奇数が出る場合だけだから，全部で，
3×3＝9(通り)
目の数の積が奇数になる確率は，$\frac{9}{36}=\frac{1}{4}$
よって，目の数の積が偶数になる確率は，目の数の積が奇数にならない確率なので，1 から目の数の積が奇数になる確率をひいて，
$1-\frac{1}{4}=\frac{3}{4}$

例題 2 四分位数と箱ひげ図

右の表は，あるクラスで 1 か月に読んだ本の冊数を調べたものである。

6	16	1	9	20	3	5
12	2	10	13	3	9	8

(冊)

(1)　四分位数をそれぞれ求めなさい。

(2)　箱ひげ図を書きなさい。

考え方

(1) 小さい順に並べると，
1, 2, 3, 3, 5, 6, 8,
9, 9, 10, 12, 13, 16, 20
データの個数が 14 なので，**第 2 四分位数**(中央値)は 7 番目と 8 番目の**平均**になる。

解答

(1) 第 2 四分位数は，(8＋9)÷2＝8.5(点)
第 1 四分位数は，3 点
第 3 四分位数は，12 点

(2)

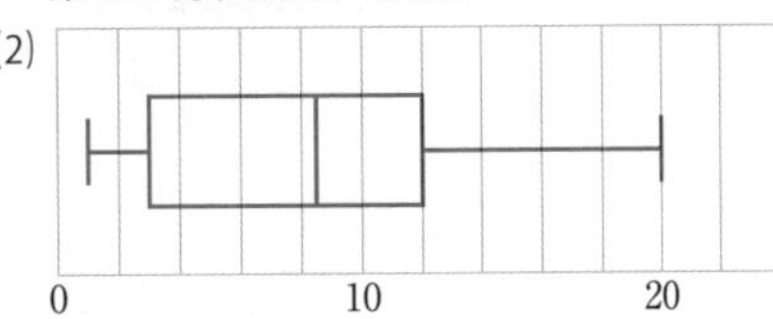

月　日

一般動詞の過去形

POINT 1　一般動詞の過去形の規則変化と不規則変化 ☆☆☆

〈規則変化〉 He plays baseball.（彼は野球をします。）
He **played** baseball yesterday.（彼は昨日野球をしました。）
〈不規則変化〉 Aki goes to Canada.（亜紀はカナダに行きます。）
Aki **went** to Canada last year.（亜紀は昨年カナダに行きました。）

過去のことを述べるときは，動詞を**過去形**にする。

・コレ重要・
☞　一般動詞の過去形には〈原形＋(e)d〉の規則変化をするものと，不規則変化をするものがある。

[規則動詞]　次の４通りの活用がある。

ア	動詞の原形に ed をつける。 ask**ed** / listen**ed** / play**ed** / visit**ed**
イ	語尾が〈子音字＋y〉の場合，y を i にかえて ed をつける。 carr***ied*** / cr***ied*** / stud***ied*** / tr***ied***
ウ	語尾が e で終わる場合，d だけをつける。 close**d** / die**d** / hope**d** / like**d** / use**d**
エ	語尾が〈短母音＋子音字〉の場合，最後の子音字を重ねて ed をつける。　occur***red*** / plan***ned*** / stop***ped***

[不規則変化]…動詞によって独自の変化をする。

原　形	過去形	原　形	過去形
begin（始める）	**began**	make（作る）	**made**
buy（買う）	**bought**	read（読む）	**read**
come（来る）	**came**	say（言う）	**said**
eat（食べる）	**ate**	speak（話す）	**spoke**
get（得る）	**got**	take（持っていく）	**took**
give（与える）	**gave**	tell（話す）	**told**
have（持っている）	**had**	think（考える）	**thought**
leave（出発する）	**left**	write（書く）	**wrote**

注意 play，stay など，母音(ぼいん)のあとに続く y は ~~plaied~~，~~staied~~ にはならない。

▶ここがポイント
一般動詞の過去形は，主語による区別はない。
I played the piano.
He played the piano.

注意 read の過去形は原形と同じ形だが，発音が異なる。
原形 read [riːd]
過去形 read [red]
say [sei] の過去形は said [sed] と発音する。

① 疑問詞 who が主語のときはdid を使わない。
② He read this book. →主語が he でも，reads となっていないので，read は過去形だとわかる。

POINT 2 一般動詞の過去の疑問文・否定文 ☆☆☆

〈疑問文〉 **Did** Aki **go** to Canada last month?（亜紀は先月カナダに行きましたか。）
〈否定文〉 Aki **did not go** to Canada last month.
（亜紀は先月カナダに行きませんでした。）

[疑問文]

〈Did ＋主語＋動詞の原形～？〉で表す。

▶ **Did** you **visit** Tokyo last month?
（先月，あなたは東京を訪れましたか。）
— Yes, I **did**. / No, I **did not**.
（はい，訪れました。/ いいえ，訪れませんでした。）

▶ How **did** Jane **come** to school yesterday?
（昨日ジェーンはどのようにして学校に来ましたか。）
— She **came** by bus.（彼女はバスで来ました。）

▶ **Who visited** Tokyo last month? — I **did**.
↳Who がこの文の主語。 ↳〈主語＋ did.〉で答える。
（だれが先月東京を訪れたのですか。— 私です。）

[否定文]

〈主語＋ did not ＋動詞の原形～ .〉で表す。

▶ I **did not play** tennis last Sunday.
（私はこの前の日曜日テニスをしませんでした。）

▶ My brother **didn't get** up early.
↳did not の短縮形。
（私の弟は早起きをしませんでした。）

注意 疑問詞を使った文は，〈疑問詞＋ did ＋主語＋動詞の原形～？〉で表す。
疑問詞が主語のとき，〈疑問詞＋動詞～？〉で表す。
→ Who broke this cup?
→ Who ~~did break~~ this cup?

▶ここがポイント
疑問文・否定文では動詞を原形にする。

テストに出る 要点チェック ✓

◆次の（ ）内の語を適する形に変えなさい。

- [ ] 1．Ken (study) math last night.
- [ ] 2．I was tired, so I (leave) the party early.
- [ ] 3．I (do) not like sushi when I was a child.
- [ ] 4．My brother (buy) a camera two days ago.

解答
1．**studied**
2．**left**
3．**did**
4．**bought**

動詞の過去形，過去進行形

POINT 3　動詞の過去形 ☆☆☆

〈一般動詞〉 I **watched** TV last night. （私は昨夜，テレビを見ました。）
〈be 動詞〉 I **was** tired yesterday. （私は昨日，疲れていました。）

[一般動詞の過去形]…規則動詞には **(e)d** をつける。不規則動詞は動詞によって独自の変化をする。

- Kazuko **lived** in Toyama five years ago.
（和子は５年前，富山に住んでいました。）
- Takao **made** breakfast this morning.
（隆夫は今朝，朝食を作りました。）
- **Did** Hayato **play** baseball last Sunday?
（勇人は先週の日曜日，野球をしましたか。）
- Kiyoko **didn't take** pictures there.
（きよ子はそこでは写真を撮りませんでした。）

注意 規則動詞の中には，そのまま (e)d をつけるものもあれば，語尾(ごび)を変えてからつけるものもある。
→ p.120 参照。

[be 動詞の過去形]…主語によって２つの be 動詞を使い分ける。

- Our teacher **was** busy last week.
（私たちの先生は先週，忙(いそが)しかったです。）
- **Were** they at the classroom? （彼らは教室にいましたか。）
- I **wasn't** surprised at the news.
（私はそのニュースに驚(おどろ)きませんでした。）

注意 our teacher は複数形ではない。

[過去を表すいろいろな語句]

- **yesterday**（昨日）
- **last week**（先週）
- **last year**（昨年）
- **last night**（昨晩，昨夜）
- **three days ago**（３日前）
- **thirty minutes ago**（30 分前）
- **a long time ago**（昔）
- **then(=at that time)**（そのとき）

参考 this morning は，昼以降になれば過去の意味になるが，まだ朝のうちは，過去以外の意味になることもある。

・コレ重要・
☞ 主語が I と３人称単数のときは was，主語が You と複数のときは were を使う。

得点アップUP

① 一般動詞の文とbe動詞の文とで，疑問文・否定文の作り方が異なるので，注意しよう。
② 過去を表すいろいろな語句を覚えよう。
last ～：「前の～」，～ ago：「～前」

POINT 4 過去進行形 ☆☆

〈現在進行形〉 I **am reading** a book now. （私は今，本を読んでいます。）

be動詞＋動詞のing形

〈過去進行形〉 I **was reading** a book then. （私はそのとき，本を読んでいました。）

過去のある時点で「**～していました**」と表現するときには，〈**be動詞の過去形＋動詞のing形**〉を用いる。

▶ He **was doing** his homework at that time.
（彼はそのとき宿題をしていました。）

疑問文・否定文の作り方は，be動詞の文と同じルール。

▶ **Was** he **doing** his homework at that time?
（彼はそのとき宿題をしていましたか。）

▶ He **wasn't doing** his homework at that time.
（彼はそのとき宿題をしていませんでした。）

▶ **What was** he **doing** at that time?
（彼はそのとき何をしていましたか。）

コレ重要
☞ 過去進行形の形：〈be動詞の過去形＋動詞のing形〉
☞ 過去進行形の意味：「～していました」

注意 know，love，そして「持っている」という意味のhaveなど，状態や知覚を表す動詞は進行形にしない。

テストに出る 要点チェック

◆次の(　)内の正しいものを選びなさい。

- [ ] 1．I (listen / listened) to the new CD last Sunday.
- [ ] 2．(Were / Did) you cook dinner yesterday?
- [ ] 3．Miyuki (was / were) not angry then.
- [ ] 4．They were (played / playing) soccer at that time.
- [ ] 5．I (studied / studying) math last night.

解答

1．listened
2．Did
3．was
4．playing
5．studied

月　日

未来の表現

POINT 5 〈be going to ＋動詞の原形〉

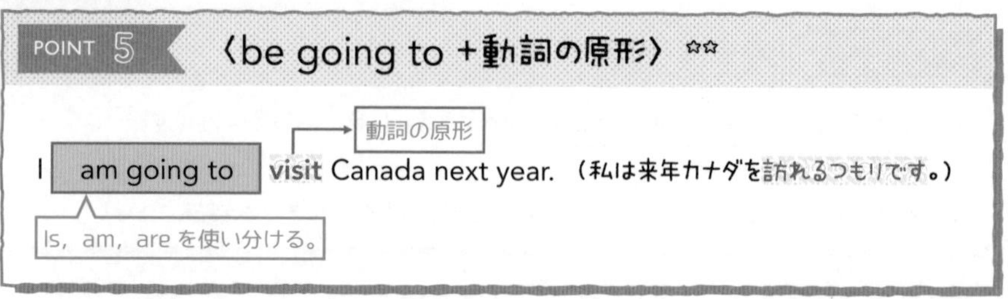

「〜する予定になっている」,「〜するつもりです」は,〈**be going to** ＋動詞の原形〉で表す。

▶ I **am going to practice** the piano tomorrow.
↳主語が I のときは am。I am=I'm。
(私は明日，ピアノの練習をする予定です。)

▶ Tom **is going to see** the dentist next Monday.
↳主語が 3 人称単数のときは is。
(トムは次の月曜日に歯医者に行く予定です。)

▶ We **are going to visit** Disneyland next week.
↳主語が you と複数のときは are。
(私たちは来週ディズニーランドを訪れる予定です。)

コレ重要
☞ be going to のあとは，主語が何であっても動詞の原形。

参考 〈be going to ＋動詞の原形〉は，前もって計画していたことについて言うときに使う。

▶ここがポイント
be 動詞は主語によって is, am, are を使い分ける。

POINT 6 will

「〜でしょう」,「〜するでしょう」,「それでは〜しよう」は,〈**will** ＋動詞の原形〉で表す。

▶ Hiroshi **will be** fourteen in September.
↳be 動詞の原形。
(博は 9 月には 14 歳になります。)

▶ I **will clean** your room. (私があなたの部屋を掃除しましょう。)
↳I will=I'll

▶ Ken and Yuki **will answer** the question.
(ケンと由紀はその質問に答えてくれるでしょう。)

参考 〈will＋動詞の原形〉は，意志や単純な未来，「今決めたこと」を言うときに用いる。
短縮形
I will → I'll
he will → he'll
she will → she'll
we will → we'll
they will → they'll
will not → won't [wount]

得点UP（アップ）

① 前もって計画していたことを述べるときに〈be going to +動詞の原形〉を用いる。
② 「～でしょう」など意志や単純な未来のことを述べるときに〈will +動詞の原形〉を用いる。
③ be going to は be 動詞の，will は助動詞の規則で疑問文・否定文を作る。

社会
理科
数学
英語
国語

POINT 7 be going to, will の疑問文・否定文 ☆

〈疑問文〉 Are you going to practice tennis tomorrow?
（あなたは明日，テニスの練習をするつもりですか。）
Will Tom be busy tomorrow?（トムは明日，忙しいでしょうか。）

〈否定文〉 You are not going to practice tennis tomorrow.
（あなたは明日，テニスの練習をする予定ではありません。）
Tom will not be busy tomorrow.（トムは明日，忙しくないでしょう。）

[疑問文]…**be 動詞，will を主語の前に置く。**

▶ Are you going to practice the piano tomorrow?
（あなたは明日，ピアノの練習をするつもりですか。）
— Yes, I am. / No, I'm not.（はい，そのつもりです。／いいえ，そのつもりではありません。）

▶ Will the people be happy in the future?
（その人々は将来，幸せになるでしょうか。）
— Yes, they will. / No, they will not.（はい，なるでしょう。／いいえ，ならないでしょう。）
（will not =won't）

[否定文]…**be 動詞，will のあとに not を置く。**

▶ I'm not going to play baseball after school.
（私は放課後，野球をする予定ではありません。）

▶ It will not be rainy tomorrow.（明日は雨ではないでしょう。）

参考 → Will you ～? となると，「～してくれませんか。」と依頼（いらい）する表現になる。
→ if 節内では，未来の内容でも現在形を用いる。
If it ~~will rain~~ tomorrow, ～.
→ p.126 参照

テストに出る 要点チェック

◆次の(　)内の正しいものを選びなさい。

- [ ] 1. I am going (run / to run) tomorrow.
- [ ] 2. Mike and I (are / will) be in the same class.
- [ ] 3. Jack (is / will) going to visit his aunt next Saturday.
- [ ] 4. (Will / Are) you going to visit your uncle next Sunday?

解答

1. to run
2. will
3. is
4. Are

接続詞 (if, when, because, that ～)

POINT 8 接続詞 if，when

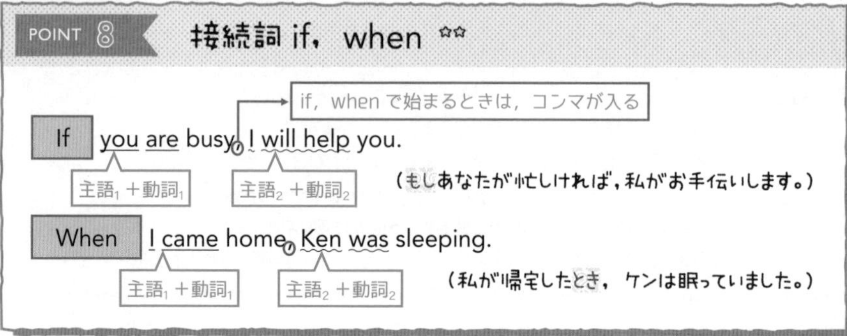

接続詞 **if** は，「もし～なら」の意味。

▶ Please help me **if** you **are** free tomorrow.
　↳未来のことでも現在形で表す。
（もしあなたが明日ひまなら，手伝ってください。）

▶ **If** it **is** fine next Saturday, we will go fishing.
　↳未来のことでも現在形で表す。 ↳コンマが入る。
（もし次の土曜日が晴れなら，私たちは釣りに行きます。）

接続詞 **when** は，「～のとき」の意味。

▶ I was watching TV **when** my father got home.
（父が帰宅したとき，私はテレビを見ていました。）

▶ **When** I get up early, I often walk in the park.
　↳コンマが入る。
（私は早起きしたとき，公園でよく散歩します。）

注意 条件や時を表す接続詞のあとでは，未来の内容でも現在形を用いる。

参考 If ～，When ～，の節で，if, when ＋〈主語1 ＋動詞1〉と〈主語2 ＋動詞2〉を入れ替えても意味はかわらない。訳すときは，if や when のある節から訳すとよい。

POINT 9 接続詞 because

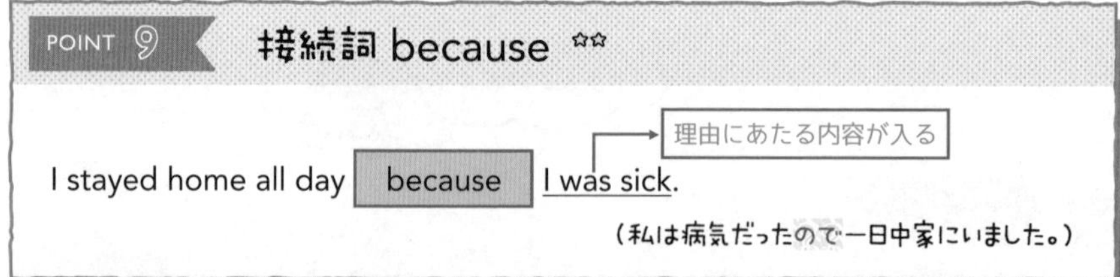

接続詞 **because** は，「なぜなら，～だから」の意味。

▶ I like Ms. White **because** her English classes are very interesting.
（私はホワイト先生が好きです。なぜなら彼女の英語の授業はとてもおもしろいからです。）

① if(もし ~ なら)，when(~ のとき)のあとは，未来を表す内容でも現在形を使おう。
② 接続詞 that は「~ ということ」の意味で，that のあとは〈主語＋動詞〉。

▶ **Why** do you like tennis? — **Because** it's fun.
（あなたはなぜテニスが好きなのですか。— 楽しいからです。）

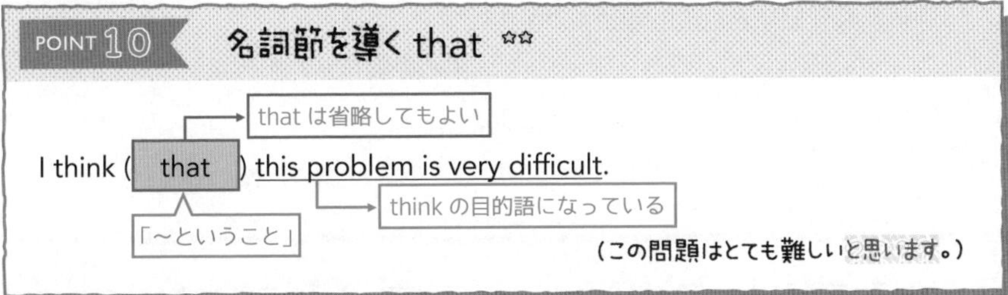

think「～だと思う」，**hope**「～だとよいと思う」，**know**「～だと知っている」，**believe**「～だと信じる」，**be sure**「～だと確信する」などのあとに〈that ＋主語＋動詞〉を続けることができる。この that は省略できる。

▶ I **hope** (that) my mother will like this present.
↳that は省略できる。
（母がこのプレゼントを気に入るといいなと思います。）

▶ Do you **know** (that) Jane is from Canada?
（ジェーンがカナダ出身だと知っていますか。）

▶ I **believed** (that) my son **was** safe.
↳過去形　↳過去形(時制の一致)
（私は息子が無事であると信じていました。）

参考 → I believed that my son was safe. は，I believed の部分だけを過去に訳す。「~~無事だった~~と信じていました」とはしない。
→ The letter **says** that Mike is going to come to Japan next week.（手紙には，マイクが来週日本に来る予定**だと書いてある**。）

コレ重要
☞ if :「もし～なら」/ when :「～のとき」
because :「なぜなら，～だから」/ that :「～ということ」

テストに出る 要点チェック

◆次の(　)内の正しいものを選びなさい。

- [ ] 1．Let's go out (and / if) it is fine tomorrow.
- [ ] 2．I don't think (that / when) Tom will come.
- [ ] 3．Yuki was studying (when / if) I called her.
- [ ] 4．Yumi went to bed (but / because) she was tired.
- [ ] 5．He began to play the piano (that / when) he was three.

解答

1．if
2．that
3．when
4．because
5．when

月　日

There is 構文と前置詞

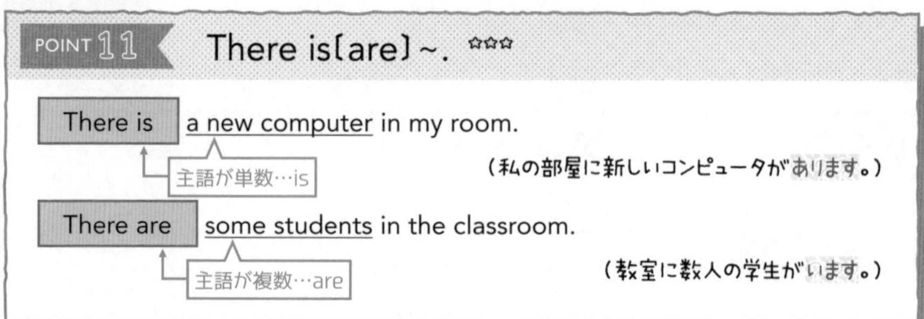

「～がいる〔ある〕」は，**There is**〔**are**〕**～.** で表す。主語が単数なら **is**，複数なら **are** を使う。

［疑問文］…**be 動詞を there の前**に置く。

▶ **Is there** a post office around here?

（このあたりに郵便局はありますか。）

—Yes, **there is**. / No, **there is** not.
↳there と be 動詞を使って答える。

（はい，あります。/ いいえ，ありません。）

［否定文］…**be 動詞のあとに not** を置く。

▶ **There is not** any water in the river.
↳not any ～「少しも～ない」=no ～

（川にはまったく水がありません。）

☞「～がいる〔ある〕」は There is〔are〕~. で表す。

注意 my や the などがつく名詞や，固有名詞にはこの構文は使わない。
× There is ~~my pen~~ on the desk.
→ My pen is on the desk. とする。

参考 次のように書くこともできる。
There is **no** water in the river.

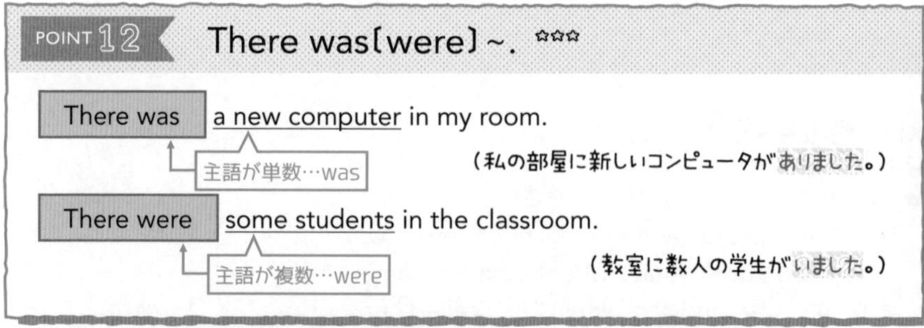

「～がいた〔あった〕」（過去）は，**There was**〔**were**〕**～.** で表す。主語が単数なら **was**，複数なら **were** を使う。

① 主語が単数なら is か was，複数なら are か were を使おう。
② 数えられない名詞についていうときは，is か was を使おう。
③ 疑問文・否定文は be 動詞の文のルールと同じ。

社会
理科
数学
英語
国語

[**疑問文・否定文**]…現在形と同じルール。

▶ **Was there** a big dog under the table?
（テーブルの下に大きな犬がいましたか。）

▶ **There were not** any eggs in the box.
↳not any ～「少しも～ない」=no ～
（箱の中には卵は1つもありませんでした。）

参考 現在形と同様，there と be 動詞を使って答える。
Was there a pen on the desk?
— Yes, **there was**. / No, **there was** not.

POINT 13 前置詞 ☆☆

There is an old pen **on** the desk.（机の上に古いペンが 1 本あります。）
→ 名詞などの前に置くので「前置詞」という

前置詞は，常に〈**前置詞＋名詞など**〉の形で使う。

[**over**]（**～の上に**）

▶ There is a bridge **over** the river.
（川の上に橋がかかっています。）

[**under**]（**～の下に**）

▶ There was a cat **under** the desk.（机の下にねこがいました。）

[**between**]（**（2 つ）の間に**）

▶ There is a post office **between** a bank **and** a flower shop.（銀行と花屋の間に郵便局があります。）
↳between A and B =「A と B の間に」

[**among**]（**（3 つ以上）の間に**）

▶ There were a few houses **among** trees.
（木々の間に家が数軒ありました。）

参考 前置詞のいろいろな使い方
over one thousand people（1,000 人超）
under 12（12 歳未満）
between us（私たちの間に）
among young people（若者の間で）

テストに出る 要点チェック

◆次の（　）内の正しいものを選びなさい。

- [ ] 1．There (is / are) a little milk in the glass.
- [ ] 2．(Are / Is) there any students in the room?
- [ ] 3．(There / It) is a big dog under the tree.
- [ ] 4．There is a river (among / between) two cities.
- [ ] 5．Are there any people in the park?
— Yes, (they / there) are.

解答
1．is
2．Are
3．There
4．between
5．there

月　日

must と have to, may

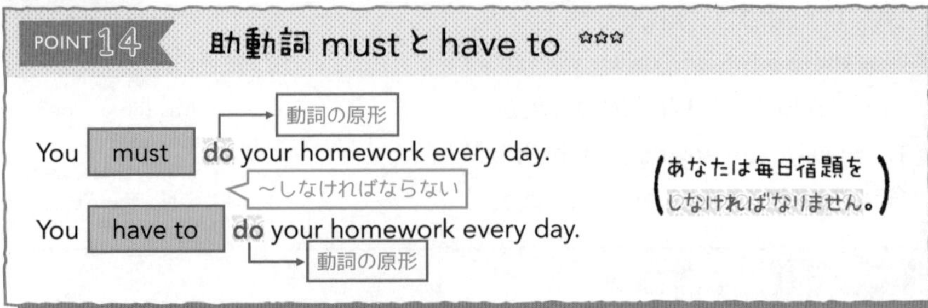

must と〈**have**〔**has**〕**to** ＋**動詞の原形**〉は「〜しなければならない」という「義務」を表す。

▶ John **has to**〔＝**must**〕**take** care of his dog.
　↳主語が3人称単数なので has。　↱動詞の原形。
(ジョンは彼の犬の世話をしなければなりません。)

▶ We **had to finish** reading this book.
　↳過去の文は had。　↱動詞の原形。
(私たちはこの本を読み終えなければなりませんでした。)

[**疑問文・否定文**]…助動詞のルールと同じ。

▶ **Must we** finish this work now?
　↳ほぼ同じ意味。
(私たちはこの仕事を今，終えなければなりませんか。)

—Yes, you **must**. / No, you **don't have to**.

(はい，終えなければなりません。/ いいえ，その必要はありません。)

・コレ重要・
☞ must：「〜しなければならない」という「義務」を表す。

注意　must には過去形がないので，同じ意味の have to を had to と過去形にして用いる。
Did you have to go there?
— Yes, I did. / No, I didn't.
(あなたはそこに行かなければなりませんでしたか。)
must not 〜 は「〜してはいけない」の意味。don't have to 〜「〜する必要はない」との意味のちがいに注意。

must be 〜 は「〜にちがいない」という「推量」を表す。

▶ He doesn't look well. He **must be** sick.
　↳be 動詞の原形。
(彼は元気に見えません。彼は病気であるにちがいない。)

参考　That man **can't be** Ken. (あの男性が健**であるはずがない**。)

得点アップUP

① must not ~(~してはいけない)と，don't〔doesn't〕 have to ~(~する必要はない)を区別しよう。
② must の過去形は had to で表そう。

POINT 16 助動詞 may ☆☆☆

～してもよい　動詞の原形

You **may** **use** this pen.（あなたはこのペンを使ってもよい。）

may は「～してもよい」「～かもしれない」という意味。

[許可]…「～してもよい」

▶ You **may take** out four books at a time.（take：動詞の原形。）
（あなたは一度に４冊の本を持ち出してもよい。）

[推量]…「～かもしれない」

▶ He **may be** angry.（彼は腹を立てているのかもしれません。）（be：be 動詞の原形。）

▶ It **may snow** soon. It is getting cold.（snow：動詞の原形。）
（すぐ雪になるかもしれません。寒くなっています。）

[疑問文・否定文]

▶ **May I open** the window?（窓を開けてもよいですか。）
— Yes, you may. / No, you may not.
（いいですよ。/ いいえ，いけません。）

▶ You **may not sit**.（すわってはいけません。）（must not より弱い禁止。）

・コレ重要・
☞ may：「～してもよい」という「許可」を表す。

注意 may と can は同じように用いられることがある。
You may use this pen. は You can use this pen. とほぼ同じ意味。
May I ～? と Can I ～? はほぼ同じ意味。

参考 May I ～? への答え方
Sure. / Certainly.（もちろん。）
I'm sorry, you can't.（すみませんが，できません。）

テストに出る要点チェック

◆次の(　)内の正しいものを選びなさい。

- [ ] 1. Jane (have / has) to walk her dog every day.
- [ ] 2. (May / Must) I go out now? — Yes, you must.
- [ ] 3. You (may / must) use my dictionary.
— Thank you.
- [ ] 4. (Do / Did) I have to come early?
— No, you didn't have to.
- [ ] 5. Bill (have / must) be from Japan. He speaks Japanese well.

解答
1. has
2. Must
3. may
4. Did
5. must

月　日

第 4 文型の動詞と第 2 文型の動詞

第 4 文型は，〈show ＋ A(人など)＋ B(ものなど)〉「A に B を見せる」の形。

give(与(あた)える)，**send**(送る)，**teach**(教える)，**tell**(話す)，**buy**(買う)，**make**(作る)などが使われる。

前置詞を使って，**第 3 文型**の〈動詞＋ B ＋ to〔for〕＋ A〉の形に書きかえることができる。

[**to を使う動詞**]…give，send，teach，tell　など

▶ Tom **gave** Jane a nice bag.
　＝ Tom gave a nice bag **to** Jane.
　(トムはジェーンにすてきなかばんを**あげました**。)

▶ I will **send** you a picture postcard.
　＝ I will send a picture postcard **to** you.
　(私はあなたに絵葉書(はがき)を**送ります**。)

[**for を使う動詞**]…buy，make　など

▶ My father **bought** me a new bike.
　＝ My father bought a new bike **for** me.
　(父は私に新しい自転車を**買ってくれました**。)

▶ I **made** Ken breakfast. ＝ I made breakfast **for** Ken.
　(私はケンのために朝食を**作りました**。)

・コレ重要・

☞ 第 4 文型：〈主語＋動詞＋目的語(人に)＋目的語(ものを)〉

注意 B に代名詞がくるときには，第 3 文型が使われる。
I will show it to you.
I will show ~~you it~~.

参考 その他の to を使う動詞の例：
bring(持ってくる)，
lend(貸す)，
write(書く)，
read(読む)など
その他の for を使う動詞の例：
get(手に入れる)，
cook(料理する)，
do(する)など

▶ここがポイント

- 第 4 文型に使われる動詞は決まっている。
- 第 4 文型
〈動詞＋(人に)＋(ものを)〉
- 第 3 文型
〈動詞＋(ものを)＋ to〔for〕＋(人)〉

① 〈show＋人＋もの〉の文型では，語順に注意しよう。
② 第 4 文型→第 3 文型の書きかえではto と for の使い分けに注意しよう。
③ 第 2 文型での look，feel，sound などは進行形にしない。

社会 理科 数学 英語 国語

POINT 18 第 2 文型の動詞 ☆☆☆

He **looks** tired.（彼は疲れているように見えます。）〈動詞＋形容詞〉

He **became** a doctor.（彼は医者になりました。）〈動詞＋名詞〉

第 2 文型は，〈look＋形容詞〉「～に見える」や〈become＋名詞〔形容詞〕〉「～になる」の形。

feel（～と感じる），**sound**（～に聞こえる），**smell**（～のにおいがする），**taste**（～の味がする），**get**（～になる），**become**（～になる）などが使われる。

第 2 文型は状態を表す意味になることが多いんだよ。

▶ I **feel happy** when I listen to music.（↳形容詞。）
（私は音楽を聞くと幸せに感じます。）

▶ Your story **sounds interesting**.（↳形容詞。）
（あなたの話はおもしろそうです。）

▶ This pie **smells good**.（このパイはいいにおいがします。）（↳形容詞。）

▶ This soup **tastes salty**.（このスープは塩からい。）（↳形容詞。）

▶ Yuki **became sick** when she was in America.（↳形容詞。）
（由紀はアメリカにいるときに病気になりました。）

▶ It is **getting dark**.（暗くなっています。）（↳形容詞。）

コレ重要
☞ 第 2 文型：〈主語＋動詞＋補語〉

参考 →これらの動詞は be 動詞に置きかえても同じ文型。
This soup is salty.
→ look は，目で見て「～に見える」ときに，sound は 耳 で聞いて「～に聞こえる」ときに使う。
This T-shirt **looks** cool.
→ T シャツを見て言う。
This idea **sounds** great.
→考えを聞いて言う。

テストに出る 要点チェック

◆次の（　）内にあてはまるものを下から選びなさい。

☐ 1．Please（　　）me your passport.
☐ 2．You（　　）sad. What's wrong?
☐ 3．Let's go shopping. —That（　　）great!
☐ 4．Kumi（　　）me the way to the station.
☐ 5．My mother（　　）a nice bag for me.
［bought，show，sounds，told，look］

解答
1．show
2．look
3．sounds
4．told
5．bought

月　日

不定詞（to ＋動詞の原形）

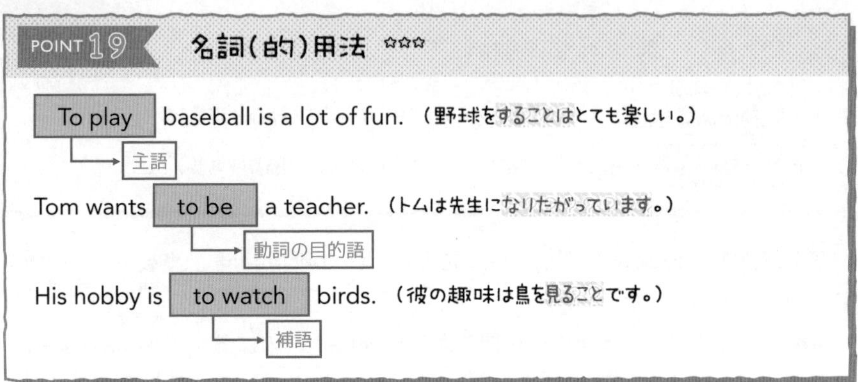

「～すること」の意味で，名詞と同じ働きをする。文の主語，目的語，補語になる。

▶ **To get** up early **is** good for your health. ［文の主語として］
↳不定詞は単数扱い。
（早起きすることはあなたの健康によい。）

▶ I decided **to do** something for the earth.
↳decide to ～=「～することに決める」「～する決心をする」
（私は地球のために何かすることに決めました。）
［動詞の目的語として］

▶ My dream is **to study** in America. ［補語として］
（私の夢はアメリカで学ぶことです。）

注意 主語・補語になる不定詞は，動名詞に書きかえることができる。→ p.136
Getting up early is good for your health.
My dream is **studying** in America.

POINT 20 形容詞(的)用法 ☆☆☆

There are many things **to see** in Kyoto.
修飾
（京都には見るべきものがたくさんあります。）

「～するための」の意味で，直前の名詞に意味をつけ加える。

▶ Would you like something **to drink**?
修飾
（何か飲みものはいかがですか。）

▶ There is nothing **to eat** here.
修飾
（ここには食べものはありません。）

注意 -thing を修飾（しゅうしょく）する形容詞が入るときは，不定詞の前に置く。
something **hot** to drink
（何か温かい飲みもの）

得点UP

① 文の主語や動詞の時制が変わっても，to のあとの動詞は常に原形。
② 〈to +動詞の原形〉だけを目的語にとる動詞は，decide(決める)，want(欲する)，hope(希望する)，plan(計画する)，expect(期待する)など。

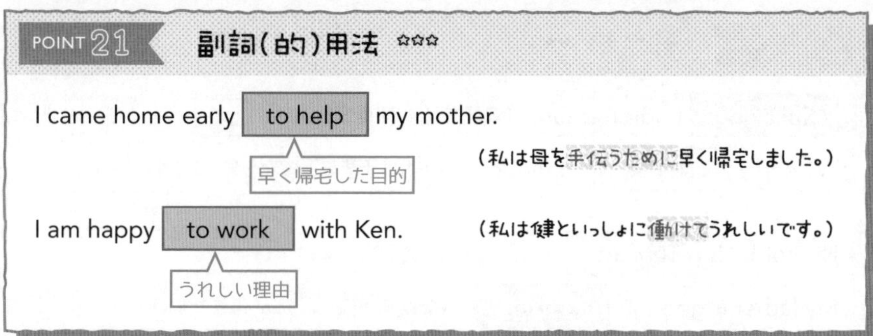

「～するために」「～して(…だ)」の意味で，動作の目的や理由などを説明する働きをする。

［目的］

▶ Tom went to the park **to play** soccer.
（トムはサッカーをするために公園に行きました。）

▶ Why did you go to the station? —**To meet** my mother.
（なぜあなたは駅へ行ったのですか。— 母を出迎えるためです。）

［理由］

▶ I was **surprised to hear** the news.
（私はその知らせを聞いて驚きました。）

▶ I am **sorry to hear** that.（それをお聞きして残念に思います。）

参考 → 副詞(的)用法は，それがなくても文は成り立つ。
→修飾語の役割。
→理由を表す表現
be happy to ～,
be glad to ～
「～してうれしい」
be sad to ～
「～して悲しい」

コレ重要
☞ 不定詞の形：〈to +動詞の原形〉
☞ 不定詞の用法：「名詞(的)用法」「形容詞(的)用法」「副詞(的)用法」

テストに出る 要点チェック

◆適切な位置に to を入れなさい。

☐ 1. I need a lot of money buy a car.
☐ 2. We were excited see that popular singer.
☐ 3. Tom came to Japan teach English.
☐ 4. There is nothing do now.
☐ 5. My dream is be an English teacher.

解答

1. money to buy
2. excited to see
3. Japan to teach
4. nothing to do
5. is to be

動名詞（動詞の ing 形）

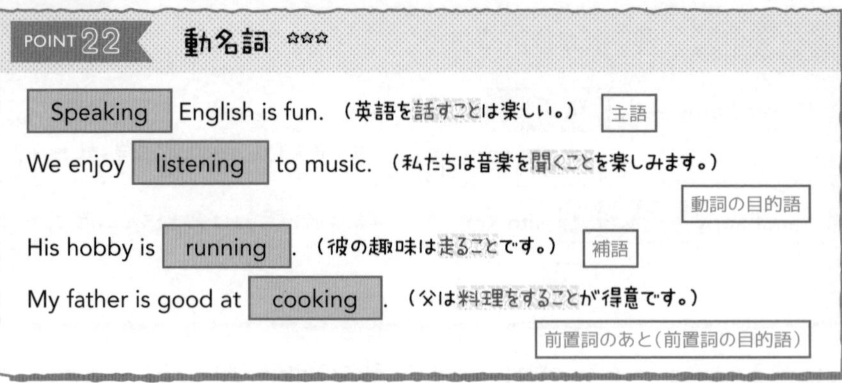

「～すること」の意味で，文の中で名詞と同じ働きをし，文の主語，目的語，補語などになる〈動詞の ing 形〉を**動名詞**という。

［文の主語として］

▶ **Surfing** the Internet **is** interesting.
↳動名詞は単数扱い。
（ネットサーフィンをすることはおもしろい。）

▶ **Using** this computer **is** difficult.
（このコンピュータを使うことは難しい。）

［動詞の目的語として］

▶ I **finished cleaning** the room.（私は部屋を掃除(そうじ)し終えました。）
↳finish のあとに不定詞は続かない。

▶ The baby **stopped crying**.（赤ん坊は泣きやみました。）

［補語として］

▶ His hobby is **collecting** old coins.
（彼の趣味(しゅみ)は古いコインを集めることです。）

［前置詞のあとに（＝前置詞の目的語として）］

▶ Thank you **for helping** me.
↳前置詞のあとに不定詞は続かない。
（手伝ってくれてありがとう。）

▶ Tom went out **without saying** anything.
（トムは何も言わずに出て行きました。）

コレ重要
☞ 動名詞の形：〈動詞の ing 形〉
☞ 動名詞の意味：「～すること」

注意 主語，補語になる動名詞は，不定詞に書きかえることができる。
→ p.134
To surf the Internet is interesting.
His hobby is **to collect** old coins.

注意 stop のあとの不定詞と動名詞
I stopped **talking**.
（**話をすること**をやめた）
→ talking は stop の目的語。
I stopped **to talk**.
（**話をするために**立ち止まった）
→ to talk は stop の目的語ではなく，目的を表す修飾(しゅうしょく)語。

① 動名詞だけを目的語にとる動詞は決まっている。
enjoy(楽しむ)，finish(終える)，practice(練習する)，mind(気にする)など。
② be interested in などの前置詞のあとには，不定詞ではなく動名詞が続く。

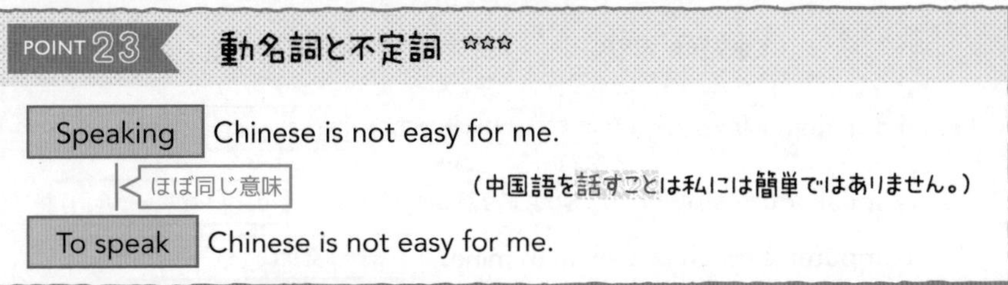

POINT 23 動名詞と不定詞 ☆☆☆

Speaking Chinese is not easy for me.

ほぼ同じ意味　（中国語を話すことは私には簡単ではありません。）

To speak Chinese is not easy for me.

不定詞(to＋動詞の原形)の名詞(的)用法「～すること」と動名詞は，下記の場合，ほぼ同様に用いられる。

[文の主語として使われる場合]

▶ **Playing** video games **is** a lot of fun.
↳不定詞・動名詞は単数扱い。
＝**To play** video games **is** a lot of fun.
(テレビゲームをすることはとても楽しい。)

[動詞の目的語として使われる場合]

▶ Kumi likes **going** out with friends.
＝Kumi likes **to go** out with friends.
(久美は友だちと出かけるのが好きです。)

▶ It started **raining**. ＝ It started **to rain**.
↳began でも同じ意味。
(雨が降り始めました。)

▶ Ken began **studying** math.
↳started でも同じ意味。
＝Ken began **to study** math.
(ケンは数学を勉強し始めました。)

参考 →不定詞と動名詞をほぼ同じ意味で用いる動詞
continue(続ける)，
begin(始める)，
start(始める)，
like(好む)
→不定詞と動名詞で意味が違う動詞の例
try to ～(～しようとする)
try ～ing(試しに～してみる)

テストに出る 要点チェック

◆次の( )内の語を適する形にかえなさい。

☐ 1．I know (study) English is very important.
☐ 2．Did you enjoy (play) soccer?
☐ 3．Please stop (talk)! I am studying.
☐ 4．I am interested in (surf) the Internet.
☐ 5．Jane started (learn) Japanese a month ago.

解答

1．studying〔to study〕
2．playing
3．talking
4．surfing
5．learning〔to learn〕

月　日

比較表現(-er, -est, as ～ as ...)

POINT 24　比較級 ☆☆☆

I am **older than** Makoto.（私はマコトより年上です。） -er + than

Please speak **more slowly**.（もっとゆっくり話してください。） more＋副詞(＋than)　副詞の形はそのまま

Your computer is much **better than** mine. 不規則に変化(good → better)

比較級を強調する much

（あなたのコンピュータは私のよりずっとよい。）

2つを比べて「**Aより(もっと)～だ**」というときは，〈形容詞・副詞＋ **-er than A**〉の形で表す。

▶ Tom can run **faster than** Ken.
（トムはケンより速く走ることができます。）

[**前に more を置く形容詞・副詞**]…つづりが長い語

▶ This book is **more difficult than** that one.（difficult：変化しない形。one：＝book）
（この本はあの本より難しい。）

[**不規則変化するもの**]

▶ Keiko can play soccer **better than** Tom.（better：well の比較級。）
（圭子はトムより上手にサッカーができます。）

・コレ重要・
☞ 比較級は形容詞や副詞の語尾に -er をつけて表す。

注意 〈子音字(しいんじ)＋y〉の語はyをiにかえて -er。
easy → eas*i***er**
happy → happ*i***er**
〈短母音(たんぼいん)＋子音字〉の語は語尾(ごび)を重ねて -er。
hot → hot**ter**
big → big**ger**
注意すべき構文
Which do you like **better**, summer **or** winter? —I like summer **better**.

POINT 25　最上級 ☆☆☆

My mother gets up **the earliest in** my family. the + -est
（母は家族で最も早く起きます。）
範囲を表す語が続くときは in

Is baseball **the most popular in** Japan? the + most ＋形容詞
（日本では野球が最も人気がありますか。）

Keiko plays soccer the **best of** all the students in this class.
不規則に変化(well → best)
複数を表す語が続くときは of
（圭子はこのクラスのすべての生徒の中で最も上手にサッカーをします。）

得点アップ UP
① 比較級・最上級の作り方を整理しよう。そのまま -er, -est / -r, -st / y を i にかえて -er, -est / 語尾を重ねて -er, -est / 前に more, most / 不規則変化
② not as ~ as A と比較級の書きかえができるようになろう。

3つ以上を比べて「(～の中で)最も…だ」というときは，〈**the 形容詞・副詞＋ -est in〔of〕 ～**〉の形で表す。

▶ Takuya is **the tallest of** the three.（拓也は3人の中で最も背が高い。）

[**前に most を置く形容詞・副詞**]…つづりが長い語

▶ Sleeping well is **the most important in** my life.（範囲を表す語の前。／変化しない形。）

（よく眠(ねむ)ることは生活の中で最も大切です。）

[**不規則変化するもの**]

▶ My computer is **the best of** all.（複数を表す語の前。／good の最上級。）

（私のコンピュータはすべての中で最もよい。）

・コレ重要・
☞ 最上級は形容詞や副詞の語尾に -est をつけて表す。

注意 more, most をつける語
popular,
careful,
beautiful,
interesting,
important など
不規則変化
good（良い）
－ better － best
well（上手な）
－ better － best

POINT 26 as ~ as ... ☆☆☆

My car is as big as yours.（私の車はあなたのと同じくらい大きい。）
- 形容詞の形はそのまま
- as ～ as
- yours ＝your car

「**A と同じくらい～だ**」は〈**as 形容詞〔副詞〕 as A**〉の形。

▶ I am **as old as** you.（私はあなたと同じ年です。）（変化しない形。）

▶ Paris is **not as〔so〕 large as** Tokyo.（not as〔so〕 ～ as A＝「A ほど～ない」）

＝ Tokyo is **larger than** Paris.（パリは東京ほど大きくない。）（比較級で書きかえができる。）

注意 否定文の書きかえ
A is not as **big** as B.
＝ A is **smaller** than B.
＝ B is **bigger** than A.

テストに出る 要点チェック

◆次の(　)内の語を適する形にかえなさい。

☐ 1. Math is (easy) than English.
☐ 2. My dog is as (big) as yours.
☐ 3. This is the (long) river in Japan.
☐ 4. This book is (interesting) than that one.
☐ 5. Saki can speak English the (well) in her class.

解答
1. easier
2. big
3. longest
4. more interesting
5. best

受け身（受動態）

「(…によって) ～される」というときは，〈**be 動詞＋過去分詞(＋ by …)**〉の形で表す。これを**受け身**という。

[受け身の時制]…be 動詞で表す。

▶ These cars **are washed** every day.
　（are washed：現在形）
（これらの車は毎日洗われます。）

[行為者（こうい）]…by ～ で表す。

▶ This book **was written by** Jack.
　（was：過去形／by：「～によって」）
（この本はジャックによって書かれました。）

☞ 受け身の形：〈be 動詞＋過去分詞(＋ by …)〉
☞ 受け身の意味：「(…によって) ～される，～されている」

注意 動詞の過去分詞
→規則動詞は過去形と同じ。
→不規則動詞（一例）
eat－ate－**eaten**
give－gave－**given**
make－made－**made**
read－read－**read**

POINT 28 能動態と受け身 ☆☆☆

〈能動態〉 Yumi **uses** this car.（由美はこの車を使います。）

目的語を主語に

〈受け身〉 This car **is used** by Yumi.（この車は由美によって使われます。）

be 動詞＋過去分詞に

[能動態から受け身へ]

▶ We clean our classroom after school.
　（our classroom：目的語…主語に。）
＝ Our classroom **is cleaned by** us after school.
　（is cleaned：〈be 動詞＋過去分詞〉）
（教室は放課後，私たちによって掃除（そうじ）されます。）

得点アップUP

① 不規則動詞の過去分詞をできるだけたくさん覚えよう。
② 書きかえるときは，動詞に注意。（受け身から能動態：be 動詞の時制，能動態から受け身：一般動詞の形）

↗主語…by ～ として文末へ
▶ Soseki wrote *Botchan* in 1906.
↳目的語…主語に
= *Botchan* **was written by** Soseki in 1906.
↳過去形。 ↳〈be 動詞＋過去分詞〉
（『坊（ぼ）っちゃん』は 1906 年に漱石（そうせき）によって書かれました。）

［受け身から能動態へ］

▶ Many useful things were invented by Edison.
↳目的語に。 ↳一般動詞（過去形）に。 ↳主語に。
= Edison **invented** many useful things.
（エジソンは多くの役立つものを発明しました。）

注意 書きかえでは次の点に注意すること。
1. 時制と主語の数
→ be 動詞で区別
2. 過去分詞の形

参考 疑問詞の受け身
Who invented the TV?
→ Who **was** the TV **invented by**?
（テレビはだれによって発明されましたか。）

POINT 29 受け身の疑問文・否定文 ☆☆

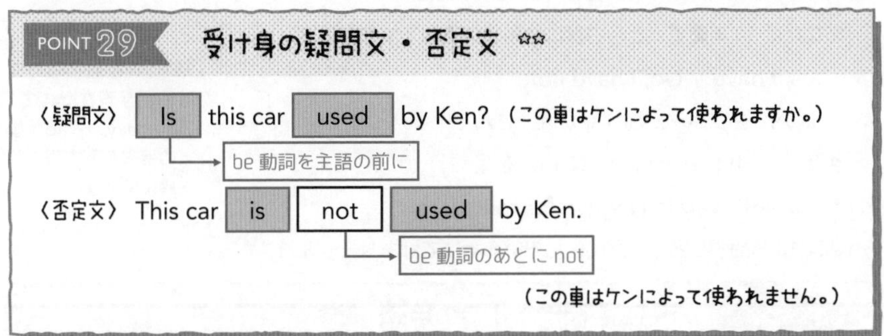

疑問文・否定文は，be 動詞のルールと同じ。

▶ **Were** these pictures **taken** by Tom?
（これらの写真はトムによって撮（と）られましたか。）

▶ Chinese **is not taught** in my school.
（中国語は私の学校では教えられていません。）

注意 答え方
Is this car used by Ken?
— Yes, it is. /
No, it isn't.

テストに出る 要点チェック

◆次の（ ）内の語を適する形にかえなさい。

☐ 1．English is (speak) in Singapore.
☐ 2．These pictures (be) painted by him then.
☐ 3．(Be) this cake made by Jane? — Yes, it was.
☐ 4．Japanese isn't (teach) in this country.
☐ 5．(Be) the windows washed every day?
— No, they aren't.

解答
1．spoken
2．were
3．Was
4．taught
5．Are

月　日

現在完了形

POINT 30 現在完了形 ☆☆☆

I **have lived** in Nagoya for ten years.

→ have〔has〕＋過去分詞

（私は 10 年間ずっと名古屋に住んでいます。）

現在完了形は**have〔has〕＋過去分詞**の形で表す。

[疑問文]…have〔has〕を文頭に書く。

▶ **Have** you **lived** in Nagoya for ten years ?

（あなたは 10 年間ずっと名古屋に住んでいるのですか。）

— Yes, I have. / No, I have not.

（はい，住んでいます。/ いいえ，住んでいません。）

[否定文]…have〔has〕の後に not を書く。

▶ I **have not lived** in Nagoya for ten years.

（私は 10 年間ずっと名古屋に住んでいるわけではありません。）

注意 主語が 3 人称単数のときは，have を has に変える。

注意 現在完了形の文は時制が現在なので，yesterday, ～ ago などの過去を表す語句と一緒に使えない。

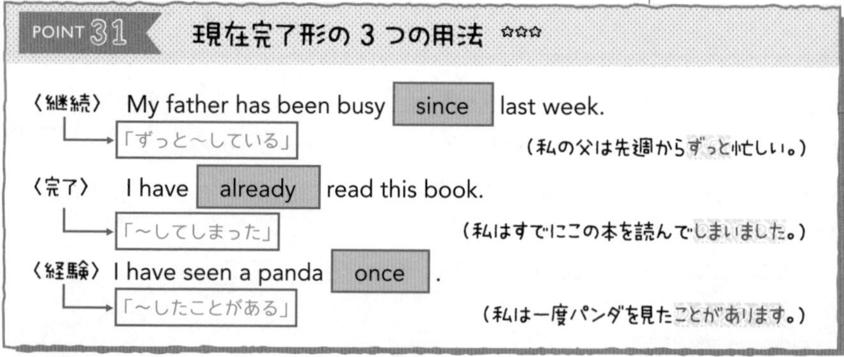

POINT 31 現在完了形の 3 つの用法 ☆☆☆

〈継続〉 My father has been busy **since** last week.

→「ずっと～している」

（私の父は先週からずっと忙しい。）

〈完了〉 I have **already** read this book.

→「～してしまった」

（私はすでにこの本を読んでしまいました。）

〈経験〉 I have seen a panda **once** .

→「～したことがある」

（私は一度パンダを見たことがあります。）

[継続用法]

継続用法では，**for**（～の間），**since**（～から〔～以来〕），**How long**（どれくらいの間）という語句がよく使われる。

▶ She has wanted a new bag **for a long time**.

（彼女は長い間ずっと新しいかばんを欲しがっています。）

▶ **How long** have you stayed home?

（あなたはどれくらいの間家にいるのですか。）

▶ここがポイント

for の後には期間を表す語句，since の後には過去の起点を表す語句を書く。

① 一緒に使われている語句を見ると，その文が現在完了形のどの用法なのかがわかる。
② 肯定文・疑問文・否定文のいずれかによって使える語句が異なったり，同じ語でも意味が変わったりすることがあるので，気をつけよう。

[完了用法]

完了用法では，**already**（すでに），**just**（ちょうど），**yet**（〔疑問文で〕もう），（〔否定文で〕まだ）という語句がよく使われる。

▸ We have **just** arrived here.
（私たちはちょうどここに着いたところです。）

▸ Have you eaten lunch **yet**?
（あなたはもう昼食を食べてしまいましたか。）

▸ He hasn't cleaned his room **yet**.
（彼はまだ自分の部屋を掃除していません。）

・コレ重要・
☞ already と just は過去分詞の前に，yet は文末に書く。

注意 already と just は肯定文，yet は疑問文か否定文で用いる。

[経験用法]

経験用法では，**once**（1回），**～ times**（～回），**ever**（〔疑問文で〕今までに），**never**（〔否定文で〕一度も～ない）という語句がよく使われる。否定文では not の代わりに never を使う。

▸ Have you **ever** eaten *sashimi*？
（あなたは今までに刺身を食べたことがありますか。）

▸ Ken has **never** been to Nara.
（健は一度も奈良に行ったことがありません。）

・コレ重要・
☞ ever と never は過去分詞の前に書く。

参考 have been to ～で「～へ行ったことがある」という意味を表す。have gone to ～は「～へ行ってしまった（ここにはいない）」というニュアンスになる。

テストに出る 要点チェック

◆次の（ ）内の正しいものを選びなさい。

☐ 1．They (have / has) already finished their homework.
☐ 2．This building has stood here (for / since) 2000.
☐ 3．How (long / often) has he lived in Hokkaido?
☐ 4．I have (ever / never) played the guitar.
☐ 5．Have you ever (been / gone) to Australia?

解答
1．**have**
2．**since**
3．**long**
4．**never**
5．**been**

2 俳句

1 俳句の形式と音数

ⓐ**五・七・五**の三句、**十七音の定型**詩。

ⓑ音数が基本の十七音でない「字足らず」「字余り」もある。

ⓒ**季語**（季節を表す言葉）を詠み込む。

ⓓ十七音の定型にとらわれない俳句を「**自由律俳句**」、季語のない俳句を「**無季俳句**」と呼ぶ。また、自由律俳句で季語のない俳句を「**無季自由律俳句**」と呼ぶ。

例 咳をしても一人　尾崎放哉

ⓔ季語を分類・整理した書物が「**歳時記**」である。

例【新年（正月）】初夢・去年・門松・書初・雑煮・七草がゆ

【春（旧暦一月～三月）】雪解・苗代・桜・菜の花・鶯・蛙

【夏（旧暦四月～六月）】更衣・団扇・蟬・向日葵・万緑・時鳥

【秋（旧暦七月～九月）】月見・朝顔・蜻蛉・すすき・菊

【冬（旧暦十月～十二月）】師走・北風・こたつ・蜜柑・鴨

※「**雪崩**」は春、「**麦の秋**」は夏、「**小春日和**」は冬の季語。

2 俳句の表現技法

ⓐ**切れ字**…句中や句末で、意味が切れることを表す語。切れ字のあるところは、必ず「**句切れ**」（「句切れ」という）となる。

主な切れ字に、「**や・かな・ぞ・けり・なり・よ**」などがある。

例 閑かさや岩にしみ入る蟬の声　松尾芭蕉
（や＝切れ字（初句切れ）、蟬＝季語（夏））

ⓑその他、比喩・反復・体言止め・倒置なども使われる。

テストに出る 要点チェック

◆次の短歌について、あとの問いに答えなさい。

ア 雲ひとひら月の光りをさへぎるはしら鷺よりもさやけかりにけり　太田水穂

イ 海恋し潮の遠鳴りかぞへてはをとめとなりし父母の家　与謝野晶子

ウ はたはたと黍の葉鳴れる　ふるさとの軒端なつかし　秋風吹けば　石川啄木

エ 白鳥は哀しからずや空の青海のあをにも染まずただよふ　若山牧水

□ 1. 切れ字のある短歌を選びなさい。

□ 2. 字余りの短歌を選びなさい。

□ 3. 倒置の技法が使われている短歌を選びなさい。

□ 4. 体言止めの短歌を選びなさい。

◆次の俳句について、あとの問いに答えなさい。

① 五月雨の降り残してや光堂　松尾芭蕉

② 荒海や佐渡によこたふ天の河　松尾芭蕉

□ 5. ①・②について、季語と季節を答えなさい。

□ 6. ①・②について、何句切れかを答えなさい。

解答　1. エ　2. ア　3. ウ　4. イ　5. ①五月雨・夏　②天の河・秋　6. ①二句切れ　②初句切れ

短歌・俳句

得点UP
① 短歌と俳句の基本的な形式と音数を理解しよう。
② 短歌の句切れや枕詞などの表現技法を理解しよう。
③ 俳句の種類を理解し、季語が表す季節に注意しよう。
月　日

1 短歌

1 短歌の形式と音数

ⓐ **五・七・五・七・七**の五句、**三十一音**の**定型詩**。（↑三十一文字(みそひともじ)と呼ばれる）

ⓑ 五句のそれぞれを**初句・二句・三句**・**四句・結句**という。（↑初句〜三句：上(かみ)の句／↑四句・結句：下(しも)の句）

ⓒ 音数が基本の三十一音よりも多いことを「**字余り**」、少ないことを「**字足らず**」という。また、「字余り」「字足らず」を「**破調**」ともいう。

ⓓ 意味や調子が大きく切れる部分を「**句切れ**」といい、通常の文章で句点「。」が使われる部分にあたる。

コレ重要　句切れがある部分に、作者の感動の中心がある。

2 短歌の表現技法

ⓐ **枕詞**…調子を整えるために特定の言葉につく五音の語。

例 あしひきの（「山」「峰」につく）
あをによし（「奈良」につく）
たらちねの（「母」「親」につく）
ひさかたの（「天」「空」「月」「光」につく）

ⓑ **比喩**…対象を特徴的な他のものにたとえる。直喩（明喩）・隠喩（暗喩）・擬人法がある。

・**直喩**…「**まるで・あたかも・ように**」などを用いて、たとえていることを直接明らかにする。

・**隠喩**…比喩を示す語を用いずにたとえる。例 君は太陽だ。

・**擬人法**…**人以外のもの**を人にたとえる

ⓒ **反復**…同じ言葉を繰り返すことで印象を強める。

ⓓ **体言止め**…文末を**体言**（**名詞**）で終わらせる。

ⓔ **倒置**…言葉の順序を入れ替えて強調する。

ⓕ **省略**…言葉を省略して読者に想像させたり、余韻を残したりする。

ⓖ **対句**…対照的な内容を、**似た構造**で表現し、印象を強める。

ⓗ **押韻**…行頭や行末で**同じ音や類似音**を含む言葉を並べることでリズムを生む。

例 春の鳥な鳴きそ鳴きそあかあかと（↑反復）
外の面の草に日の入る夕（↑体言止め）　北原白秋

垂乳根の（↑枕詞）母が釣りたる青蚊帳を
すがしといねつたるみたれども（↑倒置）　長塚節

2 助動詞の種類

基本形	主な意味	例
れる・られる	受け身・可能・尊敬・自発	弟に笑われる。（受け身） まだ食べられる。（可能）
せる・させる	使役	校庭を走らせる。
たい・たがる	希望	みんなと走りたい。
だ・です	断定	ここは学校だ。
そうだ・そうです	様態（推定） 伝聞	雨があがりそうだ。 雨があがるそうだ。
ようだ・ようです	推定 比喩	もうすぐ終わるようだ。 あの雲は綿のようだ。
らしい	推定	どうやら彼が行くらしい。
まい	否定の意志 否定の推量	そこには絶対に行くまい。 明日、雨は降るまい。
ない・ぬ（ん）	否定（打ち消し）	この本は買わない。
う・よう	推量・意志・勧誘	私も練習しよう。（意志） 一緒に帰ろう。（勧誘）
た（だ）	過去・完了・存続・想起	昨日は雨だった。（過去） 切り立った岩山。（存続）
ます	丁寧	本を読みます。

・コレ重要・

付属語は二つだけ
- 助詞（活用がない）
- 助動詞（活用がある）

テストに出る要点チェック

1. 次の文の——線部の助詞の種類を、あとから選びなさい。
   ① あと十分ほど待とう。 ② 弟に話しかける。
   ③ 急がないと遅れるぞ。 ④ 勉強が終わって出かけた。
   ア 格助詞 イ 副助詞 ウ 接続助詞 エ 終助詞

2. 次の「の」の中で、意味・用法の異なるものを選びなさい。
   自分のア考えを伝えるのイは言語のウ働きのエ一つだ。

3. 次の文の——線部の助動詞の意味を、あとから選びなさい。
   ① 先生に呼ばれる。 ② 母の病状が案じられる。
   ③ 生で食べられる。 ④ 先生は十時に来られる。
   ア 受け身 イ 尊敬 ウ 自発 エ 可能

4. 「海に行こうか」は、どのような品詞で構成されているか。最も適切なものを次から選びなさい。
   ア 名詞＋助詞＋動詞＋助動詞
   イ 名詞＋助詞＋動詞＋助動詞＋助詞
   ウ 名詞＋助詞＋動詞＋助詞

解答
1. ①イ ②ア ③エ ④ウ 2. イ 3. ①ア ②ウ ③エ ④イ
4. イ

付属語(助詞・助動詞)

得点アップUP
① 付属語の役割と自立語との識別をしっかりしよう。
② 四種類の助詞の働きについて理解しよう。
③ 主な助動詞の意味と活用はしっかり覚えておこう。

月　日

1 助詞 ☆☆

1 助詞の働き

ⓐ付属語で活用がない。
ⓑ自立語につき、語句と語句の関係を示したり、さまざまな意味を添えたりする。

2 助詞の種類

ⓐ格助詞(が・の・を・に・へ・と・で・より・から・や)
主に体言につき、体言とその下の語句との関係を示す。

例「の」
連体修飾語…空の色。　主語…日差しの強い日。(「が」に置き換えられる)
体言の代用…絵を描くのが好きだ。(「こと」に置き換えられる)

例「で」
場所…家で食べる。　手段…バスで行く。
材料…布で作る。　原因・理由…病気で休む。

ⓑ副助詞(は・も・こそ・さえ・でも・しか・まで　など)
いろいろな語句につき、意味をつけ加える。

例「も」
類推…先生も来られる。　強意…何度も行った。
並立…父も母も楽器を演奏する。

例「さえ」
添加…風が強いうえに、雷さえ鳴り始めた。
類推…身動きさえとれない。最低限度…水さえあればいい。

ⓒ接続助詞(から・が・て(で)・ので・のに・ば　など)
主に用言や助動詞につき、前後をつなぐ。

例「ば」　仮定の順接…明日晴れれば、花火大会が行われる。
例「が」　確定の逆接…力を尽くしたが、勝てなかった。
例「て(で)」　単純接続…春になって、桜が咲き始める。

ⓓ終助詞(か・な・なあ・ぞ・ね(ねえ)・よ・とも　など)
主に文末につき、話し手・書き手の気持ちや態度を表す。

すいすい暗記
格助詞は「鬼が戸より出、空の部屋」
(を・に・が・と・より・で・から・の・へ・や)

2 助動詞 ☆☆☆

1 助動詞の働き

ⓐ付属語で活用がある。
ⓑ用言や体言、助動詞などにつき、さまざまな意味を添える。

2 形容詞 ☆☆☆

1 **形容詞の働き**

ⓐ自立語で活用がある。 ⓑ単独で述語となる。

ⓒ物事の性質や状態を表す。

2 **形容詞の活用**…言い切りの形が「い」で終わる。

基本形	語幹	未然	連用	終止	連体	仮定	命令
正しい	ただし	かろ	かっ・く・う	い	い	けれ	○
主な続き方		う	た・ない・なる	言い切る	とき・こと	ば	

↳「ない」は動詞では未然形につく

> ▼注意
> 形容詞の連用形に「ございます」が続くとき、**ウ音便**となる。
> 例 寒く＋ございます→寒うございます

3 形容動詞 ☆☆☆

1 **形容動詞の働き**…形容詞と同様の働きがある。

2 **形容動詞の活用**…言い切りの形が「だ」で終わる。

基本形	語幹	未然	連用	終止	連体	仮定	命令
静か	しずか	だろ	だっ・で・に	だ	な	なら	○
静かです	しずか	でしょ	でし	です	(です)	○	○
主な続き方		う	た・ない・なる	言い切る	とき・こと	ば	

3 **形容動詞と他の品詞の区別**…前に「とても」を補ってみる。

例 私は健康だ。

→私はとても健康だ。○→**形容動詞**

大切なのは健康だ。

→大切なのはとても健康だ。×→**名詞＋だ**

> **コレ重要**
> ☞活用のある自立語(用言)は、動詞・形容詞・形容動詞の三品詞である。

テストに出る要点チェック

□ 1. 次の文の――線部の活用形を答えなさい。また、それが動詞である場合には活用の種類も答えなさい。

竹藪のある所へ来ると、トロッコは①静かに走るのを②止めた。三人は又前のように、③重いトロッコを押し始めた。（芥川龍之介「トロッコ」）

□ 2. 次の文の[A]・[B]に入る言葉を、「来る」を活用させて、ひらがなで答えなさい。

彼はなかなか[A]なかったが、午後三時になってやっと[B]た。

解答
1. ①連用形 ②連用形・下一段活用 ③連体形
2. Aこ Bき

JAPANESE 6

活用のある自立語

1 動詞 ☆☆☆

1 動詞の働き

ⓐ自立語で活用がある。 ⓑ単独で述語となる。
ⓒ人・物などの動作・作用・存在を表す。

2 動詞の活用…言い切りの形がウ段の音。五段活用・上一段活用・下一段活用・カ行変格活用・サ行変格活用の五種類がある。

種類	基本形	語幹	未然	連用	終止	連体	仮定	命令
五段	書く	か	か・こ	き・い	く	く	け	け
上一段	落ちる	お	ち	ち	ちる	ちる	ちれ	ちろ ちよ
下一段	集める	あつ	め	め	める	める	めれ	めろ めよ
カ変	来る	○	こ	き	くる	くる	くれ	こい
サ変	する	○	し・せ さ	し	する	する	すれ	しろ せよ
主な続き方			ない・ぬ よう・う	ます た・て	言い切る	とき こと	ば	命令の形で言い切る

すいすい暗記

動詞の活用は「五段(ごだん)に 上下(じょうげ)の一段(いちだん) 重(かさ)ね」
（五段活用／上一段・下一段／カ変・サ変）

得点アップ

① 活用がある自立語(用言)の働きを理解しよう。
② 動詞・形容詞・形容動詞は、言い切りの形で区別しよう。
③ 動詞・形容詞・形容動詞の活用はしっかりおさえよう。

月　日

3 活用の種類の見分け方

ⓐ決まっているもの…カ変(来る)・サ変(する・〜する)
ⓑ「ない」をつけると「ア段＋ない」になる／「ある」…五段活用
例 読む→読まない（ア段）　ある→あろう（「あらない」にならない）
ⓒ「ない」をつけると「イ段＋ない」になる…上一段活用
例 起きる→起きない（イ段）　見る→見ない（イ段）
ⓓ「ない」をつけると「エ段＋ない」になる…下一段活用
例 受ける→受けない（エ段）　得る→得ない（エ段）

4 五段活用の音便…連用形で音便の形になる。（発音の都合で音が変化すること）
例 書く…書いた→イ音便　読む…読んだ→撥(はつ)音便
行く…行った→促(そく)音便

5 可能動詞…「〜できる」という意味を持つ動詞。
例 書く→書ける　泳ぐ→泳げる　読む→読める
参考 可能動詞は必ず下一段活用で、命令形がない。

6 自動詞と他動詞

ⓐ「を」という対象が不要→自動詞（それ自身の動作・作用）　例 人が集まる
ⓑ「を」という対象が必要→他動詞（ほかに対する働きかけ）　例 人を集める

4 接続詞 ☆☆

1 接続詞の働き

ⓐ自立語で活用がない。ⓑ前後の語や文をつなぎ、関係を表す。

2 接続詞の種類

ⓐ**順接**…前に述べたことの順当な結果・結論をあとで表す。

例 汗をかいた。だから、シャワーを浴びる。

ⓑ**逆接**…前に述べたことと反対の内容があとに続く。

例 遅刻しないと約束した。しかし、守れなかった。

ⓒ**並立・累加**…前に述べたことと並べたり、つけ加えたりする。

例 氏名、および年齢を書いてください。

ⓓ**対比・選択**…前後の内容を比べたり、一方を選んだりする。

例 お肉にする？それとも、魚にする？

ⓔ**説明・補足**…前に述べたことをあとで説明・補足する。

例 外で遊んでもいいよ。ただし、宿題が終わってからね。

ⓕ**転換**…前に述べたことと話題を変える。

例 ところで、この本は読んだことがありますか。

5 感動詞 ☆

1 感動詞の働き

ⓐ自立語で活用がない。ⓑ感動や呼びかけを表す独立語になる。

2 感動詞の種類

ⓐ**感動** 例 あら、きれいだわ。　あっ、そうだ。

ⓑ**応答** 例 いいえ、違います。　はい、行きます。

ⓒ**呼びかけ** 例 ねえ、こっちに来てよ。　さあ、行こう。

ⓓ**挨拶** 例 おはよう、今日はいい天気だね。　さようなら。

コレ重要

活用のない自立語は、名詞・副詞・連体詞・接続詞・感動詞の五種類である。

テストに出る要点チェック

1. 次の文の――線部の品詞を、あとから選びなさい。

①そこでカンダタは②大きな声を出して、「③こら、罪人ども。④この蜘蛛の糸は⑤おれのものだぞ。⑥お前たちは一体誰にきいて、のぼって来た。下りろ。下りろ」とわめきました。その途端でございます。今まで何ともなかった蜘蛛の糸が、急にカンダタのぶら下っている⑦所から、⑧ぷつりと音を立ててきれました。（芥川龍之介「蜘蛛の糸」）

ア 名詞　イ 接続詞　ウ 副詞　エ 連体詞　オ 感動詞

2. 次の文の――線部の接続詞の種類を、あとから選びなさい。

① 当日は雨だった。だが、僕は出かけた。

② 米は豊作だ。なぜなら、天候に恵まれたからだ。

ア 順接　イ 逆接　ウ 並立・累加
エ 対比・選択　オ 説明・補足　カ 転換

解答

1. ①イ ②エ ③オ ④エ ⑤ア ⑥ア ⑦ア ⑧ウ
2. ①イ ②オ

JAPANESE

5 活用のない自立語

得点UP

① 活用のない五種類の自立語の働きの違いを理解しよう。
② 副詞や連体詞が修飾する言葉の品詞に注意しよう。
③ 呼応の副詞と接続詞の種類をしっかり理解しよう。

月　日

1 名詞 ☆☆☆

1 名詞の働き

ⓐ自立語で活用がない。
ⓑ「が・は・も」などをつけて単独で主語になる。（単独で文節を作ることができる）
ⓒ事柄や事物の名称を表す。体言ともいう。

2 名詞の種類

ⓐ普通名詞…一般的な事物の名前。 例 家　海　花　街
ⓑ固有名詞…地名や人名など。 例 東京　エジソン
ⓒ数詞…数量や順序などを表す。 例 二つ　一番　いくつ
ⓓ形式名詞…本来の意味が薄れ、補助的・形式的に使用される。
例 食べること　おいしいもの　寒いため
ⓔ代名詞…人物・物事・場所・方向などを指す。
例 あなた　彼女　あれ　そちら　どれ

2 副詞 ☆☆

1 副詞の働き

ⓐ自立語で活用がない。主語・述語にならない。
ⓑ主として用言（動詞・形容詞・形容動詞）を修飾し、連用修飾語になる。
例 ゆっくり 歩く。（動詞）　とても 親切だ。（形容動詞）
参考 次のように体言や副詞を修飾することもある。
例 ずっと 前のこと。（体言）　もっと ゆっくり歩く。（副詞）

2 副詞の種類

ⓐ状態の副詞…「どのように」という状態を表す。
例 しっかり 食べる。　星がきらきら 光る。
ⓑ程度の副詞…「どのくらい」という程度を表す。
例 少し 休む。　かなり 寒い。
ⓒ陳述（呼応／叙述）の副詞…下に決まった言い方がくる。
例 決してあきらめない。　たぶん雨だろう。

3 連体詞 ☆☆

連体詞の働き

ⓐ自立語で活用がない。
ⓑ体言（名詞）を修飾し、連体修飾語になる。
例 あの 花　大きな 森　わが 家

3 丁寧語 ☆☆☆

1 丁寧語の働き

丁寧な言い方をして、聞き手や読み手に対して敬意を表す。

例 今から彼女(かのじょ)が歌い**ます**。

「歌う」という動作を丁寧に言っている。

2 聞き手や読み手に対して丁寧な気持ちを表す

ⓐ「**です**」「**ます**」をつける。

例 こちらが待合室(まちあい)**です**。　もうすぐ行き**ます**。

ⓑ「**ございます**」の形をとる。

例 新しいメニューで**ございます**。

ⓒ「**お**」「**ご**」をつける。

例 **お**米を買う。　**ご**ちそうを食べる。

▼注意

「お」「ご」をつける丁寧な語を「**美化語**」といい、丁寧語と区別することもある。

・コレ重要・

二重敬語は基本的に使用しない。かえって相手に失礼である。

例 先生がお越しになられる。…×
お客様がお召し上がりになる。…×

テストに出る要点チェック

1. 次の文の――線部の敬語の種類を、あとから選びなさい。
① お客様からプレゼントをいただく。
② もうすぐお客様がいらっしゃるそうです。
③ 先生、おはようございます。
ア 尊敬語　イ 謙譲語　ウ 丁寧語

2. 次の文には敬語の誤りがある。正しい文に書き直しなさい。
お父さんは明日学校に来られます。

解答　1. ①イ　②ア　③ウ　2. 父は明日学校に参ります(伺います)。

特別な敬語表現

	尊敬語	謙譲語
行く	いらっしゃる・おいでになる・お越(こ)しになる	参る・伺(うかが)う
いる	いらっしゃる・おいでになる	おる
言う・話す	おっしゃる	申す・申し上げる
見る	ご覧になる	拝見する
食べる・飲む	召し上がる	いただく・頂戴(ちょうだい)する
与(あた)える	くださる	差し上げる
する	なさる・あそばす	いたす

JAPANESE

4 敬語

1 尊敬語 ☆☆☆

1 尊敬語の働き

相手（聞き手・読み手）や話題の人物の動作・物事を高める。

例 先生がお聞きになる。

「聞く」という動作をする「先生」を高めている。

2 相手の動作を高める

ⓐ特別な動詞を使う。

例 お客様が**召し上がる**。（「食べる」「飲む」の尊敬語）　校長先生が**ご覧になる**。（「見る」の尊敬語）

ⓑ尊敬の助動詞「**れる・られる**」をつける。

例 社長が出社**される**。　先生が来**られる**。

ⓒ「お（ご）～なる（なさる）」の形をとる。

例 教授が**お**話**になる**。　式典を**ご**欠席**なさる**。

3 尊敬の意を表す接頭語・接尾語を使う

「お」「ご」「貴」「御」「様」などをつける。

例 お客様のお体を気遣う。　貴社のご意見をお聞かせください。

▼注意
自分の身内のことを相手に述べるときは、尊敬語を使わない。

得点アップUP
① 尊敬語・謙譲語・丁寧語を理解しよう。
② 相手や状況に応じて、敬語を正しく使い分けよう。
③ 特別な敬語表現を覚えよう。

月　日

2 謙譲語 ☆☆☆

1 謙譲語の働き

自分や自分側の人物の動作をへりくだることで、動作の向かう相手を高める。

例 私は、先輩に本を**お**貸し**する**。

「私」を低めて、本を貸す相手の「先輩」を高めている。

2 動作が向かう相手に対して自分を低める

ⓐ特別な動詞を使う。

例 先生の家に**伺う**。（「行く」の謙譲語）　家の中を**拝見する**。（「見る」の謙譲語）

ⓑ「お（ご）～する（いたす）」の形をとる。

例 お客様を**ご**案内**する**。　後日**ご**連絡**いたし**ます。（丁寧語「ます」）

ⓒ謙譲の意を表す接頭語・接尾語

「小」「粗」「拙」「ども」などをつける。

例 **小生**の絵をお見せします。（男性が自分のことをへりくだっていう言葉）　粗茶ですが、どうぞ。

3 聞き手に対して自分を下げて敬意を表す（丁重語）

例 母は家に**おり**ます。（「いる」の謙譲語／丁寧語「ます」）　私が**いたし**ます。（「する」の謙譲語）

3 多義語 ☆☆

複数の意味や用法を持つ言葉

いろいろな多義語

例「うまい」
- ごはんがうまい。（味がよい）
- 歌がうまい。（上手である）
- 話し合いがうまくいく。（進み具合がよい）

「口」
- 口を動かす。（動物が食物をとる器官）
- 口に合う。（味覚）
- 登山口（出入りする所）
- 宵の口（物事の始まり）
  ←日が暮れて間もないころ
- 就職口（受け入れるところ）
- 口がうまい。（話すこと）
- 口がかかる。（呼び出し・誘い）

「高い」
- 高い山に登る。（位置や距離）
- 高い靴を買う。（値段）
- 高い地位につく。（程度・能力などが大きい）
- 高い声で歌う。（音程）

コレ重要
多義語の意味は、使われている文脈の中で判断すること。

テストに出る要点チェック

□ 1. 次の二字熟語が類義語となるように、□を埋めなさい。
① 欠点＝□所　② 重要＝□切
③ 意見＝見□　④ 用意＝□□

□ 2. 次の二字熟語が対義語となるように、□に漢字一字を入れなさい。
① 可決↔□決　② 減少↔増□
③ 強制↔□発　④ 利益↔□失

□ 3. 次の対義語を二字熟語で答えなさい。
① 義務↔□　② 単純↔□
③ 保守↔□　④ 反抗↔□

□ 4. 次の文の――線部の意味をそれぞれあとから選びなさい。
① A 汚い手を使う。
　 B この手のものを探しています。
ア 種類　イ 腕前　ウ 方法・手段　エ 労働力
② A 君の努力を買うことにする。
　 B 人のうらみを買う。
ア 引き受ける　イ 招き寄せる
ウ 認める　エ 自分のものにする

解答
1. ①短 ②大 ③解 ④準備 2. ①否 ②加 ③自 ④損
3. ①権利 ②複雑 ③革新 ④服従 4. ①Aウ Bア ②Aウ Bイ

JAPANESE

3 類義語・対義語・多義語

1 類義語 ☆☆

よく似た意味を持っている言葉

1 類義語の種類(二字熟語)

ⓐ一字が共通のもの

例 永久＝永遠　決意＝決心　信頼＝信用
命中＝的中　応対＝応接　倹約＝節約
風習＝慣習　原料＝材料　寛大＝寛容

ⓑ熟語全体が類似のもの

例 価格＝値段　架空＝虚構　簡単＝容易
任務＝使命　安全＝無事　承知＝了解
原因＝動機　残念＝遺憾　傾向＝風潮

参考 「才能＝才腕・技量・能力」「賛成＝賛同・同意・承認」など、複数の類義語を持つ熟語も多い。

2 その他の類義語

ⓐ和語と和語　例 開ける＝開く　誤り＝間違い
ⓑ漢語と和語　例 集会＝集まり　干渉＝口出し
ⓒ漢語と外来語　例 機会＝チャンス　型＝タイプ
ⓓ和語と外来語　例 手ふき＝ハンカチ　宿＝ホテル

得点アップ UP

① 類義語・対義語についての知識を深めよう。
② 熟語の意味を正しく理解しよう。
③ 文脈の中で多義語が持つ意味の違いをとらえよう。

月　日

2 対義語 ☆☆

反対または対立的・対照的に用いられる言葉

1 対義語の種類(二字熟語)

ⓐ一字が反対、一字が共通のもの

例 主観↔客観　黒字↔赤字　長所↔短所
悪意↔善意　積極↔消極　偶然↔必然

ⓑ二字それぞれが反対のもの

例 開始↔終了　虚偽↔真実　温暖↔寒冷
上昇↔下降　延長↔短縮　集合↔解散

ⓒ熟語全体が反対のもの

例 具体↔抽象　供給↔需要　感情↔理性
理想↔現実　原則↔例外　生産↔消費

ⓓ否定の字を含むもの

例 安心↔不安　完成↔未完　平凡↔非凡

2 熟語以外の対義語

ⓐ対立関係にあるもの　例 上↔下　公↔私　南↔北
ⓑ程度の差を表すもの　例 新しい↔古い　明るい↔暗い
ⓒ同じことを違う立場からとらえるもの　例 売る↔買う

2 同音異義語 ☆☆

同音意義語…音は同じだが、意味や字が異なる語。

例 イジョウ
- 今年の夏は異常な暑さだ。
- 期待以上の出来栄えに喜ぶ。

ホウフ
- 資源が豊富にある。
- 新年の抱負を言う。（抱負→決意・計画）

ヒッシ
- 必死の思いで挑む。
- 部の解散は必至だ。（必至→必然）

セイコウ
- 成功を成し遂げる。
- 精巧な細工を施す。（精巧→細かい仕組みでよくできていること）

カクシン
- 技術革新が進む。
- 問題の核心に迫る。（核心→物事の中心となる非常に重要なところ）
- 勝利を確信する。

ツイキュウ
- 真理を追究する。（追究→どこまでも探って明らかにする）
- 利益を追求する。
- 責任を追及する。

タイショウ
- 左右対称に並べる。
- 中学生対象の試験。
- 対照的な内容の本。（対照→二つの事物の違いが際立つこと）

コレ重要 文脈から意味を正しくとらえて判別しよう。

テストに出る要点チェック

1. 次の——線部のカタカナを漢字に直しなさい。

① A 料理がサめる。 B 目がサめる。
② A 法のモトの平等。 B 経験にモトづく。
③ A 質の向上にツトめる。 B 役所にツトめる。 C 議長をツトめる。
④ A 勝利をオサめる。 B 税金をオサめる。 C 国をオサめる。
⑤ A 植物をカンショウする。 B 他人にカンショウする。
⑥ A 先生のシジに従う。 B 国民のシジを得る。
⑦ A 社会ホショウを見直す。 B 品質をホショウする。 C ホショウ金を払う。
⑧ A シンコウ方向。 B シンコウを深める。 C 貿易シンコウ策。

2. 次の文の——線部と同じ漢字が使われている熟語を、あとから選びなさい。

受け入れタイ勢を整える。

ア 大量　イ 体育　ウ 態度

解答
1. ①A冷 B覚 ②A下 B基 ③A努 B勤 C務 ④A収 B納 C治 ⑤A観賞 B干渉 ⑥A指示 B支持 ⑦A保障 B保証 C補償 ⑧A進行 B親交 C振興
2. ウ

JAPANESE 2

同訓異字・同音異義語

得点アップ UP

① 同じ読み方をする漢字に注意しよう。
② 漢字の持つ意味を理解しよう。
③ 形の似ている漢字に注意しよう。

月　日

1 同訓異字 ☆☆

同訓異字…同じ訓読みで、表す意味が異なる漢字。

例
- あやまる
  - 操作を誤る。（誤解）
  - 失敗を謝る。（謝罪）
- そなえる
  - 台風に備える。
  - 仏前に花を供える。
- あらわす
  - グラフに表す。
  - 姿を現す。
  - 歴史書を著す。
- かえる
  - 約束の時間を変える。（変化させる）
  - 出場選手を代える。（代用する）
  - 部屋の空気を換える。（交換する）
  - 新しい食器に替える。（同種の物と入れかえる）
- はかる
  - 時間を計る。
  - 重さを量る。
  - 長さを測る。
  - 合理化を図る。（実現を企(くわだ)てる）

コレ重要
同様の意味の熟語にして考えたり、漢字の持つ意味を手がかりにしたりして考えよう。

同訓異字と同様に、同じ音読みで、異なる漢字の「**同音異字**」もある。

例
- ヨ
  - 準備に余念がない。
  - 予想通りの結果だ。
- サン
  - 公園を散歩する。
  - 祭りに参加する。
  - 賛成意見を述べる。
- セキ
  - 積雪量を調べる。
  - 成績が伸(の)びる。
- コウ
  - 講演会を開く。
  - 制服を購入する。
  - 駅の構内で待ち合わせる。

注意
「積・績」「講・購・構」のように、同じ音読みで、形の似ている漢字もある。形の違(ちが)いに注意し、正確に使い分けよう。

5 三字が対等の関係であるもの

例 上中下　松竹梅　衣食住　市町村

四字熟語の構成 ☆

1 意味が似ている二字熟語を組み合わせたもの

例 公明正大（公明＝正大）　悪戦苦闘（悪戦＝苦闘）
↳公平で隠し事がなく、堂々としていること

2 意味が対になる二字熟語を組み合わせたもの

例 半信半疑（半信↔半疑）　一進一退（一進↔一退）

3 対になる意味の二字を重ねた二字熟語を組み合わせたもの

例 老若男女（老↔若・男↔女）　古今東西（古↔今・東↔西）

4 対象を示す熟語と動作を表す熟語を組み合わせたもの

例 自画自賛（自画を自賛する）　我田引水（我田に引水する）
↳自分の有利になるよう取り計らうこと

5 四字が対等の関係であるもの

例 春夏秋冬　東西南北　喜怒哀楽　起承転結

6 同じ漢字の二字熟語を組み合わせたもの

例 戦々恐々　明々白々　時々刻々　正々堂々
↳しだいに

7 上の二字熟語が下の二字熟語の主語であるもの

例 本末転倒（本末が転倒する）　意気投合（意気が投合する）
↳気持ちがぴったりと合うこと

コレ重要 ☞四字熟語は構成だけでなく、意味についても正しく理解しておこう。

4 特殊な読み方をする熟語 ☆☆

● **熟字訓**…一字ごとの音訓とは関係なく、一つのまとまった読み方をする熟語。

例 田舎（いなか）　風邪（かぜ）　仮名（かな）　為替（かわせ）
心地（ここち）　芝生（しばふ）　相撲（すもう）　足袋（たび）
梅雨（つゆ）　土産（みやげ）　眼鏡（めがね）　行方（ゆくえ）

テストに出る要点チェック

□ 1. 次の熟語と構成が同じものを、あとから選びなさい。

① 身体　ア 新緑　イ 伸縮　ウ 決心　エ 道路

② 明示　ア 水性　イ 予測　ウ 登頂　エ 県営

③ 不可能　ア 無意識　イ 安全性　ウ 文化祭　エ 優良可

④ 前途多難　ア 三三五五　イ 自由自在　ウ 大同小異　エ 満場一致

□ 2. 次の熟語の読み方を答えなさい。

① 木綿　② 砂利　③ 太刀

解答　1. ①エ ②イ ③ア ④エ　2. ①もめん ②じゃり ③たち

JAPANESE

1 熟語の構成

得点UP

① 熟語の構成について理解を深めよう。
② 特殊な読み方をする熟語（熟字訓）に注意しよう。
③ 熟語の意味を調べる習慣を身につけよう。

月　日

1 二字熟語の構成 ☆☆

1 意味が似ている漢字を組み合わせたもの

例 引率（引く＝率いる）　出発（出る＝発つ）
豊富（豊か＝富む）　言語（言う＝語る）

2 意味が対になる漢字を組み合わせたもの

例 寒暖（寒↕暖）　難易（難↕易）　高低（高↕低）
勝負（勝↕負）　往復（往↕復）　増減（増↕減）

3 主語と述語の関係のもの

例 日没（日が没する）　国営（国が営む）
頭痛（頭が痛い）　雷鳴（雷が鳴る）

4 下の漢字が上の漢字の目的や対象を示すもの

例 投球（球を投げる）　読書（書を読む）
登山（山に登る）　就職（職に就く）

5 上の漢字が下の漢字を修飾するもの

例 青空（青い空）　深海（深い海）
暖流（暖かい流れ）　急増（急に増える）

6 打ち消しの接頭語がついたもの

例 不安　非常　無視　未完（未だ完成していない）
（「不」「非」「無」「未」など）

参考 御親切・貴校・第一のように、打ち消しの意味を持たない接頭語もある。

7 接尾語がついたもの

例 私的　酸化　偶然　特性
（「的」「化」「然」「性」など）（酸化：別の状態に変化する）

8 同じ漢字を繰り返したもの

例 人々　別々　遅々　淡々

9 三字以上の熟語を略したもの

例 高校（高等学校）　入試（入学試験）　国連（国際連合）

2 三字熟語の構成 ☆

1 上の二字熟語が下の漢字一字を修飾するもの

例 芸術家　関係者　経済学　体育祭　入学式

2 上の漢字一字が下の二字熟語を修飾するもの

例 新世界　大自然　食生活　再試験

3 二字熟語に接尾語がついたもの

例 積極的　民主化　紳士然　熱帯性
（然：名詞について「そのような状態」の意を表す）

4 二字熟語に打ち消しの接頭語がついたもの

例 不人気　非常識　無関心　未成年

装丁デザイン　ブックデザイン研究所
本文デザイン　A.S.T DESIGN
図　版　デザインスタジオエキス.／ユニックス／スタジオ・ビーム

写真提供・協力一覧
朝日新聞フォトアーカイブ／気象庁／国立国会図書館／島津理化／東京国立博物館／ ColBase (https://colbase.nich.go.jp)　(敬称略・五十音順)

本書に関する最新情報は，小社ホームページにある**本書の「サポート情報」**をご覧ください。(開設していない場合もございます。)
なお，この本の内容についての責任は小社にあり，内容に関するご質問は直接小社におよせください。

中２５科の総まとめ

編著者　高校入試問題研究会　　発行所　受験研究社

発行者　岡　本　明　剛　　©株式会社　増進堂・受験研究社

〒550-0013 大阪市西区新町 2―19―15
注文・不良品などについて：(06) 6532-1581(代表)／本の内容について：(06) 6532-1586(編集)

Printed in Japan　岩岡印刷・高廣製本
落丁・乱丁本はお取り替えします。